MW01632137

Tirso de Molina, seudónimo de fray Gabriel Téllez (Madrid, 1579-Almazán, Soria, 1648), constituye, junto a Lope de Vega y Calderón de la Barca, una de las cumbres del teatro español. Defendió con ahínco el entretenimiento como fin y la comedia nueva frente a los ataques de los moralistas y de los clasicistas. Algunas de sus obras más conocidas son: *Don Gil de las calzas verdes*, *Marta la piadosa*, *El vergonzoso en palacio* y *El burlador de Sevilla y convidado de piedra*.

Molière, seudónimo de Jean-Baptiste Poquelin (París, 1622-1673), dramaturgo y actor francés, está considerado uno de los mayores comediógrafos de la literatura occidental, y es uno de los autores más interpretados. Padre de la Comédie-Française, escribió obras tan legendarias como *Tartufo*, *Don Juan*, *El misántropo*, *El médico a palos*, *El avaro* o *El enfermo imaginario*.

Lorenzo da Ponte (Cèneda, Treviso, 1749-Nueva York, 1838) fue un poeta y libretista italiano de vida tan azarosa como fecunda, indeleblemente ligado al nombre de Wolfgang Amadeus Mozart por haber sido el autor de los textos de *Così fan tutte*, *Don Giovanni* o *Le nozze di Figaro*, sus óperas más celebradas.

Jordi Balló y **Xavier Pérez** son profesores de comunicación audiovisual en la Universidad Pompeu Fabra de Barcelona. Han escrito, entre otros libros, *La semilla inmortal. Los argumentos universales en el cine*, una obra de referencia en el estudio comparado de modelos narrativos.

Don Juan

Textos de
TIRSO DE MOLINA
MOLIÈRE
y
libreto de
LORENZO DA PONTE
para la ópera de Mozart

Introducción y epílogo de
JORDI BALLÓ Y XAVIER PÉREZ

PENGUIN CLÁSICOS

Papel certificado por el Forest Stewardship Council®

Primera edición en Penguin Clásicos: enero de 2017
Primera reimpresión: febrero de 2024

Printed in Spain – Impreso en España

ISBN: 978-84-9105-317-0
Depósito legal: B-19.589-2016

Compuesto en M. I. Maquetación, S. L.

Impreso en Líberdúplex
Sant Llorenç d'Hortons (Barcelona)

PG 5 3 1 7 A

ÍNDICE

INTRODUCCIÓN

DON JUAN: LA PRIMERA FRANQUICIA DEL TEATRO EUROPEO

Una serie de romances sobre un personaje blasfemo y temerario inspiraron el primer *Don Juan* de la escena teatral, estrenado en 1630, y atribuido a Tirso de Molina. El momento clave de esos textos preliminares es el desafío que propone un caballero al espíritu de un muerto al que invita a cenar en su casa. Cuando el espectro se presenta, esa noche, invita, a su vez, al galán, a cenar en su sepulcro. En estos romances primerizos, el caballero se salva de las penas del infierno, bien sea por un arrepentimiento, bien por haber comulgado antes del festín lúgubre.

Son inciertas las razones que pudieron llevar a Tirso de Molina a adaptar esa moralizante tradición a un formato de revolucionaria obra teatral, *El burlador de Sevilla y convidado de piedra*, cuyo carácter episódico, fuera de todo progreso aristotélico, sólo es comparable al anterior *Fausto* (1592) de Christopher Marlowe, otra súbita aparición sobre las tablas europeas de un arquetipo cercano a Don Juan. La libertad extraordinaria que se aprecia en la dramaturgia de *El burlador* no corresponde del todo, sin embargo, al ideario normativo que cabe deducir de una obra atribuida al espíritu moral de la Contrarreforma. De esa contradicción flagrante surge la fascinación del mito. Se trata, es verdad, de una historia con desenlace moral claro. Don Juan es castigado por sus transgresiones, en un clima de defensa del orden religioso monógamo que capitaliza el Comendador Y, sin embargo, la capacidad seductora del protagonista sobrepasa el territorio de las mujeres conquistadas para señorear en el corazón de todo su público. Don Juan es el héroe trágico de la obra y toda descalificación de éste como simple villano no hace justicia a su interés dramático, ni a su fascinante capacidad de presidir la escena. Pues ése es el hallazgo, tal vez involuntario, del drama atribuido a Tirso: la creación de un personaje serial e infinito. Claro está que en la última escena le llega la muerte: el autor debe cumplir el protocolo inexcusable de la caída trágica. Sin embargo, toda la vitalidad episódica de los lances que preceden su encuentro con el Comendador podría dilatarse tanto como se quisiera. Don Juan es el primer mito serial de las tablas, el primer personaje que podría existir con un aplazamiento completo del final, aunque dicho final marque un límite racional y liberador a sus andanzas.

De esa libertad escénica se servirán, en seguida, las múltiples versiones que se benefician, dentro y fuera de España, de la súbita popularidad que adopta el personaje desde su primera aparición en el teatro. En la Europa del Barroco, la propagación de los éxitos dramáticos, ya sea a partir de traducciones fieles o de libres refritos, está al orden del día. El *Don Juan* de Tirso pronto se difunde en Italia y en Francia, donde diversas compañías observan el poder de seducción que los diversos elementos de la obra operan sobre el público: los lances del héroe disfrazado e impune, el cómico engarce con su criado

Catalinón, suerte de Sancho Panza sometido a las arbitrarias ilusiones de su amo; la espiral de mujeres engañadas y el reencuentro final con todas ellas; la estatua del Comendador y la doble invitación que acaba por truncar la altivez herética del protagonista. La contagiosa efervescencia comercial de ese *Don Juan* que está llenando las arcas de las primeras compañías que han tenido la sagacidad de traducir de inmediato la obra de Tirso dejan perplejo y algo molesto al amo de la escena francesa, Jean-Baptiste Poquelin, Molière, que decide, sólo treinta años después del estreno español de *El burlador*, reescribir por completo la historia, hasta conseguir una obra original y perdurable que se estrena en Francia en 1665. Que *Don Juan* ya tiene un cuerpo mítico previo lo deja claro el autor francés al omitir episodios centrales de la obra de Tirso, dándolos por hechos. Así, el asesinato del Comendador se supone que ha tenido lugar ya antes de que se alce el telón, como si el hecho de empezar *in media res* proyectase la figura de Don Juan hacia percances nuevos que complementen los que el público puede ya conocer. Y aparece, también, en la obra de Molière, una figura que será clave para la evolución del mito: doña Elvira, la monja seducida y luego abandonada, planteará una cierta progresión argumental, inexistente en Tirso, al aparecer, ante los ojos de Don Juan, como una oportunidad, naturalmente truncada, para el arrepentimiento.

El Don Juan de Molière, mucho más matizado psicológicamente que su antecesor, se permite filosofar con su criado acerca del libertinaje, defiende y justifica sus acciones apelando al derecho de las damas a satisfacer su instinto, y sirve, como no podía ser de otra manera en una obra de Molière, para ejercer una gran crítica sobre la hipocresía social de la época. Si la obra derrochase moralismo en aras de la castidad, no habría suscitado las reacciones negativas ni el deseo de prohibición que surgieron de inmediato en el entorno del dramaturgo. Por suerte para Molière, al rey le debió de divertir tanto la obra que se limitó a tranquilizar a los inquisidores afirmando que bastante castigo tenía Don Juan al final de la pieza para que hubiera que prohibir, además, sus apariciones previas.

La fascinación por ese personaje tan inaprensible como hipnótico también había hecho mella en los cómicos italianos del siglo que lo vio nacer, pero no fue hasta 1730 cuando el dramaturgo esencial del país, Carlo Goldoni, decidió, siguiendo los pasos de Molière, remendar a su manera al personaje en su *Don Juan Tenorio o El disoluto*, representada por primera vez en Venecia durante los carnavales de 1736. Que esta obra tenga una trascendencia muy menor no deja de tener su justicia poética. Goldoni, en la introducción al texto publicado,[1] se propone, vanidosamente, enmendar los errores del primer *Burlador* (que, por cierto, atribuye a Calderón de la Barca), cuya popularidad no deja de sorprenderle, pues encuentra la obra llena de «impropiedades y de inconveniencias», con una estructura dramática aleatoria y caprichosa («es digna de admiración la velocidad con que el héroe pasa de un reino a otro») y cuya conclusión, a partir de la estatua animada del Comendador, le parece un verdadero desafío a toda credibilidad escénica. Fascinado, sin embargo, por el hecho de que «nunca se ha visto en escena una representación con tan continua-

1. Carlo Goldoni, *El retorno del veraneo. Don Juan Tenorio o El disoluto*, Asociación de Directores de Escena, Madrid, 2006.

do aplauso popular», Goldoni decide proponer una versión con unidad espacio-temporal, trama centrípeta y no episódica, una marcada evolución hacia el clímax, y un final en el cual Don Juan muere aniquilado por un rayo, sustituto mucho más decoroso que el caprichosamente terrorífico *revenant* de piedra.

Que la obra de Goldoni, apenas representada, constituya un singular fracaso dramático en una trayectoria creativa por otro lado impecable, ayuda a entender hasta qué punto el mito de Don Juan se resiste a toda normativa reductora. Episódicos, caprichosos, felizmente inverosímiles, triunfadores sobre el espacio y el tiempo, los Don Juanes de Tirso y de Molière suponen un triunfo de la libertad creativa, y una demostración de que su modelo prevalece sobre la orientación aristotélica del texto de Goldoni.

Esa misma libertad se respira en el libreto de Lorenzo da Ponte para la ópera de Wolfgang Amadeus Mozart *Don Giovanni*, estrenada en Praga en octubre de 1787. El prodigio musical obtenido en esta obra maestra de la lírica pasa por una escritura sintética que hace vislumbrar con rapidez las líneas de fuerza que sustentan el mito. Y aunque es evidente que Da Ponte ha conocido la obra de Goldoni (así cabe entender su inicio, y ciertas estrategias de la trama vinculadas al equívoco de las identidades), descarta todo esfuerzo de verosimilitud realista para fundir los logros de Tirso y, sobre todo, de Molière en un espectáculo de máscaras que lanza hacia el futuro la potencia de un espectáculo total, apoteosis de la perennidad del arquetipo.

Con estos tres centros desbordantes –Tirso, Molière, Mozart/Da Ponte– se expande por la Europa moderna una mitología que no tiene, en realidad, autor preciso (pues ninguna de las obras puede considerare más canónica que otra), y que permite, por ello mismo, la desatada acumulación de reescrituras que se ha seguido prodigando hasta la actualidad. El carácter abiertamente serial del personaje, la facilidad con que cualquier adaptador puede atribuirle lances nuevos, la enorme autonomía de que se dota desde sus primeras apariciones escénicas, convierten a Don Juan, sin duda, en la primera franquicia escénica de la cultura europea, el primer gran héroe de la cultura popular que puede ser acogido sin complejos por cualquiera que desee reinventarlo. De esa superposición de perspectivas se desprende el inmenso placer que suscita la lectura de la tríada de textos que forman la presente edición.

JORDI BALLÓ
XAVIER PÉREZ

EL BURLADOR DE SEVILLA
Y
CONVIDADO DE PIEDRA

Edición a cargo de Francisco Florit Durán

Tomo como texto base para mi edición el de la príncipe, que apareció publicada a nombre de Tirso de Molina en el volumen *Doze Comedias Nuevas de Lope de Vega Carpio, y otros autores. Segunda parte*, Barcelona, Gerónimo Margarit, 1630. Desde el trabajo de Cruickshank sabemos que es probable que la portada de esta primera edición sea falsa y que *El burlador* proceda de un volumen anterior publicado en Sevilla por Manuel Sande entre 1627 y 1629.

Sea como fuere, lo cierto es que el texto de la príncipe tiene no pocos errores que no sólo afectan a palabras concretas, sino también a la falta de versos para completar estrofas y a la medida correcta de los mismos. He seguido, en la mayoría de los casos, la práctica de buena parte de los editores modernos que consiste en enmendar la príncipe con las lecturas que ofrece el *Tan largo me lo fiáis*, texto probablemente impreso entre 1650-1660 y atribuido sin fundamento a Calderón, y que básicamente es muy parecido al texto de *El burlador*. Con todo, ha habido ocasiones en las que no he tenido más remedio que enmendar según las lecturas hipotéticas llevadas a cabo por otros editores contemporáneos. No se me oculta que de este modo estoy ofreciendo al lector de esta edición simples conjeturas, pero he preferido hacerlo así antes que editar un texto en el que faltaran versos. Dada la índole de esta edición, creo que es lo mejor que se podía hacer.

He regularizado las indicaciones de personajes que hablan y la disposición gráfica del texto, he resuelto las abreviaturas, modernizado la puntuación, así como las grafías siempre y cuando no alteraran la fisonomía fonética de la palabra, de ahí que haya mantenido la reducción de grupos consonánticos, las asimilaciones, las contracciones, las oscilaciones, etc. Cualquier añadido o enmienda al texto de la príncipe va entre corchetes. Los apartes los señalo con paréntesis.

Mi intención ha sido el ofrecer un texto cuidado y depurado, sin aparato crítico, pero con rigor textual, un texto que resulte accesible al lector de nuestro tiempo.

Francisco Florit Durán

Comedia famosa del Maestro Tirso de Molina

Representóla Roque de Figueroa

Hablan en ella las personas siguientes

DON DIEGO TENORIO, viejo
DON JUAN TENORIO, su hijo
CATALINÓN, lacayo
EL REY DE NÁPOLES
EL DUQUE OCTAVIO
DON PEDRO TENORIO, tío
EL MARQUÉS DE LA MOTA
DON GONZALO DE ULLOA
EL REY DE CASTILLA, ALFONSO XI
FABIO, criado
ISABELA, duquesa
TISBEA, pescadora
BELISA, villana
ANFRISO, pescador
CORIDÓN, pescador
GASENO, labrador

BATRICIO, labrador
RIPIO, criado
[DOÑA ANA DE ULLOA]
[AMINTA, villana]
ACOMPAÑAMIENTO
CANTORES
GUARDAS
CRIADOS
ENLUTADOS
MÚSICOS
PASTORES
PESCADORES

JORNADA PRIMERA

[(En Nápoles en el palacio real.)]

(Salen don Juan Tenorio e Isabela, duquesa.)

ISABELA

Duque Octavio, por aquí
podrás salir más seguro.

DON JUAN

Duquesa, de nuevo os juro
de cumplir el dulce sí.

ISABELA

Mis glorias, serán verdades
promesas y ofrecimientos,
regalos y cumplimientos,
voluntades y amistades.

DON JUAN

Sí, mi bien.

ISABELA

Quiero sacar
una luz.

DON JUAN

Pues, ¿para qué?

ISABELA

Para que el alma dé fe
del bien que llego a gozar.

DON JUAN

Mataréte la luz yo.

ISABELA

¡Ah, cielo! ¿Quién eres, hombre?

DON JUAN

¿Quién soy? Un hombre sin nombre.

ISABELA

¿Que no eres el duque?

DON JUAN

No.

ISABELA

¡Ah de palacio!

DON JUAN

Detente.
Dame, duquesa, la mano.

ISABELA

No me detengas, villano.
¡Ah del rey! ¡Soldados, gente!

(Sale el rey de Nápoles, con una vela en un candelero.)

REY

¿Qué es esto?

ISABELA

¡El rey! ¡Ay, triste!

REY

¿Quién eres?

DON JUAN

¿Qué ha de ser?
Un hombre y una mujer.

REY

Esto en prudencia consiste.
¡Ah de mi guarda! Prendé
a este hombre.

ISABELA

¡Ay, perdido honor!

(Salen don Pedro Tenorio, embajador de España, y guarda.)

DON PEDRO

¡En tu cuarto, gran señor,
voces! ¿Quién la causa fue?

REY

Don Pedro Tenorio, a vos
esta prisión os encargo.
Siendo corto, andad vos largo:
mirad quién son estos dos.
Y con secreto ha de ser,
que algún mal suceso creo;
porque si yo aquí lo veo,
no me queda más que ver.

(Vase el rey.)

DON PEDRO

¡Prendelde!

DON JUAN

¿Quién ha de osar?
Bien puedo perder la vida,
mas ha de ir tan bien vendida
que a alguno le ha de pesar.

DON PEDRO

¡Matalde!

DON JUAN

¿Quién os engaña?
Resuelto en morir estoy,

porque caballero soy
del embajador de España.
Llegue; que solo ha de ser
quien me rinda.

DON PEDRO

Apartad;
a ese cuarto os retirad
todos con esa mujer.

(Vanse los otros.)

Ya estamos solos los dos;
muestra aquí tu esfuerzo y brío.

DON JUAN

Aunque tengo esfuerzo, tío,
no le tengo para vos.

DON PEDRO

Di quién eres.

DON JUAN

Ya lo digo:
tu sobrino.

DON PEDRO

(¡Ay, corazón,
que temo alguna traición!)
¿Qué es lo que has hecho, enemigo?
¿Cómo estás de aquesta suerte?
Dime presto lo que ha sido.
¡Desobediente, atrevido!
Estoy por darte la muerte.
Acaba.

DON JUAN

Tío y señor,
mozo soy y mozo fuiste;
y pues que de amor supiste,
tenga disculpa mi amor.
Y pues a decir me obligas
la verdad, oye y diréla:
yo engañé y gocé a Isabela,
la duquesa.

DON PEDRO

No prosigas,
tente. ¿Cómo la engañaste?
Habla quedo, y cierra el labio.

DON JUAN

Fingí ser el duque Octavio.

DON PEDRO

No digas más. ¡Calla! ¡Bast[e]!
(Perdido soy si el rey sabe
este caso. ¿Qué he de hacer?
Industria me ha de valer
en un negocio tan grave.)
Di, vil, ¿no bastó emprender
con ira y fuerza extraña
tan gran traición en España
con otra noble mujer,
sino en Nápoles también,
y en el palacio real,
con mujer tan principal?
¡Castíguete el cielo, amén!
Tu padre desde Castilla
a Nápoles te envió,
y en sus márgenes te dio
tierra la espumosa orilla
del mar de Italia, atendiendo
que el haberte recebido
pagaras agradecido,
¡y estás su honor ofendiendo,
y en tan principal mujer!
Pero en aquesta ocasión
nos daña la dilación.
Mira qué quieres hacer.

DON JUAN

No quiero daros disculpa,
que la habré de dar siniestra,

mi sangre es, señor, la vuestra;
sacalda, y pague la culpa.
A esos pies estoy rendido,
y ésta es mi espada, señor.

DON PEDRO

Álzate, y muestra valor,
que esa humildad me ha vencido.
¿Atreveráste a bajar
por ese balcón?

DON JUAN

Sí atrevo,
que alas en tu favor llevo.

DON PEDRO

Pues yo te quiero ayudar.
Vete a Sicilia o Milán,
donde vivas encubierto.

DON JUAN

Luego me iré.

DON PEDRO

¿Cierto?

DON JUAN

Cierto.

DON PEDRO

Mis cartas te avisarán
en qué para este suceso
triste, que causado has.

DON JUAN

(Para mí alegre dirás.)
Que tuve culpa confieso.

DON PEDRO

Esa mocedad te engaña.
Baja, pues, ese balcón.

DON JUAN

(Con tan justa pretensión,
gozoso me parto a España.)

(Vase don Juan y entra el rey.)

DON PEDRO

Ya ejecuté, gran señor,
tu justicia justa y recta,
e[n] hombre...

REY

¿Murió?

DON PEDRO

Escapóse
de las cuchillas soberbias.

REY

¿De qué forma?

DON PEDRO

De esta forma
aun no lo mandaste apenas,
cuando sin dar más disculpa,
la espada en la mano aprieta,
revuelve la capa al brazo,
y con gallarda presteza,
ofendiendo a los soldados
y buscando su defensa,
viendo vecina la muerte,
por el balcón de la huerta
se arroja desesperado.
Siguióle con diligencia
tu gente. Cuando salieron
por esa vecina puerta,
le hallaron agonizando
como enroscada culebra.
Levantóse, y al decir

los soldados: «¡Muera, muera!»,
bañado con sangre el rostro,
con tan heroica presteza
se fue, que quedé confuso.
La mujer, que es Isabela,
–que para admirarte nombro–
retirada en esa pieza,
dice que es el duque Octavio
quien, con engaño y cautela,
la gozó.

REY

¿Qué dices?

DON PEDRO

Digo
lo que ella propia confiesa.

REY

¡Ah, pobre honor! Si eres alma
del [hombre], ¿por qué te dejan
en la mujer inconstante,
si es la misma ligereza?
¡Hola!

(Sale un criado.)

CRIADO

¿Gran señor?

REY

Traed
delante de mi presencia
esa mujer.

DON PEDRO

Ya la guardia
viene, gran señor, con ella.

(Trae la guarda a Isabela.)

ISABELA

¿Con qué ojos veré al rey?

REY

Idos, y guardad la puerta
de esa cuadra. Di, mujer,
¿qué rigor, qué airada estrella
te incitó, que en mi palacio,
con hermosura y soberbia,
profanases sus umbrales?

ISABELA

Señor...

REY

Calla, que la lengua
no podrá dorar el yerro
que has cometido en mi ofensa.
¡Aquél era del duque Octavio!

ISABELA

Señor...

REY

[No], no importan fuerzas,
guardas, criados, murallas,
fortalecidas almenas,
para amor, que la de un niño
hasta los muros penetra.
Don Pedro Tenorio, al punto
a esa mujer llevad presa
a una torre, y con secreto
haced que al duque le prendan;
que quiero hacer que le cumpla
la palabra, o la promesa.

ISABELA

Gran señor, volvedme el rostro.

REY

Ofensa a mi espalda hecha,
es justicia y es razón
castigalla a espaldas vueltas.

(Vase el rey.)

DON PEDRO

Vamos, duquesa.

ISABELA

Mi culpa
no hay disculpa que la venza,
mas no será el yerro tanto
si el duque Octavio lo enmienda.

(Vanse todos.)

[(En el palacio del duque Octavio.)]

(Salen el duque Octavio y Ripio, su criado.)

RIPIO

¿Tan de mañana, señor,
te levantas?

OCTAVIO

No hay sosiego
que pueda apagar el fuego
que enciende en mi alma amor.
Porque, como al fin es niño,
no apetece cama blanda,
entre regalada holanda,
cubierta de blanco armiño.
Acuéstase, no sosiega,
siempre quiere madrugar
por levantarse a jugar,
que al fin como niño juega.
Pensamientos de Isabela
me tienen, amigo, en calma,
que como vive en el alma,
anda el cuerpo siempre en [vela],
guardando ausente y presente,
el castillo del honor.

RIPIO

Perdóname, que tu amor
es amor impertinente.

OCTAVIO

¿Qué dices, necio?

RIPIO

Esto digo:
impertinencia es amar
como amas. ¿[Quies] escuchar?

OCTAVIO

Prosigue [ya].

RIPIO

Ya prosigo.
¿Quiérete Isabela a ti?

OCTAVIO

¿Eso, necio, has de dudar?

RIPIO

No, mas quiero preguntar,
¿y tú no la quieres?

OCTAVIO

Sí.

RIPIO

Pues, ¿no seré majadero,
y de solar conocido,

si pierdo yo mi sentido
por quien me quiere y la quiero?
 Si ella a ti no te quisiera,
fuera bien el porfialla,
regalalla y adoralla,
y aguardar que se rindiera;
 mas si los dos os queréis
con una mesma igualdad,
dime, ¿hay más dificultad
de que luego os desposéis?

OCTAVIO

 Eso fuera, necio, a ser
de lacayo o lavandera
la boda.

RIPIO

 Pues, ¿es quienquiera
una lavandriz mujer,
 lavando y fregatrizando,
defendiendo y ofendiendo,
los paños suyos tendiendo,
regalando y remendando?
 Dando, dije, porque al dar
no hay cosa que se le iguale,
y si no, a Isabela dale,
a ver si sabe tomar.

(Sale un criado.)

CRIADO

El embajador de España
en este punto se apea
en el zaguán, y desea,
con ira y fiereza extraña,
hablarte, y si no entendí
yo mal, entiendo es prisión.

OCTAVIO

¿Prisión? Pues, ¿por qué ocasión?
Decid que entre.

(Entra don Pedro Tenorio con guardas.)

DON PEDRO

Quien así
con tanto descuido duerme,
limpia tiene la conciencia.

OCTAVIO

Cuando viene vuexcelencia
a honrarme y favorecerme,
no es justo que duerma yo.
Velaré toda mi vida.
¿A qué y por qué es la venida?

DON PEDRO

Porque aquí el rey me envió.

OCTAVIO

Si el rey, mi señor, se acuerda
de mí en aquesta ocasión,
será justicia y razón
que por él la vida pierda.
Decidme, señor, ¿qué dicha
qué estrella me ha guiado,
que de mí el rey se ha acordado?

DON PEDRO

Fue, duque, vuestra desdicha.
Embajador del rey soy;
dél os traigo una embajada.

OCTAVIO

Marqués, no me inquieta nada;
decid, que aguardando estoy.

DON PEDRO

A prenderos me ha enviado
el rey; no os alborotéis.

OCTAVIO

¿Vos por el rey me prendéis?
Pues, ¿en qué he sido culpado?

DON PEDRO

Mejor lo sabéis que yo,
mas, por si acaso me engaño,
escuchad el desengaño,
y a lo que el rey me envió.
Cuando los negros gigantes,
plegando funestos [toldos],
[ya] del crepúsculo huyen,
tropezando unos con otros,
estando yo con su alteza,
tratando ciertos negocios
–porque antípodas del sol
son siempre los poderosos–,
voces de mujer oímos,
cuyos ecos, menos roncos
por los artesones sacros,
nos repitieron «¡Socorro!».
A las voces y al rüido
acudió, duque, el rey propio,
halló a Isabela en los brazos
de algún hombre poderoso;
mas quien al cielo se atreve
sin duda es gigante o monstruo.
Mandó el rey que los prendiera,
quedé con el hombre solo.
Llegué y quise desarmalle,

pero pienso que el demonio
en él tomó forma humana,
pues que, vuelto en humo y polvo,
se arrojó por los balcones,
entre los pies de esos olmos,
que coronan del palacio
los chapiteles hermosos.
Hice prender la duquesa,
y en la presencia de todos
dice que es el duque Octavio
el que con mano de esposo
la gozó.

OCTAVIO

¿Qué dices?

DON PEDRO

Digo
lo que al mundo es ya notorio
y que tan claro se sabe,
que a Isabela, por mil modos...

OCTAVIO

¡Dejadme! No me digáis
tan gran traición de Isabela.
(¿Mas si fue su honor cautela?)
Proseguid; ¿por qué calláis?
Mas si veneno me dais
que a un firme corazón toca,

y así a decir me provoca
que imita a la comadreja,
que concibe por la oreja,
para parir por la boca.
¿Será verdad que Isabela,
alma, se olvidó de mí
para darme muerte? Sí,
que el bien suena y el mal vuela.
Ya el pecho nada recela,
juzgando si son antojos;
que por darme más enojos,
al entendimiento entró
y por la oreja escuchó
lo que acreditan los ojos.
Señor marqués, ¿es posible
que Isabela me ha engañado
y que mi amor ha burlado?
¡Parece cosa imposible!
¡Oh, mujer! ¡Ley tan terrible
de honor, a quien me provoco
a emprender! Mas ya no toco
en tu honor esta cautela.
¿Anoche con Isabela
hombre en palacio...? ¡Estoy loco!

DON PEDRO

Como es verdad que en los vientos
hay aves, en el mar peces,
que participan a veces
de todos cuatro elementos;
como en la gloria hay contentos,

lealtad en el buen amigo,
traición en el enemigo,
en la noche escuridad,
y en el día claridad,
así es verdad lo que digo.

OCTAVIO

Marqués, yo os quiero creer.
No hay [ya] cosa que me espante,
que la mujer más constante
es, en efeto, mujer.
No me queda más que ver,
pues es patente mi agravio.

DON PEDRO

Pues que sois prudente y sabio,
elegid el mejor medio.

OCTAVIO

Ausentarme es mi remedio.

DON PEDRO

Pues sea presto, duque Octavio.

OCTAVIO

Embarcarme quiero a España,
y darle a mis males fin.

DON PEDRO

Por la puerta del jardín,
duque, esta prisión se engaña.

OCTAVIO

¡Ah, veleta! ¡Débil caña!
A más furor me provoco
y extrañas provincias toco
huyendo desta cautela.
¡Patria, adiós! ¿Con Isabela
hombre en palacio...? ¡Estoy loco!

(Vanse todos.)

[(En la playa de Tarragona.)]

(Sale Tisbea, pescadora, con una caña de pescar en la mano.)

TISBEA

Yo, de cuantas el mar
pies de jazmín y rosa
en sus riberas besa,
con fugitivas olas
sola de amor exenta,
como en ventura sola,
tirana me reservo
de sus prisiones locas.
Aquí donde el sol pisa
soñolientas las ondas,

alegrando zafiros
las que espantaba sombras.
Por la menuda arena,
unas veces aljófar,
y átomos otras veces
del sol, que así le adora,
oyendo de las aves
las quejas amorosas,
y los combates dulces
del agua entre las rocas,
ya con la sutil caña
que el débil peso dobla
del necio pececillo
que el mar salado azota,
o ya con la atarraya,
que en sus moradas hondas
prenden cuantos habitan
aposentos de conchas,
seguramente tengo
que en libertad se goza
el alma, que amor áspid
no le ofende ponzoña.
En pequeñuelo esquife
y ya en compañía de otras,
tal vez al mar le peino
la cabeza espumosa,
y cuando más perdidas
querellas de amor forman,
como de todos río,
envidia soy de todas.
¡Dichosa yo mil veces,
amor, pues me perdonas,

si ya por ser humilde,
no desprecias mi choza!
Obeliscos de paja,
mi edificio coronan
nidos; si no, hay cigarras
o tortolillas locas.
Mi honor conservo en pajas
como fruta sabrosa,
vidrio guardado en ellas
para que no se rompa.
De cuantos pescadores
con fuego Tarragona
de piratas defiende
en la argentada costa,
desprecio soy, encanto,
a sus suspiros sorda,
a sus ruegos terrible,
a sus promesas roca.
Anfriso, a quien el cielo
[con] mano poderosa,
prodigio en cuerpo y alma,
[dotó de] gracias todas,
medido en las palabras,
liberal en las obras,
sufrido en los desdenes,
modesto en las congojas,
mis pajizos umbrales,
que heladas noches ronda,
a pesar de los tiempos
las mañanas remoza;
pues con [los] ramos verdes
que de los olmos corta,

mis pajas amanecen
ceñidas de lisonjas.
Ya con vigüelas dulces
y sutiles zampoñas
músicas me consagra,
y todo no le importa,
porque en tirano imperio
vivo, de amor señora,
que halla gusto en sus penas
y en sus infiernos gloria.
Todas por él se mueren,
y yo todas las horas
le mato con desdenes:
de amor condición propia,
querer donde aborrecen,
despreciar donde adoran,
que si le alegran muere,
y vive si le oprobian.
En tan alegre día,
segura de lisonjas,
mis juveniles años
amor no los malogra;
que en edad tan florida,
amor, no es suerte poca
no ver, tratando en redes,
las tuyas amorosas.
Pero, necio discurso
que mi ejercicio estorbas,
en él no me diviertas
en cosa que no importa.
Quiero entregar la caña
al viento, y a la boca

del pececillo [e]l cebo.
¡Pero al agua se arrojan
dos hombres de una nave,
antes que el mar la sorba,
que sobre el agua viene,
y en un escollo aborda!
Como hermoso pavón
hace las velas cola,
adonde los pilotos
todos los ojos pongan.
Las olas va escarbando,
y ya su orgullo y pompa
casi la desvanece,
agua un costado toma.
Hundióse, y dejó al viento
la gavia, que la escoja
para morada suya,
que un loco en gavias mora.
(*Dentro*: «¡Que me ahogo!».)
Un hombre a otro aguarda
que dice que se ahoga.
¡Gallarda cortesía!
En los hombros le toma.
Anquises le hace Eneas,
si el mar está hecho Troya.
Ya, nadando, las aguas
con valentía corta,
y en la playa no veo
quien le ampare y socorra.
Daré voces: «¡Tirseo,
Anfriso, Alfredo, hola!».
Pescadores me miran,

plega a Dios que me oigan.
Mas milagrosamente
ya tierra los dos toman,
sin aliento el que nada,
con vida el que le estorba.

(Saca en brazos Catalinón a don Juan, mojados.)

CATALINÓN

¡Válgame la Cananea,
y qué salado es el mar!
Aquí puede bien nadar
el que salvarse desea,
que allá dentro es desatino
donde la muerte se fragua.
¿Donde Dios juntó tanta agua,
no juntara tanto vino?
Agua salada, extremada
cosa para quien no pesca.
Si es mala aun el agua fresca,
¿qué será el agua salada?
¡Oh, quién hallara una fragua
de vino, aunque algo encendido!
Si de la agua que he bebido
escapo yo, no más agua.
Desde hoy abernuncio della,
que la devoción me quita
tanto, que agua bendita
no pienso ver, por no vella.
¡Ah, señor! Helado [y frío
está]. ¿Si [estará ya] muerto?

Del mar fue este desconcierto,
y mío este desvarío.
¡Mal haya aquel que primero
pinos en la mar sembró,
y que sus rumbos midió
con quebradizo madero!
¡Maldito sea el vil sastre
que cosió el mar que dibuja
con astronómica aguja,
causa de tanto desastre!
¡Maldito sea Jasón,
y Tifis maldito sea!
Muerto está. No hay quien lo crea.
¡Mísero Catalinón!
¿Qué he de hacer?

TISBEA

Hombre, ¿qué tienes
en desventuras iguales?

CATALINÓN

Pescadora, muchos males,
y falta de muchos bienes.
Veo, por librarme a mí,
sin vida a mi señor. Mira
si es verdad.

TISBEA

No, que aún respira.

CATALINÓN

¿Por dónde, por aquí?

TISBEA

Sí;
pues, ¿por dónde?

CATALINÓN

Bien podía
respirar por otra parte.

TISBEA

Necio estás.

CATALINÓN

Quiero besarte
las manos de nieve fría.

TISBEA

Ve a llamar los pescadores
que en aquella choza están.

CATALINÓN

Y si los llamo, ¿vernán?

TISBEA

Vendrán presto, no lo ignores.
¿Quién es este caballero?

CATALINÓN

Es hijo aqueste señor
del camarero mayor
del rey, por quien ser espero
antes de seis días conde
en Sevilla, donde va,
y adonde su alteza está,
si a mi amistad corresponde.

TISBEA

¿Cómo se llama?

CATALINÓN

Don Juan
Tenorio.

TISBEA

Llama mi gente.

CATALINÓN

Ya voy.

(Vase Catalinón. Coge en el regazo Tisbea a don Juan.)

TISBEA

Mancebo excelente,
gallardo, noble y galán.
Volved en vos, caballero.

DON JUAN

¿Dónde estoy?

TISBEA

Ya podéis ver,
en brazos de una mujer.

DON JUAN

Vivo en vos, si en el mar muero.
Ya perdí todo el recelo
que me pudiera anegar,
pues del infierno del mar
salgo a vuestro claro cielo.
Un espantoso huracán
dio con mi nave al través,
para arrojarme a esos pies,
que abrigo y puerto me dan.

Y en vuestro divino oriente
renazco, y no hay que espantar,
pues veis que hay de amar a mar
una letra solamente.

TISBEA

Muy grande aliento tenéis
para venir [sin aliento],
y [tras] de tanto tormento,
mucho tormento ofrecéis;
Pero si es tormento el mar
y son sus ondas crüeles,
la fuerza de los cordeles,
pienso que os hacen hablar.
Sin duda que habéis bebido
del mar la oración pasada,
pues por ser de agua salada
con tan grande sal ha sido.
Mucho habláis cuando no habláis,
y cuando muerto venís
mucho al parecer sentís,
¡plega a Dios que no mintáis!
Parecéis caballo griego
que el mar a mis pies desagua,
pues venís formado de agua
y estáis preñado de fuego.
Y si mojado abrasáis,
estando enjuto, ¿qué haréis?
Mucho fuego prometéis,
¡plega a Dios que no mintáis!

DON JUAN

A Dios, zagala, pluguiera
que en el agua me anegara
para que cuerdo acabara
y loco en vos no muriera;
que el mar pudiera anegarme
entre sus olas de plata
que sus límites desata,
mas no pudiera abrasarme.
Gran parte del sol mostráis,
pues que el sol os da licencia,
pues sólo con la apariencia,
siendo de nieve abrasáis.

TISBEA

Por más helado que estáis,
tanto fuego en vos tenéis,
que en este mío os ardéis.
¡Plega a Dios que no mintáis!

(Salen Catalinón, Coridón y Anfriso, pescadores.)

CATALINÓN

Ya vienen todos aquí.

TISBEA

Y ya está tu dueño vivo.

DON JUAN

Con tu presencia recibo
el aliento que perdí.

CORIDÓN

¿Qué nos mandas?

TISBEA

Coridón,
Anfriso, amigos...

CORIDÓN

Todos
buscamos por varios modos
esta dichosa ocasión.
Di lo que mandas, Tisbea,
que por labios de clavel
no lo habrás mandado a aquel
que idolotrarte desea
apenas, cuando al momento,
sin cesar, en llano o sierra,
surque el mar, tale la tierra,
pise el fuego [y pare] el viento.

TISBEA

(¡Oh, qué mal me parecían
estas lisonjas ayer,

y hoy echo en ellas de ver
que sus labios no mentían!)
Estando, amigos, pescando
sobre este peñasco, vi
hundirse una nave allí,
y entre las olas nadando
dos hombres; y compasiva
di voces, y nadie oyó;
y en tanta aflicción llegó
libre de la furia esquiva
del mar, sin vida a la arena,
deste en los hombros cargado,
un hidalgo, y anegado;
y envuelta en tan triste pena,
a llamaros envié.

ANFRISO

Pues aquí todos estamos,
manda que en tu gusto hagamos,
lo que pensado no fue.

TISBEA

Que a mi choza los llevemos
quiero, donde, agradecidos,
reparemos sus vestidos
y a ellos [los] regalaremos,
que mi padre gusta mucho
de esta debida piedad.

CATALINÓN

¡Extremada es su beldad!

DON JUAN

Escucha aparte.

CATALINÓN

Ya escucho.

DON JUAN

Si te pregunta quién soy,
di que no sabes.

CATALINÓN

¡A mí...!
¿Quieres advertirme a mí
lo que he de hacer?

DON JUAN

Muerto voy
por la hermosa [pescadora];
esta noche he de gozalla.

CATALINÓN

¿De qué suerte?

DON JUAN

Ven y calla.

CORIDÓN

Anfriso, dentro de una hora
[los pescadores prevén]
que canten y bailen.

ANFRISO

Vamos,
y esta noche nos hagamos
rajas, y palos también.

DON JUAN

Muerto soy.

TISBEA

¿Cómo, si andáis?

DON JUAN

Ando en pena, como veis.

TISBEA

Mucho habláis.

DON JUAN

Mucho entendéis.

TISBEA

¡Plega a Dios que no mintáis!

(Vanse todos.)

[(En Sevilla, en el palacio real.)]

(Salen don Gonzalo de Ulloa y el rey don Alonso de Castilla.)

REY

¿Cómo os ha sucedido en la embajada,
comendador mayor?

DON GONZALO

Hallé en Lisboa
al rey don Juan, tu primo, previniendo
treinta naves de armada.

REY

¿Y para dónde?

DON GONZALO

Para Goa me dijo, mas yo entiendo
que a otra empresa más fácil apercibe.
A Ceuta o Tánger pienso que pretende
cercar este verano.

REY

Dios le ayude,
y premie el cielo de aumentar su gloria.
¿Qué es lo que concertasteis?

DON GONZALO

Señor, pide
a Cerpa y Mora, y Olivencia y Toro;
y por eso te vuelve a Villaverde,
al Almendral, a Mértola y Herrera
entre Castilla y Portugal.

REY

Al punto
se firmen los conciertos, don Gonzalo.
Mas decidme primero cómo ha ido
en el camino, que vendréis cansado,
y alcanzado también.

DON GONZALO

Para serviros,
nunca, señor, me canso.

REY

¿Es buena tierra
Lisboa?

DON GONZALO

La mayor ciudad de España.
Y si mandas que diga lo que he visto
de lo exterior y célebre, en un punto
en tu presencia te pondré un retrato.

REY

Gustaré de oíllo. Dadme silla.

DON GONZALO

Es Lisboa una otava maravilla.
De las entrañas de España,
que son las tierras de Cuenca,
nace el caudaloso Tajo,
que media España atraviesa.
Entra en el mar Oceano,
en las sagradas riberas
de esta ciudad por la parte
del sur, mas antes que pierda
su curso y su claro nombre
hace un cuarto entre dos sierras,
donde está[n] de todo el orbe
barcas, naves, caravelas.
Hay galeras y saetías

tantas, que desde la tierra
parece una gran ciudad
adonde Neptuno reina.
A la parte del poniente
guardan del puerto dos fuerzas
de Cascaes y Sangián,
las más fuertes de la tierra.
Está desta gran ciudad,
poco más de media legua
Belén, convento del santo
conocido por la piedra
y por el león de guarda,
donde los reyes y reinas
católicos y cristianos
tienen sus casas perpetuas.
Luego esta máquina insigne
desde Alcántara comienza
una gran legua a tenderse
al convento de Iobregas.
En medio está el valle hermoso
coronado de tres cuestas,
que quedara corto Apeles
cuando [pintarlas] quisiera,
porque miradas de lejos
parecen piñas de perlas,
que están pendientes del cielo,
en cuya grandeza inmensa
se ven diez Romas cifradas
en conventos y en iglesias,
en edificios y calles,
en solares y encomiendas,
en las letras y en las armas,

en la justicia tan recta,
y en una *Misericordia*
que está honrando su ribera,
y pudiera honrar a España
y aun enseñar a tenerla.
Y en lo que yo más alabo
de esta máquina soberbia,
es que del mismo castillo
en distancia de seis leguas,
se ven sesenta lugares
que llega el mar a sus puertas,
uno de los cuales es
el Convento de Olivelas,
en el cual vi por mis ojos
seiscientas y treinta celdas,
y entre monjas y beatas,
pasan de mil y doscientas.
Tiene desde allí a Lisboa,
en distancia muy pequeña,
mil y ciento y treinta quintas,
que en nuestra provincia Bética
llaman cortijos, y todas
con sus huertos y alamedas.
En medio de la ciudad
hay una plaza soberbia
que se llama del *Rucío*,
grande, hermosa y bien dispuesta,
que habrá cien años y aun más
que el mar bañaba su arena,
y ahora della a la mar,
hay treinta mil casas hechas,
que, perdiendo el mar su curso,

se tendió a partes diversas.
Tiene una calle que llaman
rua Nova o calle Nueva,
donde se cifra el Oriente
en grandezas y riquezas;
tanto que el rey me contó
que hay un mercader en ella
que, por no poder contarlo,
mide el dinero a fanegas.
El terrero, donde tiene
Portugal su casa regia,
tiene infinitos navíos,
varados siempre en la tierra,
de sólo cebada y trigo
de Francia y Ingalaterra.
Pues, el palacio real,
que el Tajo sus manos besa,
es edificio de Ulises,
que basta para grandeza,
de quien toma la ciudad
nombre en la latina lengua,
llamándose Ulisibona,
cuyas armas son la esfera,
por pedestal de las llagas
que en la batalla sangrienta,
[a]l rey don Alfonso Enríquez
dio la Majestad Inmensa.
Tiene en su gran Tarazana
diversas naves, y entre ellas
las naves de la conquista,
tan grandes que, de la tierra
miradas, juzgan los hombres

que tocan en las estrellas.
Y lo que desta ciudad
te cuento por excelencia
es, que estando sus vecinos
comiendo, desde las mesas
ven los copos del pescado
que junto a sus puertas pescan
que, bullendo entre las redes,
vienen a entrarse por ellas;
y, sobre todo, el llegar
cada tarde a su ribera
más de mil barcos cargados
de mercancías diversas,
y de sustento ordinario:
pan, aceite, vino y leña,
frutas de infinita suerte,
nieve de Sierra de Estrella,
que por las calles a gritos,
puesta sobre las cabezas,
la venden. Mas, ¿qué me canso?
porque es contar las estrellas
querer contar una parte
de la ciudad opulenta.
Ciento y treinta mil vecinos
tiene, gran señor, por cuenta;
y por no cansarte más,
un rey que tus manos besa.

REY

Más estimo, don Gonzalo,
escuchar de vuestra lengua

esa relación sucinta,
que haber visto su grandeza.
¿Tenéis hijos?

DON GONZALO

Gran señor,
una hija hermosa y bella,
en cuyo rostro divino
se esmeró naturaleza.

REY

Pues yo os la quiero casar
de mi mano.

DON GONZALO

Como sea
tu gusto, digo, señor,
que yo lo aceto por ella.
Pero, ¿quién es el esposo?

REY

Aunque no está en esta tierra,
es de Sevilla, y se llama
don Juan Tenorio.

DON GONZALO

Las nuevas
voy a llevar a doña Ana.
[Dadme, gran señor, licencia.]

REY

Id en buena hora, y volved,
Gonzalo, con la respuesta.

(Vanse todos.)

[(En la plaza de Tarragona.)]

(Salen don Juan Tenorio y Catalinón.)

DON JUAN

Esas dos yeguas prevén,
pues acomodadas son.

CATALINÓN

Aunque soy Catalinón,
soy, señor, hombre de bien,
que no se dijo por mí:
«Catalinón es el hombre»;
que sabes que aquese nombre
me asienta al revés a mí.

DON JUAN

Mientras que los pescadores
van de regocijo y fiesta,
tú las dos yeguas apresta,
que de sus pies voladores
sólo nuestro engaño fío.

CATALINÓN

¿Al fin pretendes gozar
a Tisbea?

DON JUAN

Si burlar
es hábito antiguo mío,
¿qué me preguntas, sabiendo
mi condición?

CATALINÓN

Ya sé que eres
castigo de las mujeres.

DON JUAN

Por Tisbea estoy muriendo,
que es buena moza.

CATALINÓN

¡Buen pago
a su hospedaje desea!

DON JUAN

Necio, lo mismo hizo Eneas
con la reina de Cartago.

CATALINÓN

Los que fingís y engañáis
las mujeres desa suerte,
lo pagaréis en la muerte.

DON JUAN

¡Qué largo me lo fiáis!
Catalinón con razón
te llaman.

CATALINÓN

Tus pareceres
sigue, que en burlar mujeres
quiero ser Catalinón.
Ya viene la desdichada.

DON JUAN

Vete, y las yeguas prevén.

CATALINÓN

Pobre mujer, harto bien
te pagamos la posada.

(Vase Catalinón y sale Tisbea.)

TISBEA

El rato que sin ti estoy
estoy ajena de mí.

DON JUAN

Por lo que finges ansí,
ningún crédito te doy.

TISBEA

¿Por qué?

DON JUAN

Porque si me amaras
mi alma favorecieras.

TISBEA

Tuya soy.

DON JUAN

Pues di, ¿qué esperas,
o en qué, señora, reparas?

TISBEA

Reparo en que fue castigo
de amor el que he hallado en ti.

DON JUAN

Si vivo, mi bien, en ti,
a cualquier cosa me obligo.
Aunque yo sepa perder
en tu servicio la vida,
la diera por bien perdida,
y te prometo de ser
tu esposo.

TISBEA

Soy desigual
a tu ser.

DON JUAN

Amor es rey
que iguala con justa ley
la seda con el sayal.

TISBEA

Casi te quiero creer,
mas sois los hombres traidores.

DON JUAN

¿Posible es, mi bien, que ignores
mi amoroso proceder?
Hoy prendes con tus cabellos
mi alma.

TISBEA

Yo a ti me allano
bajo la palabra y mano
de esposo.

DON JUAN

Juro, ojos bellos,
que mirando me matáis,
de ser vuestro esposo.

TISBEA

Advierte,
mi bien, que hay Dios y que hay muerte.

DON JUAN

(¡Qué largo me lo fiáis!)
[Ojos bellos, mientras viva,]
yo vuestro esclavo seré,
ésta es mi mano y mi fe.

TISBEA

No seré en pagarte [esquiva].

DON JUAN

Ya en mí mismo no sosiego.

TISBEA

Ven, y será la cabaña
del amor que me acompaña,
tálamo de nuestro fuego.
  Entre estas cañas te esconde,
hasta que tenga lugar.

DON JUAN

¿Por dónde tengo de entrar?

TISBEA

Ven y te diré por dónde.

DON JUAN

  Gloria al alma, mi bien, dais.

TISBEA

Esa voluntad te obligue,
y si no, Dios te castigue.

DON JUAN

(¡Qué largo me lo fiáis!)

(Vánse, y sale Coridón, Anfriso, Belisa y músicos.)

CORIDÓN

Ea, llamad a Tisbea,
y los zagales llamad,
para que en la soledad
el huésped la corte vea.

ANFRISO

¡Tisbea, Usindra, Antandria!
No vi cosa más crüel.
¡Triste y mísero de aquel
que en su fuego es salamandria!
Antes que el baile empecemos,
a Tisbea prevengamos.

BELISA

Vamos a llamarla.

CORIDÓN

Vamos.

BELISA

A su cabaña lleguemos.

CORIDÓN

¿No ves que estará ocupada
con los huéspedes dichosos,
de quien hay mil envidiosos?

ANFRISO

Siempre es Tisbea envidiada.

BELISA

Cantad algo mientras viene,
porque queremos bailar.

ANFRISO

¿Cómo podrá descansar
cuidado que celos tiene?

(Cantan.)

MÚSICOS

A pescar sale la niña,
tendiendo redes,
y en lugar de pececillos,
las almas prende.

(Sale Tisbea.)

TISBEA

¡Fuego, fuego, que me quemo,
que mi cabaña se abrasa!
Repicad a fuego, amigos,
que ya dan mis ojos agua.
Mi pobre edificio queda

hecho otra Troya en las llamas,
que después que faltan Troyas,
quiere amor quemar cabañas.
Mas si amor abrasa peñas,
con gran ira y fuerza extraña,
mal podrán de su rigor
reservarse humildes pajas.
¡Fuego, zagales, fuego, agua, agua!
¡Amor, clemencia, que se abrasa el alma!
¡Ay choza, vil instrumento
de mi deshonra, y mi infamia!
¡Cueva de ladrones fiera,
que mis agravios ampara!
Rayos de ardientes estrellas
en tus cabelleras caigan,
porque abrasad[a]s estén,
si del viento mal peinadas.
¡Ah, falso huésped, que dejas
una mujer deshonrada!
Nube que del mar salió,
para anegar mis entrañas.
¡Fuego, zagales, fuego, agua, agua!
¡Amor, clemencia, que se abrasa el alma!
Yo soy la que hacía siempre
de los hombres burla tanta.
¡Que siempre las que hacen burla,
vienen a quedar burladas!
Engañóme el caballero
debajo de fe y palabra
de marido, y profanó
mi honestidad y mi cama.
Gozóme al fin, y yo propia

le di a su rigor las alas
en dos yeguas que crié,
con que me burló y se escapa.
Seguilde todos, seguilde.
Mas no importa que se vaya,
que en la presencia del rey
tengo de pedir venganza.
¡Fuego, zagales, fuego, agua, agua!
¡Amor, clemencia, que se abrasa el alma!

(Vase Tisbea.)

CORIDÓN

Seguid al vil caballero.

ANFRISO

¡Triste del que pena y calla!
¡Mas vive el cielo que en él
me he de vengar desta ingrata!
Vamos tras ella nosotros,
porque va desesperada,
y podrá ser que ella vaya
buscando mayor desgracia.

CORIDÓN

Tal fin la soberbia tiene,
su locura y confianza
paró en esto.

(Dice Tisbea dentro: «¡Fuego, fuego!».)

ANFRISO

Al mar se arroja.

CORIDÓN

Tisbea, detente y para.

TISBEA

¡Fuego, zagales, fuego, agua, agua!
¡Amor, clemencia, que se abrasa el alma!

JORNADA SEGUNDA

[(En Sevilla, el palacio real.)]

(Salen el rey y don Diego Tenorio, de barba.)

REY

¿Qué me dices?

DON DIEGO

Señor, la verdad digo.
Por esta carta estoy del caso cierto,
que es tu de embajador y de mi hermano;
halláronle en la cuadra del rey mismo
con una hermosa dama de palacio.

REY

¿Qué calidad?

DON DIEGO

Señor, [es] la duquesa Isabela.

REY

¿Isabela?

DON DIEGO

Por lo menos...

REY

¡Atrevimiento temerario! ¿Y dónde
ahora está?

DON DIEGO

Señor, a Vuestra Alteza
no he de encubrille la verdad: anoche
a Sevilla llegó con un criado.

REY

Ya conocéis, Tenorio, que os estimo,
y al rey informaré del caso luego,
casando a ese rapaz con Isabela,
volviendo a su sosiego al duque Octavio,
que inocente padece; y luego al punto
haced que don Juan salga desterrado.

DON DIEGO

¿Adónde, mi señor?

REY

Mi enojo vea
en el destierro de Sevilla; salga
a Lebrija esta noche, y agradezca
sólo al merecimiento de su padre...
Pero, decid, don Diego, ¿qué diremos
a Gonzalo de Ulloa, sin que erremos?
Caséle con su hija, y no sé cómo
lo puedo ahora remediar.

DON DIEGO

Pues mira,
[mi] gran señor, qué mandas que yo haga
que esté bien al honor desta señora,
hija de un padre tal.

REY

Un medio tomo
con que absolvello del enojo entiendo:
mayordomo mayor pretendo hacelle.

(Sale un criado.)

CRIADO

Un caballero llega de camino,
y dice, señor, que es el duque Octavio.

REY

¿El duque Octavio?

CRIADO

Sí, señor.

REY

Sin duda
que supo de don Juan el desatino
y que viene, incitado a la venganza,
a pedir que le otorgue desafío.

DON DIEGO

[Mi] gran señor, en tus heroicas manos
está mi vida, que mi vida propria
es la vida de un hijo inobediente,
que, aunque mozo gallardo y valeroso,
y le llaman los mozos de su tiempo
el Héctor de Sevilla, porque ha hecho
tantas y tan extrañas mocedades,
la razón puede mucho. No permitas
el desafío, si es posible.

REY

Basta.
Ya os entiendo, Tenorio, honor de padre.
Entre el duque.

DON DIEGO

Señor, dame esas plantas.
¿Cómo podré pagar mercedes tantas?

(Sale el duque Octavio, de camino.)

OCTAVIO

A esos pies, gran señor, un peregrino,
mísero y desterrado, ofrece el labio,
juzgando por más fácil el camino
en vuestra gran presencia.

REY

Duque Octavio...

OCTAVIO

Huyendo vengo el fiero desatino
de una mujer, el no pensado agravio
de un caballero, que la causa ha sido
de que así a vuestros pies haya venido.

REY

Ya, duque Octavio, sé vuestra inocencia.
Yo al rey escribiré que os restituya
en vuestro estado, puesto que el ausencia
que hicisteis, algún daño os atribuya.
Yo os casaré en Sevilla, con licencia

y [también] con perdón y gracia suya;
que puesto que Isabela un ángel sea,
mirando la que os doy, ha de ser fea.
Comendador mayor de Calatrava
es Gonzalo de Ulloa, un caballero
a quien el moro por temor alaba,
que siempre es el cobarde lisonjero.
Éste tiene una hija en quien bastaba
en dote la virtud, que considero,
después de la [beldad], que es maravilla,
y el sol de ella es estrella de Castilla.
Ésta quiero que sea vuestra esposa.

OCTAVIO

Cuando [yo] este viaje le emprendiera
a sólo eso, mi suerte era dichosa,
sabiendo yo que vuestro gusto fuera.

REY

Hospedaréis al duque, sin que cosa
en su regalo falte.

OCTAVIO

Quien espera
en vos, señor, saldrá de premios lleno.
Primero Alfonso sois, siendo el onceno.

(Vanse el rey y don Diego Tenorio, y sale Ripio.)

RIPIO

¿Qué ha sucedido?

OCTAVIO

Que he dado
el trabajo recebido,
conforme me ha sucedido,
desde hoy por bien empleado.
Hablé al rey, vióme y honróme,
César con el César fui,
pues vi, peleé y vencí,
y hace que esposa tome
de su mano, y se prefiere
a desenojar al rey
en la fulminada ley.

RIPIO

Con razón el nombre adquiere
de generoso en Castilla.
¿Al fin te llegó a ofrecer
mujer?

OCTAVIO

Sí, amigo, mujer
de Sevilla; que Sevilla
da, si averiguallo quieres,
porque de oíllo te asombres,
si fuertes y airosos hombres,

también gallardas mujeres.
Un manto tapado, un brío,
donde un puro sol se asconde,
si no es en Sevilla, ¿adónde
se admite? El contento mío
es tal que ya me consuela
en mi mal.

(Salen don Juan y Catalinón.)

CATALINÓN

Señor, detente,
que aquí está el duque, inocente
Sagitario de Isabela,
aunque mejor le di[ré]
Capricornio.

DON JUAN

Disimula.

CATALINÓN

(Cuando le vende, le adula.)

DON JUAN

Como a Nápoles dejé
por enviarme a llamar
con tanta priesa mi rey,
y como su gusto es ley,

no tuve, Octavio, lugar
de despedirme de vos
de ningún modo.

OCTAVIO

Por eso,
don Juan amigo, os confieso
que hoy nos juntamos los dos
en Sevilla.

DON JUAN

¡Quién pensara,
duque, que en Sevilla os viera
para que en ella os sirviera,
como yo lo [deseara]!
Dejáis más, aunque es lugar
Nápoles tan excelente,
por Sevilla solamente
se puede, amigo, dejar.

OCTAVIO

Si en Nápoles os oyera,
y no en la parte en que estoy,
del crédito que ahora os doy
sospecho que me riera.
Mas, llegándola a habitar,
es, por lo mucho que alcanza,
corta cualquier alabanza
que a Sevilla queráis dar.
¿Quién es el que viene allí?

DON JUAN

El que viene es el marqués
de la Mota; descortés
es fuerza ser.

OCTAVIO

Si de mí
algo hubiereis menester,
aquí espada y brazo está.

CATALINÓN

(Y si importa gozará
en su nombre otra mujer,
que tiene buena opinión.)

OCTAVIO

De vos estoy satisfecho.

CATALINÓN

Si fuere de algún provecho,
señores, Catalinón,
vuarcedes continuamente
me hallarán para servillos.

RIPIO

¿Y dónde?

CATALINÓN

En los Pajarillos,
tabernáculo excelente.

(Vanse Octavio y Ripio, y sale el marqués de la Mota [y su criado].)

MOTA

Todo hoy os ando buscando,
y no os he podido hallar.
¿Vos, don Juan, en el lugar,
y vuestro amigo penando
en vuestra ausencia?

DON JUAN

Por Dios,
amigo, que me debéis
esa merced que me hacéis.

CATALINÓN

(Como no le entreguéis vos
moza o cosa que lo valga,
bien podéis fiaros dél,
que, en cuanto a esto es crüel,
tiene condición hidalga.)

DON JUAN

¿Qué hay de Sevilla?

MOTA

Está ya
toda esta corte mudada.

DON JUAN

¿Mujeres?

MOTA

Cosa juzgada.

DON JUAN

¿Inés?

MOTA

A Vejel se va.

DON JUAN

Buen lugar para vivir
la que tan dama nació.

MOTA

El tiempo la desterró
a Vejel.

DON JUAN

Irá a morir.
¿Costanza?

MOTA

Es lástima vella
lampiña de frente y ceja.
Llámale el portugués vieja,
y ella imagina que bella.

DON JUAN

Sí, que *velha* en portugués
suena vieja en castellano.
¿Y Teodora?

MOTA

Este verano
se escapó del mal francés
[por un río de sudores];
y está tan tierna y rec[i]ente
que anteayer me arrojó un diente
envuelto entre muchas flores.

DON JUAN

¿Julia, la del Candilejo?

MOTA

Ya con sus afeites lucha.

DON JUAN

¿Véndese siempre por trucha?

MOTA

Ya se da por abadejo.

DON JUAN

¿El barrio de Cantarranas
tiene buena población?

MOTA

Ranas las más dellas son.

DON JUAN

¿Y viven las dos hermanas?

MOTA

Y la mona de Tolú
de su madre Celestina
que les enseña dotrina.

DON JUAN

¡Oh, vieja de Bercebú!
¿Cómo la mayor está?

MOTA

Blanca, sin blanca ninguna.
Tiene un santo a quien ayuna.

DON JUAN

¿Agora en vigilias da?

MOTA

Es firme y santa mujer.

DON JUAN

¿Y esotra?

MOTA

Mejor principio
tiene; no desecha ripio.

DON JUAN

Buen albañir quiere ser.
Marqués, ¿qué hay de perros muertos?

MOTA

Yo y don Pedro de Esquivel
dimos anoche uno crüel,
y esta noche tengo ciertos
otros dos.

DON JUAN

Iré con vos,
que también recorreré
ciertos nidos que dejé
en güevos para los dos.
¿Qué hay de terrero?

MOTA

No muero
en terrero, que enterrado
me tiene mayor cuidado.

DON JUAN

¿Cómo?

MOTA

Un imposible quiero.

DON JUAN

Pues, ¿no os corresponde?

MOTA

Sí,
me favorece y me estima.

DON JUAN

¿Quién es?

MOTA

Doña Ana, mi prima,
que es recién llegada aquí.

DON JUAN

Pues, ¿dónde ha estado?

MOTA

En Lisboa,
con su padre en la embajada.

DON JUAN

¿Es hermosa?

MOTA

Es extremada,
porque en doña Ana de Ulloa
se extremó Naturaleza.

DON JUAN

¿Tan bella es esa mujer?
¡Vive Dios que la he de ver!

MOTA

Veréis la mayor belleza
que los ojos del rey ven.

DON JUAN

Casaos, pues es extremada.

MOTA

El rey la tiene casada
y no se sabe con quién.

DON JUAN

¿No os favorece?

MOTA

Y me escribe.

CATALINÓN

(No prosigas, que te engaña
el gran burlador de España.)

DON JUAN

¿Quién tan satisfecho vive?

MOTA

Agora estoy esperando
la postrer resolución.

DON JUAN

Pues no perdáis la ocasión,
que aquí os estoy aguardando.

MOTA

Ya vuelvo.

CATALINÓN

Señor Cuadrado,
o señor Redondo, adiós.

CRIADO

Adiós.

(Vanse el marqués de la Mota y el criado.)

DON JUAN

Pues solos los dos,
amigo, habemos quedado,

los pasos sigue al marqués,
que en el palacio se entró.

(Vase Catalinón, habla por una reja una mujer.)

MUJER

Ce, ¿a quién digo?

DON JUAN

¿Quién llamó?

MUJER

Pues sois prudente y cortés,
y su amigo, dalde luego
al marqués este papel;
mirad que consiste en él
de una señora el sosiego.

DON JUAN

Digo que se lo daré;
soy su amigo y caballero.

MUJER

Basta, señor forastero,
adiós.

(Vase.)

Ya la voz se fue.
¿No parece encantamento
esto que agora ha pasado?
A mí el papel ha llegado
por la estafeta del viento.
Sin duda que es de la dama
que el marqués me ha encarecido.
Venturoso en esto he sido.
Sevilla a voces me llama
el Burlador, y el mayor
gusto que en mí puede haber
es burlar una mujer
y dejalla sin honor.
¡Vive Dios que le he de abrir,
pues salí de la plazuela!
Mas ¿si hubiese otra cautela...?
Gana me da de reír.
Ya está abierto el papel,
y que es suyo es cosa llana,
porque aquí firma doña Ana.
Dice así: «Mi padre infiel
en secreto me ha casado,
sin poderme resistir;
no sé si podré vivir,
porque la muerte me ha dado.
Si estimas, como es razón,
mi amor y mi voluntad,
y si tu amor fue verdad,
muéstralo en esta ocasión.
Porque veas que te estimo,

ven esta noche a la puerta,
que estará a las once abierta,
donde tu esperanza, primo,
goces, y el fin de tu amor.
Traerás, mi gloria, por señas
de Leonorilla y las dueñas,
una capa de color.
Mi amor todo de ti fío,
y adiós». ¡Desdichado amante!
¿Hay suceso semejante?
Ya de la burla me río.
Gozaréla, ¡vive Dios!,
con el engaño y cautela
que en Nápoles a Isabela.

(Sale Catalinón.)

CATALINÓN

Ya el marqués viene.

DON JUAN

Los dos
aquesta noche tenemos
que hacer.

CATALINÓN

¿Hay engaño nuevo?

DON JUAN

Extremado.

CATALINÓN

No lo apruebo.
Tú pretendes que escapemos
una vez, señor, burlados;
que el que vive de burlar
burlado habrá de escapar
[pagando tantos pecados]
de una vez.

DON JUAN

¿Predicador
te vuelves, impertinente?

CATALINÓN

La razón hace al valiente.

DON JUAN

Y al cobarde hace el temor.
El que se pone a servir,
voluntad no ha de tener,
y todo ha de ser hacer,
y nada ha de ser decir.
Sirviendo, jugando estás,
y si quieres ganar luego,

haz siempre, porque en el juego
quien más hace gana más.

CATALINÓN

También quien [más] hace y dice
pierde por la mayor parte.

DON JUAN

Esta vez quiero avisarte
porque otra vez no te avise.

CATALINÓN

Digo que de aquí adelante
lo que me mandes haré,
y a tu lado forzaré
un tig[re], un elefante.
Guárdese de mí un prior,
que si me mandas que calle
y le fuerce, he de forzalle
sin réplica, mi señor.

(Sale el marqués de la Mota.)

DON JUAN

Calla, que viene el marqués.

CATALINÓN

¿Pues, ha de ser el forzado?

DON JUAN

Para vos, marqués me han dado
un recaudo harto cortés
por esa reja, sin ver
el que me lo daba allí;
sólo en la voz conocí
que me lo daba mujer.
Dícete al fin que a las doce
vayas secreto a la puerta,
(que estará a las once abierta),
donde tu esperanza goce
la posesión de tu amor,
y que llevases por señas
de Leonorilla y las dueñas,
una capa de color.

MOTA

¿Qué dices?

DON JUAN

Que este [recado]
de una ventana me dieron,
sin ver quién.

MOTA

Con él pusieron
sosiego en tanto cuidado.
¡Ay, amigo! Sólo en ti

mi esperanza renaciera.
Dame esos [pies].

DON JUAN

Considera
que no está tu prima en mí.
Eres tú quien ha de ser
quien la tiene de gozar,
¿y me llegas a abrazar
los pies?

MOTA

Es tal el placer
que me ha sacado de mí.
¡Oh, sol, apresura el paso!

DON JUAN

Ya el sol camina al ocaso.

MOTA

Vamos, amigo, de aquí,
y de noche nos pondremos.
¡Loco voy!

DON JUAN

(Bien se conoce,
mas yo bien sé que a las doce
harás mayores extremos.)

MOTA

¡Ay, prima del alma, prima,
que quieres premiar mi fe!

CATALINÓN

(¡Vive Cristo que no dé
una blanca por su prima!)

(Vase el marqués, y sale don Diego.)

DON DIEGO

¡Don Juan!

CATALINÓN

Tu padre te llama.

DON JUAN

¿Qué manda vueseñoría?

DON DIEGO

Verte más cuerdo quería,
más bueno y con mejor fama.
¿Es posible que procuras
todas las horas mi muerte?

DON JUAN

¿Por qué vienes desa suerte?

DON DIEGO

Por tu trato y tus locuras.
Al fin el rey me ha mandado
que te eche de la ciudad,
porque está de una maldad
con justa causa indignado.
Que, aunque me lo has encubierto,
ya en Sevilla el rey lo sabe,
cuyo delito es tan grave,
que a decírtelo no acierto.
¿En el palacio real
traición, y con un amigo?
Traidor, Dios te dé el castigo
que pide delito igual.
Mira que, aunque al parecer
Dios te consiente y aguarda,
su castigo no se tarda,
y que castigo ha de haber
para los que profanáis
su nombre; que es jüez fuerte
Dios en la muerte.

DON JUAN

¿En la muerte?
¿Tan largo me lo fiáis?
De aquí allá hay gran jornada.

DON DIEGO

Breve te ha de parecer.

DON JUAN

Y la que tengo de hacer,
pues a su alteza le agrada,
agora, ¿es larga también?

DON DIEGO

Hasta que el injusto agravio
satisfaga el duque Octavio,
y apaciguados estén
en Nápoles de Isabela
los sucesos que has causado,
en Lebrija retirado,
por tu traición y cautela,
quiere el rey que estés agora,
pena a tu maldad ligera.

CATALINÓN

(Si el caso también supiera
de la pobre pescadora,
más se enojara el buen viejo.)

DON DIEGO

Pues no te vence castigo
con cuanto hago y cuanto digo,
a Dios tu castigo dejo.

(Vase [don Diego].)

CATALINÓN

Fuese el viejo enternecido.

DON JUAN

Luego las lágrimas copia,
condición de viejos propria.
Vamos, pues ha anochecido,
a buscar al marqués.

CATALINÓN

Vamos,
y al fin gozarás su dama.

DON JUAN

Ha de ser burla de fama.

CATALINÓN

Ruego al cielo que salgamos
della en paz.

DON JUAN

¡Catalinón,
en fin!

CATALINÓN

Y tú, señor, eres
langosta de las mujeres,
y con público pregón,
porque de ti se guardara,
cuando a noticia viniera
de la que doncella fuera,
fuera bien se pregonara:
«Guárdense todos de un hombre
que a las mujeres engaña,
y es el burlador de España».

DON JUAN

Tú me has dado gentil nombre.

(Sale el marqués [de la Mota], de noche, con músicos, y pasea el tablado, y se entran cantando.)

MÚSICOS

El que un bien gozar espera,
cuanto espera desespera.

MOTA

Como yo a mi bien gocé
nunca llegue a amanecer.

DON JUAN

¿Qué es esto?

CATALINÓN

Música es.

MOTA

Parece que habla conmigo
el poeta. ¿Quién va?

DON JUAN

Amigo.

MOTA

¿Es don Juan?

DON JUAN

¿Es el marqués?

MOTA

¿Quién pu[e]de ser sino yo?

DON JUAN

Luego que la capa vi,
que érades vos conocí.

MOTA

Cantad, pues don Juan llegó.

(Cantan.)

El que un bien gozar espera
cuanto espera desespera.

DON JUAN

¿Qué casa es la que miráis?

MOTA

De don Gonzalo de Ulloa.

DON JUAN

¿Dónde iremos?

MOTA

A Lisboa.

DON JUAN

¿Cómo, si en Sevilla estáis?

MOTA

¿Pues aqueso os maravilla?
¿No vive con gusto igual

lo peor de Portugal
en lo mejor de Castilla?

DON JUAN

¿Dónde viven?

MOTA

En la calle
de la Sierpe, donde ves
[a Adán vuelto] en portugués;
que en aqueste amargo valle
con bocados solicitan
mil Evas que, aunque en bocados,
en efeto, son ducados
con que el dinero nos quitan.

CATALINÓN

Ir de noche no quisiera
por esa calle crüel,
pues lo que de día es miel
entonces lo dan en cera.
Una noche, por mi mal,
la vi sobre mí [vertida],
y hallé que era corrompida
la cera de Portugal.

DON JUAN

Mientras a la calle vais,
yo dar un perro quisiera.

MOTA

Pues cerca de aquí me espera
un bravo.

DON JUAN

Si me dejáis,
señor marqués, vos veréis
cómo de mí no se escapa.

MOTA

Vamos, y poneos mi capa,
para que mejor lo deis.

DON JUAN

Bien habéis dicho. Venid
y me enseñaréis la casa.

MOTA

Mientras el suceso pasa,
la voz y el habla fingid.
¿Veis aquella celosía?

DON JUAN

Ya la veo.

MOTA

Pues llegad,
y decid: «Beatri[z]», y entrad.

DON JUAN

¿Qué mujer?

MOTA

Rosada y fría.

CATALINÓN

Será mujer cantimplora.

MOTA

En Gradas os aguardamos.

DON JUAN

Adiós, marqués.

([Hablan aparte don Juan y Catalinón.])

CATALINÓN

¿Dónde vamos?

DON JUAN

Adonde la burla [agora];
ejecute.

CATALINÓN

No se escapa
nadie de ti.

DON JUAN

El trueque adoro.

CATALINÓN

Echaste la capa al toro.

DON JUAN

No, el toro me echó la capa.

[(Vanse don Juan y Catalinón.)]

MOTA

La mujer ha de pensar
que soy él.

MÚSICO

¡Qué gentil perro!

MOTA

Esto es acertar por yerro.

MÚSICOS

[Todo este mundo es errar.]

(*Cantan.*)

El que un bien gozar espera,
cuando espera desespera.

(Vanse, y dice doña Ana dentro.)

ANA

¡Falso, no eres el marqués!
¡Que me has engañado!

DON JUAN

Digo
que lo soy.

ANA

¡Fiero enemigo,
mientes, mientes!

(Sale don Gonzalo con la espada desnuda.)

DON GONZALO

La voz es
de doña Ana la que siento.

ANA

¿No hay quien mate este traidor,
homicida de mi honor?

DON GONZALO

¿Hay tan grande atrevimiento?
Muerto honor, dijo, ¡ay de mí!,
y es su lengua tan liviana
que aquí sirve de campana.

ANA

¡Matalde!

(Salen don Juan y Catalinón, con las espadas desnudas.)

DON JUAN

¿Quién está aquí?

DON GONZALO

La barbacana caída
de la torre de mi honor,
echaste en tierra, traidor,
donde era alcaide la vida.

DON JUAN

Déjame pasar.

DON GONZALO

¿Pasar?
Por la punta desta espada.

DON JUAN

Morirás.

DON GONZALO

No importa nada.

DON JUAN

Mira que te he de matar.

DON GONZALO

¡Muere, traidor!

DON JUAN

Desta suerte
muero.

CATALINÓN

Si escapo [yo] desta,
no más burlas, no más fiesta.

DON GONZALO

¡Ay, que me has dado la muerte!

DON JUAN

Tú la vida te quitaste.

DON GONZALO

¿De qué la vida servía?

DON JUAN

Huyamos.

(Vanse don Juan y Catalinón.)

DON GONZALO

La sangre fría
con el furor aumentaste.
¡Muerto soy! ¡No hay bien que aguarde!
¡Seguiráte mi furor!
¡Que es traidor, y el es que traidor
es traidor porque es cobarde!

(Entran muerto a don Gonzalo, y salen el marqués de la Mota y músicos.)

MOTA

Presto las doce darán,
y mucho don Juan se tarda;
¡fiera prisión del que aguarda!

(Salen don Juan y Catalinón.)

DON JUAN

¿Es el marqués?

MOTA

¿Es don Juan?

DON JUAN

Yo soy, tomad vuestra capa.

MOTA

¿Y el perro?

DON JUAN

Funesto ha sido;
al fin, marqués, muerto ha habido.

CATALINÓN

Señor, del muerto te escapa.

MOTA

¿Búrlaste, amigo? ¿Qué haré?

CATALINÓN

(Y [ya] a vos os ha burlado.)

DON JUAN

Cara la burla ha costado.

MOTA

Yo, don Juan, lo pagaré,
porque estará la mujer
quejosa de mí.

DON JUAN

¡Adiós,
marqués!

CATALINÓN

A fe que los dos
mal pareja han de correr.

DON JUAN

¡Huyamos!

CATALINÓN

Señor, no habrá
águila que a mí me alcance.

(Vanse, y queda el marqués de la Mota.)

MOTA

Vosotros os p[er]déis [lance],
porque quiero ir solo [ya].

(Dentro.)

¿Vióse desdicha mayor,
y vióse mayor desgracia?

MOTA

¡Válgame Dios, voces siento
en la plaza del Alcázar!
¿Qué puede ser a estas horas?
Un yelo el pecho me arraiga.
Desde aquí parece todo
una Troya que se abrasa,
porque tantas luces juntas
hacen gigantes de llamas.
Un grande escuadrón de hachas
se acerca a mí; ¿por qué anda
el fuego emulando estrellas,
dividiéndose en escuadras?
Quiero saber la ocasión.

(Salen don Diego Tenorio y la guarda con hachas.)

DON DIEGO

¿Qué gente?

MOTA

Gente que aguarda
saber de aqueste rüido
el alboroto y la causa.

DON DIEGO

Prendeldo.

MOTA

¿Prenderme a mí?

DON DIEGO

Volved la espada a la vaina,
que la mayor valentía
es no tratar de las armas.

MOTA

¿Cómo al marqués de la Mota
hablan ansí?

DON DIEGO

Dad la espada,
que el rey os manda prender.

MOTA

¡Vive Dios!

(Salen el rey y acompañamiento.)

REY

En toda España
no ha de caber, ni tampoco
en Italia, si va a Italia.

DON DIEGO

Señor, aquí está el marqués.

MOTA

[¿Vuestra alteza a mí me manda
prender?]

REY

L[l]evalde y ponelde
la cabeza en una escarpia.
¿En mi presencia te pones?

MOTA

¡Ah, glorias de amor tiranas,
siempre en el pasar ligeras,
como en el vivir pesadas!
Bien dijo un sabio que había
entre la boca y la taza
peligro; mas el enojo
del rey me admira y espanta.
No sé por lo que voy preso.

DON DIEGO

¿Quién mejor sabrá la causa
que vueseñoría?

MOTA

¿Yo?

DON DIEGO

Vamos.

MOTA

¡Confusión extraña!

REY

Fulmínesele el proceso

al marqués luego, y mañana
le cortarán la cabeza.
Y al comendador, con cuanta
solenidad y grandeza
se da a las personas sacras
y reales, el entierro
se haga en bronce y piedras varias.
Un sepulcro con un bulto
le ofrezcan, donde en mosaicas
labores, góticas letras
den lenguas a sus venganzas.
Y entierro, bulto y sepulcro
quiero que a mi costa se haga.
¿Dónde doña Ana se fue?

DON DIEGO

Fuése al sagrado doña Ana
de mi señora la reina.

REY

Ha de sentir esta falta
Castilla; tal capitán
ha de llorar Calatrava.

(Vanse todos.)

[(En la aldea de Dos Hermanas.)]

(Sale Batricio, desposado con Aminta; Gaseno, viejo; Belisa y pastores músicos.)

(Cantan.)

Lindo sale el sol de Abril,
por trébol y toronjil;
y aunque le sirv[a] de estrella,
Aminta sale más bella.

BATRICIO

Sobre esta alfombra florida,
adonde en campos de escarcha
el sol sin aliento marcha
con su luz recién nacida,
os sentad, pues nos convida
al tálamo el sitio hermoso.

AMINTA

Cantalde a mi dulce esposo
favores de mil en mil.

(Cantan.)

Lindo sale el sol de Abril,
por trébol y torongil,
y aunque le sirva de estrella,
Aminta sale más bella.

BATRICIO

[No sale así el sol de oriente
como el sol que al alba sale,

que no hay sol que al sol se iguale
de sus niñas y su frente,
a este sol claro y luciente
que eclipsa al sol su arrebol;
y ansí cantalde a mi sol
motetes de mil en mil.

(Cantan.)

Lindo sale el sol de Abril,
por trébol y torongil;
y aunque le sirva de estrella,
Aminta sale más bella.]

AMINTA

Batricio, yo lo agradezco;
falso y lisonjero estás;
mas si tus rayos me das
por ti ser luna merezco.
[Tú eres el sol por quien crezco,
después de salir menguante,
para que el alba te cante
la salva en tono sutil.]

(Cantan.)

Lindo sale el sol de Abril,
por trébol y torongil;
y aunque le sirva de estrella,
Aminta sale más bella.

(Sale Catalinón, de camino.)

CATALINÓN

Señores, el desposorio
huéspedes ha de tener.

GASENO

A todo el mundo ha de ser
este contento notorio.
¿Quién viene?

CATALINÓN

Don Juan Tenorio.

GASENO

¿El viejo?

CATALINÓN

No ése, [es] don Juan.

BELISA

Será su hijo galán.

BATRICIO

Téngolo por mal agüero;
que galán y caballero

quitan gusto y celos dan.
Pues, ¿quién noticia les dio
de mis bodas?

CATALINÓN

De camino
pasa a Lebrija.

BATRICIO

Imagino
que el demonio le envió;
mas ¿de qué me aflijo yo?
Vengan a mis dulces bodas
del mundo las gentes todas.
Mas, con todo, un caballero
en mis bodas, ¡mal agüero!

GASENO

Venga el Coloso de Rodas,
venga el Papa, el Preste Juan,
y don Alfonso el Onceno
con su corte, que en Gaseno
ánimo y valor verán.
Montes en casa hay de pan,
Guadalquivides de vino,
Babilonias de tocino,
y entre ejércitos cobardes
de aves, para que las [lardes],
el pollo y el palomino.

Venga tan gran caballero
a ser hoy en Dos Hermanas
honra de estas nobles canas.

BELISA

¡El hijo del camarero
mayor!

BATRICIO

(Todo es mal agüero
para mí, pues le han de dar
junto a mi esposa lugar.
Aun no gozo, y ya los cielos
me están condenando a celos.
Amor, sufrir y callar.)

(Sale don Juan Tenorio.)

DON JUAN

Pasando acaso he sabido
que hay bodas en el lugar,
y dellas quise gozar,
pues tan venturoso he sido.

GASENO

Vueseñoría ha venido
a honrallas y engrandecellas.

BATRICIO

(Yo, que soy el dueño dellas,
digo entre mí que vengáis
en hora mala.)

GASENO

¿No dais
lugar a este caballero?

DON JUAN

Con vuestra licencia quiero
sentarme aquí.

(Siéntase junto a la novia.)

BATRICIO

Si os sentáis
delante de mí, señor,
seréis de aquesa manera
el novio.

DON JUAN

Cuando lo fuera
no escogiera lo peor.

GASENO

¡Qué es el novio!

DON JUAN

De mi error
y ignorancia perdón [pido].

CATALINÓN

(¡Desventurado marido!)

DON JUAN

(Corrido está.)

CATALINÓN

(No lo ignoro;
mas, si tiene de ser toro,
¿qué mucho que esté corrido?
No daré por su mujer
ni por su honor un cornado.
¡Desdichado tú, que has dado
en manos de Lucifer!)

DON JUAN

¿Posible es que vengo a ser,
señora, tan venturoso?
Envidia tengo al esposo.

AMINTA

Parecéisme lisonjero.

BATRICIO

Bien dije que es mal agüero
en bodas un poderoso.

GASENO

Ea, vamos a almorzar,
porque pueda descansar
un rato su señoría.

(Tómale don Juan la mano a la novia.)

DON JUAN

¿Por qué la escondéis?

AMINTA

¡Es mía!

GASENO

¡Vamos!

BELISA

Volved a cantar.

DON JUAN

¿Qué dices tú?

CATALINÓN

¿Yo? Que temo
muerte vil de esos villanos.

DON JUAN

Buenos ojos, blancas manos,
en ello me abraso y quemo.

CATALINÓN

¡Almagrar y echar a extremo!
Con ésta cuatro serán.

DON JUAN

Ven, que mirándome están.

BATRICIO

¿En mis bodas caballero?
¡Mal agüero…

GASENO

Cantad.

BATRICIO

… muero!

CATALINÓN

Canten, que ellos llorarán

(Vanse todos, con que da fin la Segunda Jornada.)

JORNADA TERCERA

[(En la aldea de Dos Hermanas.)]

(Sale Batricio, pensativo.)

BATRICIO

Celos, reloj y cuidado,
que a todas las horas dais
tormentos con que matáis,
aunque dais desconcertado;
celos, del vivir desprecios,
con que ignorancias hacéis,
pues todo lo que tenéis
de ricos, tenéis de necios.
Dejadme de atormentar,
pues es cosa tan sabida
que cuando amor me da vida
la muerte me queréis dar.
¿Qué me queréis, caballero,
que me atormentáis ansí?
Bien dije cuando le vi
en mis bodas, «¡Mal agüero!».
¿No es bueno que se sentó

a cenar con mi mujer,
y a mí en el plato meter
la mano no me dejó?
  Pues cada vez que quería
metella, la desviaba,
diciendo a cuanto tomaba,
«¡Grosería, grosería!».
  Pues llegándome a quejar
a algunos, me respondían
y con risa me decían:
«No tenéis de qué os quejar,
  eso no es cosa que importe;
no tenéis de qué temer,
callad, que debe de ser
uso de allá en la corte».
  ¡Buen uso, trato extremado!
¡Más no se usara en Sodoma!
¡Que otro con la novia coma,
y que ayune el desposado!
  Pues el otro bellacón
a cuanto comer quería,
«¿Esto no come?», decía;
«No tenéis, señor, razón».
  Y de delante al momento
me lo quitaba. Corrido
estó; bien sé yo que ha sido
culebra y no casamiento.
  Ya no se puede sufrir
ni entre cristianos pasar;
y acabando de cenar
con los dos, ¿mas que a dormir
  se ha de ir también, si porfía,

con nosotros, y ha de ser
el llegar yo a mi mujer,
«Grosería, grosería»?
Ya viene, no me resisto;
aquí me quiero esconder;
pero ya no puede ser,
que imagino que me ha visto.

(Sale don Juan Tenorio.)

DON JUAN

¡Batricio!

BATRICIO

Su señoría,
¿qué manda?

DON JUAN

Haceros saber...

BATRICIO

(¿Mas que ha de venir a ser
alguna desdicha mía?)

DON JUAN

... que ha muchos días, Batricio,
que a Aminta el alma di,
y he gozado...

BATRICIO

¿Su honor?

DON JUAN

Sí.

BATRICIO

(Manifiesto y claro indicio
de lo que he llegado a ver;
que si bien no la quisiera,
nunca a su casa viniera;
al fin, al fin es mujer.)

DON JUAN

Al fin, Aminta, celosa,
o quizá desesperada
de verse de mí olvidada
y de ajeno dueño esposa,
esta carta me escribió
enviándome a llamar,
y yo prometí gozar
lo que el alma prometió.
Esto pasa desta suerte.
Dad a vuestra vida un medio,
que le daré sin remedio
a quien lo impida, la muerte.

BATRICIO

Si tú en mi elección lo pones,
tu gusto pretendo hacer,
que el honor y la mujer
son males en opiniones.
La mujer en opinión
siempre más pierde que gana,
que son como la campana
que se estima por el son.
Y así es cosa averiguada
que opinión viene a perder,
cuando cualquiera mujer
suena a campana quebrada.
No quiero, pues me reduces
el bien que mi amor ordena,
mujer entre mala y buena,
que es moneda entre dos luces.
Gózala, señor, mil años,
que yo quiero resistir,
desengañar y morir,
y no vivir con engaños.

(Vase.)

DON JUAN

Con el honor le vencí,
porque siempre los villanos
tienen su honor en las manos,
y siempre miran por sí.
Que por tantas variedades

es bien que se entienda y crea
que el honor se fue al aldea
huyendo de las ciudades.
Pero antes de hacer el daño
le pretendo reparar;
a su padre voy a hablar
para autorizar mi engaño.
Bien lo supe negociar;
gozarla esta noche espero.
La noche camina y quiero
su viejo padre llamar.
Estrellas que me alumbráis,
dadme en este engaño suerte,
si el galardón en la muerte
tan largo me lo guardáis.

(Vase [don Juan]. Salen Aminta y Belisa.)

BELISA

Mira que vendrá tu esposo.
Entra a desnudarte, Aminta.

AMINTA

Destas infelices bodas
no sé qué siento, Belisa.
Todo hoy mi Batricio ha estado
bañado en melancolía,
todo en confusión y celos.
¡Mirad qué grande desdicha!

Di, ¿qué caballero es este
que de mi esposo me priva?
La desvergüenza en España
se ha hecho caballería.
[Déjame, que estoy sin seso];
déjame, que estoy corrida.
¡Mal hubiese el caballero
que mis contentos me priva!

BELISA

Calla, que pienso que viene;
que nadie en la casa pisa
de un desposado, tan recio.

AMINTA

Queda a Dios, Belisa mía.

BELISA

Desenójale en los brazos.

AMINTA

¡Plega a los cielos que sirvan
mis suspiros de requiebros,
mis lágrimas de caricias!

(Vanse [Aminta y Belisa]. Salen don Juan, Catalinón y Gaseno.)

DON JUAN

Gaseno, quedad con Dios.

GASENO

Acompañaros querría,
por dalle desta ventura
el parabién a mi hija.

DON JUAN

Tiempo mañana nos queda.

GASENO

Bien decís, el alma mía
en la muchacha os ofrezco.

[(Vase Gaseno.)]

DON JUAN

Mi esposa decid. Ensilla,
Catalinón.

CATALINÓN

¿Para cuándo?

DON JUAN

Para el alba, que de risa

muerta ha de salir mañana
deste engaño.

CATALINÓN

Allá en Lebrija,
señor, nos está aguardando
otra boda. Por tu vida
que despaches presto en ésta.

DON JUAN

La burla más escogida
de todas ha de ser ésta.

CATALINÓN

Que saliésemos quer[r]ía
de todas bien.

DON JUAN

Si es mi padre
el dueño de la justicia,
y es la privanza del rey,
¿qué temes?

CATALINÓN

De los que privan
suele Dios tomar venganza,
si delitos no castigan,
y se suelen en el juego

perder también los que miran.
Yo he sido mirón del tuyo,
y por mirón no quer[r]ía
que me cogiese algún rayo,
y me trocase en cecina.

DON JUAN

Vete, ensilla, que mañana
he de dormir en Sevilla.

CATALINÓN

¿En Sevilla?

DON JUAN

Sí.

CATALINÓN

¿Qué dices?
Mira lo que has hecho, y mira
que hasta la muerte, señor,
es corta la mayor vida;
que hay tras la muerte imperio.

DON JUAN

Si tan largo me lo fías,
vengan engaños.

CATALINÓN

Señor...

DON JUAN

Vete, que ya me amohínas
con tus temores extraños.

CATALINÓN

Fuerza al turco, fuerza al scita,
al persa y al caramanto,
al gallego, al troglodita,
al alemán y al Japón,
al sastre con la agujita
de oro en la mano, imitando
contino a *la Blanca niña*.

(Vase [Catalinón].)

DON JUAN

La noche en negro silencio
se extiende, y ya las cabrillas
entre racimos de estrellas
el polo más alto pisan.
Yo quiero poner mi engaño
por obra, el amor me guía
a mi inclinación, de quien
no hay hombre que se resista.
Quiero llegar a la cama.
¡Aminta!

(Sale Aminta, como que está acostada.)

AMINTA

¿Quién llama [a] Aminta?
¿Es mi Batricio?

DON JUAN

No soy
tu Batricio.

AMINTA

Pues, ¿quién?

DON JUAN

Mira
de espacio, Aminta, quién soy.

AMINTA

¡Ay de mí! ¡Yo soy perdida!
¿En mi aposento a estas horas?

DON JUAN

Éstas son las [horas] mías.

AMINTA

Volveos, que daré voces,
no excedáis la cortesía

que a mi Batricio se debe,
ved que hay romanas Emilias
en Dos Hermanas también,
y hay Lucrecias vengativas.

DON JUAN

Escúchame dos palabras,
y esconde de las mejillas
en el corazón la grana,
por ti más preciosa y rica.

AMINTA

Vete, que vendrá mi esposo.

DON JUAN

Yo lo soy. ¿De qué te admiras?

AMINTA

¿Desde cuándo?

DON JUAN

Desde agora.

AMINTA

¿Quién lo ha tratado?

DON JUAN

Mi dicha.

AMINTA

¿Y quién nos casó?

DON JUAN

Tus ojos.

AMINTA

¿Con qué poder?

DON JUAN

Con la vista.

AMINTA

¿Sábelo Batricio?

DON JUAN

Sí;
que te olvida.

AMINTA

¿Que me olvida?

DON JUAN

Sí; que yo te adoro.

AMINTA

¿Cómo?

DON JUAN

Con mis dos brazos.

AMINTA

Desvía.

DON JUAN

¿Cómo puedo, si es verdad
que muero?

AMINTA

¡Qué gran mentira!

DON JUAN

Aminta, escucha y sabrás,
si quieres que te lo diga,
la verdad; que las mujeres
sois de verdades amigas.
Yo soy noble caballero,

cabeza de la familia
de los Tenorios antiguos,
ganadores de Sevilla.
Mi padre, después del rey,
se reverencia y estima,
y en la corte, de sus labios
pende la muerte o la vida.
Corriendo el camino acaso,
llegué a verte, que amor guía
tal vez las cosas, de suerte
que él mismo dellas se admira.
Vite, adoréte, abraséme,
tanto que tu amor me obliga
a que contigo me case;
mira qué acción tan precisa.
y aunque lo mormure el re[ino],
y aunque el rey lo contradiga,
y aunque mi padre enojado
con amenazas lo impida,
tu esposo tengo de ser.
¿Qué dices?

AMINTA

No sé qué diga,
que se encubren tus verdades
con retóricas mentiras.
Porque si estoy desposada,
como es cosa conocida,
con Batricio, el matrimonio
no se absuelve, aunque él desista.

DON JUAN

En no siendo confirmado,
por engaño o por malicia,
puede anularse.

AMINTA

En Batricio
toda fue verdad sencilla.

DON JUAN

Ahora bien, dame esa mano,
y esta voluntad confirma
con ella.

AMINTA

¿Que no me engañas?

DON JUAN

Mío el engaño sería.

AMINTA

Pues jura que cumplirás
la palabra prometida.

DON JUAN

Juro a esta mano, señora,
infierno de nieve fría,
de cumplirte la palabra.

AMINTA

Jura a Dios que te maldiga
si no la cumples.

DON JUAN

Si acaso
la palabra y la fe mía
te faltare, ruego a Dios
que a traición y alevosía,
me dé muerte un hombre... (muerto;
que vivo, Dios no permita).

AMINTA

Pues con ese juramento
soy tu esposa.

DON JUAN

El alma mía
entre los brazos te ofrezco.

AMINTA

Tuya es el alma y la vida.

DON JUAN

¡Ay, Aminta de mis ojos!
Mañana sobre virillas
de tersa plata, estrellada
con clavos de oro de Tíbar,
pondrás los hermosos pies,
y en prisión de gargantillas
la alabastrina garganta,
y los dedos en sortijas,
en cuyo engaste parezcan
transparentes perlas finas.

AMINTA

A tu voluntad, esposo,
la mía desde hoy se inclina.
Tuya soy.

DON JUAN

(¡Qué mal conoces
al burlador de Sevilla!)

(Vanse [don Juan y Aminta].)

[(En Tarragona, camino a Sevilla.)]

(Salen Isabela y Fabio, de camino.)

ISABELA

¡Que me robase el dueño
la prenda que estimaba y más quería!
¡Oh riguroso empeño
de la verdad! ¡Oh máscara del día!
¡Noche al fin tenebrosa,
antípoda del sol, del sueño esposa!

FABIO

¿De qué sirve, Isabela,
el amor en el alma y en los ojos,
si amor todo es cautela,
y en campos de desdenes causa enojos,
si el que se ríe agora
en breve espacio desventuras llora?
El mar está alterado,
y en grave temporal, tiempo socorre;
el abrigo han tomado
las galeras, duquesa, de la torre
que esta playa corona.

ISABELA

¿Dónde estamos [ahora]?

FABIO

En Tarragona.
De aquí a poco espacio
daremos en Valencia, ciudad bella,

del mismo sol palacio,
divertiráste algunos días en ella;
y después a Sevilla
irás a ver la octava maravilla.
Que si a Octavio perdiste,
más galán es don Juan, y de Tenorio
solar. ¿De qué estás triste?
Conde dicen que es ya don Juan Tenorio,
el rey con él te casa,
y el padre es la privanza de su casa.

ISABELA

No nace mi tristeza
de ser esposa de don Juan, que el mundo
conoce su nobleza;
en la esparcida voz mi agravio fundo,
que esta opinión perdida
es de llorar mientras tuviere vida.

FABIO

Allí una pescadora
tiernamente suspira y se lamenta,
y dulcemente llora.
Acá viene, sin duda, y verte intenta.
Mientras llamo tu gente,
lamentaréis las dos más dulcemente.

(Vase Fabio y sale Tisbea.)

TISBEA

Robusto mar de España,
ondas de fuego, fugitivas ondas,
Troya de mi cabaña,
que ya el fuego, por mares y por ondas,
en sus abismos fragua,
y el mar forma, por las llamas, agua.
¡Maldito el leño sea
que a tu amargo cristal halló [camino],
antojo de Medea,
tu cáñamo primero o primer lino
aspado de los vientos,
para telas de engaños e instrumentos!

ISABELA

¿Por qué del mar te quejas
tan tiernamente, hermosa pescadora?

TISBEA

Al mar formo mil quejas.
¡Dichosa vos, que en su tormento agora
dél os estáis rïendo!

ISABELA

También quejas del mar estoy haciendo.
¿De dónde sois?

TISBEA

De aquellas
cabañas que miráis del viento heridas,
tan vitorios[o] entre ellas;
cuyas pobres paredes desparcidas
van en pedazos graves,
dándole mil graznidos a las aves.
En sus pajas me dieron
corazón de fortísimo diamante;
mas las obras me hicieron,
deste monstruo que ves tan arrogante,
ablandarme de suerte
que al sol la cera es más robusta y fuerte.
¿Sois vos la Europa hermosa
que esos toros os llevan?

ISABELA

[A Sevilla]
llévanme a ser esposa
contra mi voluntad.

TISBEA

Si mi mancilla
a lástima os provoca,
y si injurias del mar os tienen loca,
en vuestra compañía
para serviros como humilde esclava
me llevad, que querría,
si el dolor o la afrenta no me acaba,

pedir al rey justicia
de un engaño crüel, de una malicia.
Del agua derrotado
a esta tierra llegó don Juan Tenorio,
difunto y anegado;
amparéle, hospedéle en tan notorio
peligro, y el vil güésped
víbora fue a mi planta e[n] tierno césped.
Con palabra de esposo,
la que de esta costa burla hacía
se rindió al engañoso.
¡Mal haya la mujer que en hombres fía!
Fuése al fin, y dejóme:
mira si es justo que venganza tome.

ISABELA

¡Calla, mujer maldita!
¡Vete de mi presencia, que me has muerto!
Mas, si el dolor te incita
no tienes culpa tú. Prosigue el cuento.

TISBEA

¡La dicha fu[e]ra mía...!

ISABELA

¡Mal haya la mujer que en hombres fía!
¿Quén tiene de ir contigo?

TISBEA

[Anfriso, un pescador; y] un pobre padre
de mis males testigo.

ISABELA

(No hay venganza a mi mal que tanto cuadre.)
Ven en mi compañía.

TISBEA

¡Mal haya la mujer que en hombres fía!

(Vanse [Isabela y Tisbea].)

[(En la catedral de Sevilla.)]

(Salen don Juan y Catalinón.)

CATALINÓN

Todo [en mal estado] está.

DON JUAN

¿Cómo?

CATALINÓN

Que Octavio ha sabido
la traición de Italia ya,

y el de la Mota ofendido
de ti justas quejas da,
y dice, al fin, que el recado
que de su prima le diste
fue fingido y simulado,
y con su capa empren[d]iste
la traición que le ha infamado.
Dice que viene Isabela
a que seas su marido,
y dicen...

DON JUAN

¡Calla!

CATALINÓN

Una muela
en la boca me has rompido.

DON JUAN

¡Hablador!, ¿quién te revela
tanto disparate junto?

[CATALINÓN]

¿Disparate?

DON JUAN

¡Disparate!

CATALINÓN

Verdades son.

DON JUAN

No pregunto
si lo son. Cuando me mate
Otavio, ¿estoy yo difunto?
¿No tengo manos también?
¿Dónde me tienes posada?

CATALINÓN

En la calle oculta.

DON JUAN

Bien.

CATALINÓN

La iglesia es tierra sagrada.

DON JUAN

Di que de día me den
en ella la muerte. ¿Viste
al novio de Dos Hermanas?

CATALINÓN

También le vi ansiado y triste.

DON JUAN

Aminta estas dos semanas
no ha de caer en el chiste.

CATALINÓN

Tan bien engañada está
que se llama doña Aminta.

DON JUAN

Graciosa burla será.

CATALINÓN

Graciosa burla y sucinta,
mas siempre la llorará.

(Descúbrese un sepulcro de don Gonzalo de Ulloa.)

DON JUAN

¿Qué sepulcro es éste?

CATALINÓN

Aquí
don Gonzalo está enterrado.

DON JUAN

Éste es el que muerte di.
¡Gran sepulcro le han labrado!

CATALINÓN

Ordenólo el rey ansí.
¿Cómo dice este letrero?

DON JUAN

«Aquí aguarda del Señor
el más leal caballero
la venganza de un traidor.»
Del mote reírme quiero.
¿Y habéisos vos de vengar,
buen viejo, barbas de piedra?

CATALINÓN

No se las podrás pelar
que en barbas tan fuertes medra.

DON JUAN

Aquesta noche a cenar
os aguardo en mi posada;
allí el desafío haremos,
si la venganza os agrada,
aunque mal reñir podremos,
si es de piedra vuestra espada.

CATALINÓN

Ya, señor, ha anochecido,
vámonos a recoger.

DON JUAN

Larga esta venganza ha sido,
si es que vos la habéis de hacer;
importa no estar dormido,
que si a la muerte aguardáis
la venganza, la esperanza
agora es bien que perdáis,
pues vuestro enojo y venganza
tan largo me lo fiáis.

(Vanse [don Juan y Catalinón].)

[(En un mesón de Sevilla.)]

(Ponen la mesa dos criados.)

CRIADO 1.°

Quiero apercibir la cena,
que vendrá a cenar don Juan.

CRIADO 2.°

Puestas las mesas están.
¡Qué flema tiene si [enfrena]!
Ya tarda como solía

mi señor, no me contenta;
la bebida se calienta
y la comida se enfría.
Mas, ¿quién a don Juan ordena
esta desorden?

(Entran don Juan y Catalinón.)

DON JUAN

¿Cerraste?

CATALINÓN

Ya cerré como mandaste.

DON JUAN

¡Hola! ¡Tráiganme la cena!

CRIADO 2.°

Ya está aquí.

DON JUAN

Catalinón,
siéntate.

CATALINÓN

Yo soy amigo
de cenar de espacio.

DON JUAN

Digo
que te sientes.

CATALINÓN

La razón
haré.

CRIADO 1.º

También es camino
éste, si come con él.

DON JUAN

Siéntate.

(Un golpe dentro.)

CATALINÓN

Golpe es aquél.

DON JUAN

Que llamaron imagino.
Mira quién es.

CRIADO 1.º

Voy volando.

CATALINÓN

¿Si es la justicia, señor?

DON JUAN

Sea, no tengas temor.

(Vuelve el criado huyendo.)

DON JUAN

¿Quién es? ¿De qué estás temblando?

CATALINÓN

De algún mal da testimonio.

DON JUAN

¡Mal mi cólera resisto!
Habla, responde, ¿qué has visto?
¿Asombróte algún demonio?
Ve tú, y mira aquella puerta.
¡Presto, acaba!

CATALINÓN

¿Yo?

DON JUAN

Tú, pues.
Acaba, menea los pies.

CATALINÓN

A mi agüela hallaron muerta,
como racimo colgada,
y desde entonces se suena
que anda siempre su alma en pena.
Tanto golpe no me agrada.

DON JUAN

Acaba.

CATALINÓN

¡Señor, si sabes
que soy un Catalinón!

DON JUAN

Acaba.

CATALINÓN

¡Fuerte ocasión!

DON JUAN

¿No vas?

CATALINÓN

¿Quién tiene las llaves
de la puerta?

CRIADO 2.°

Con la aldaba
está cerrada no más.

DON JUAN

¿Qué tienes? ¿Por qué no vas?

CATALINÓN

Hoy Catalinón acaba.
Mas, ¿si las forzadas vienen
a vengarse de los dos?

(Llega Catalinón a la puerta, y viene corriendo; cae y levántase.)

DON JUAN

¿Qué es eso?

CATALINÓN

¡Válgame Dios,
que me matan, que me tienen!

DON JUAN

¿Quién te tiene? ¿Quién te [mata]?
¿Qué has visto?

CATALINÓN

Señor, yo allí
vide, cuando luego fui...
¿Quién me ase, quién me arrebata?
Llegué, cuando después, ciego,
cuando vile, ¡juro a Dios...!
Habló y dijo: «Quién sois vos?»...
respondió... respondí luego...
topé y vide...

DON JUAN

¿A quién?

CATALINÓN

No sé.

DON JUAN

¡Cómo el vino desatina!
Dame la vela, gallina,
y yo a quien llama veré.

(Toma don Juan la vela y llega a la puerta. Sale al encuentro don Gonzalo, en la forma que estaba en el sepulcro, y don Juan

se retira atrás turbado, empuñando la espada, y en la otra la vela, y don Gonzalo hacia él con pasos menudos, y al compás don Juan, retirándose, hasta estar en medio del teatro.)

DON JUAN

¿Quién va?

DON GONZALO

Yo soy.

DON JUAN

¿Quién sois vos?

DON GONZALO

Soy el caballero honrado
que a cenar has convidado.

DON JUAN

Cena habrá para los dos,
y si vienen más contigo,
para todos cena habrá.
Ya puesta la mesa está.
Siéntate.

CATALINÓN

¡Dios sea conmigo!
¡San Panuncio, San Antón!

Pues, ¿los muertos comen? Di.
Por señas dice que sí.

DON JUAN

Siéntate, Catalinón.

CATALINÓN

No, señor, yo lo recibo
por cenado.

DON JUAN

Es desconcierto.
¡Qué temor tienes a un muerto!
¿Qué hicieras estando vivo?
¡Necio y villano temor!

CATALINÓN

Cena con tu convidado,
que yo, señor, ya he cenado.

DON JUAN

¿He de enojarme?

CATALINÓN

Señor,
¡vive Dios que güelo mal!

DON JUAN

Llega, que aguardando estoy.

CATALINÓN

Yo pienso que muerto soy
y está muerto mi arrabal.

(Tiemblan los criados.)

DON JUAN

Y vosotros, ¿qué decís?
¿Qué hacéis? Necio temblar.

CATALINÓN

Nunca quisiera cenar
con gente de otro país.
¿Yo, señor, con convidado
de piedra?

DON JUAN

¡Necio temer!
Si es piedra, ¿qué te ha de hacer?

CATALINÓN

Dejarme descalabrado.

DON JUAN

Háblale con cortesía.

CATALINÓN

¿Está bueno? ¿Es buena tierra
la otra vida? ¿Es llano o sierra?
¿Prémiase allá la poesía?

CRIADO 1.º

A todo dice que sí
con la cabeza.

CATALINÓN

¿Hay allá
muchas tabernas? Sí habrá,
si [Noé] reside allí.

DON JUAN

¡Hola! ¡Dadnos de [cenar]!

CATALINÓN

Señor muerto, ¿allá se bebe
con nieve?

(Baja la cabeza [don Gonzalo].)

CATALINÓN

Así, que hay nieve.
¡Buen país!

DON JUAN

Si oír cantar
queréis, cantarán.

(Baja la cabeza [don Gonzalo].)

CRIADO 1.º

Sí, dijo.

DON JUAN

Cantad.

CATALINÓN

Tiene el seor muerto
buen gusto.

CRIADO 1.º

Es noble, por cierto,
y amigo de regocijo.

(Cantan dentro.)

MÚSICOS

Si de mi amor aguardáis,
señora, de aquesta suerte,
el galardón en la muerte,
¡qué largo me lo fiáis!

CATALINÓN

O es sin duda veraniego
el seor muerto, o debe ser
hombre de poco comer.
(Temblando al plato me llego.)

(Bebe.)

CATALINÓN

Poco beben por allá;
yo beberé por los dos.
Brindis de piedra ¡por Dios!
(Menos temor tengo ya.)

MÚSICOS

Si ese plazo me convida
para que gozaros pueda,
pues larga vida me queda,
dejad que pase la vida.
Si de mi amor aguardáis,
señora, de aquesta suerte,
el galardón en la muerte,
¡qué largo me lo fiáis!

CATALINÓN

¿Con cuál de tantas mujeres
como has burlado, señor,
hablan?

DON JUAN

De todas me río,
amigo, en esta ocasión.
En Nápoles a Isabela...

CATALINÓN

Ésa, señor, ya no es hoy
burlada, porque se casa
contigo, como es razón.
Burlaste a la pescadora
que del mar te redimió,
pagándole el hospedaje
en moneda de rigor.
Burlaste a doña Ana...

DON JUAN

Calla,
que hay parte aquí que lastó
por ella, y vengarse aguarda.

CATALINÓN

Hombre es de mucho valor,
que él es piedra, tú eres carne,
no es buena resolución.

([Don Gonzalo] hace señas que se quite la mesa y queden solos.)

DON JUAN

¡Hola! Quitad esa mesa;
que hace señas que los dos
nos quedemos, y se vayan
los demás.

CATALINÓN

¡Malo, por Dios!
No te quedes, porque hay muerto
que mata de un mojicón
a un gigante.

DON JUAN

Salíos todos.
¡A ser yo Catalinón...!
Vete, que viene.

(Vanse, y quedan los dos solos, y hace señas que cierre la puerta.)

DON JUAN

La puerta
ya está cerrada. Ya estoy
aguardando. Di, ¿qué quieres,
sombra o fantasma o visión?
Si andas en pena, o si aguardas
alguna satisfación
para tu remedio, dilo;
que mi palabra te doy
de hacer lo que ordenares.
¿Estás gozando de Dios?
¿Eres alma condenada
o de la eterna región?
¿Dite la muerte en pecado?
Habla, que suspenso estoy.

(Paso, como cosa del otro mundo.)

DON GONZALO

¿Cumplirásme una palabra
como caballero?

DON JUAN

Honor
tengo, y las palabras cumplo,
porque caballero soy.

DON GONZALO

Dame esa mano, no temas.

DON JUAN

¿Eso dices? ¿Yo temor?
Si fueras el mismo infierno
la mano te diera yo.

(Dale la mano.)

DON GONZALO

Bajo esta palabra y mano,
mañana a las diez estoy
para cenar aguardando.
¿Irás?

DON JUAN

Empresa mayor
entendí que me pedías.
Mañana tu güésped soy.
¿Dónde he de ir?

DON GONZALO

A mi capilla.

DON JUAN

¿Iré solo?

DON GONZALO

No, los dos;
y cúmpleme la palabra
como la he cumplido yo.

DON JUAN

Digo que la cumpliré,
que soy Tenorio.

DON GONZALO

Yo soy
Ulloa.

DON JUAN

Yo iré sin falta.

DON GONZALO

Y yo lo creo. Adiós.

(Va a la puerta.)

DON JUAN

Aguarda, iréte alumbrando.

DON GONZALO

No alumbres, que en gracia estoy.

(Vase [don Gonzalo] muy poco a poco, mirando a don Juan, y don Juan a él, hasta que desaparece, y queda don Juan con pavor.)

DON JUAN

¡Válgame Dios! Todo el cuerpo
se ha bañado de un sudor
y dentro de las entrañas
se me yela el corazón.
Cuando me tomó la mano,
de suerte me la apretó,
que un infierno parecía;
jamás vide tal calor.
Un aliento respiraba,
organizando la voz,
tan frío, que parecía
infernal respiración.
Pero todas son ideas
que da la imaginación,
el temor; y temer muertos
es más villano temor.
Que si un cuerpo noble, vivo,
con potencias y razón
y con alma no se teme,
¿quién cuerpos muertos temió?
Mañana iré a la capilla
donde convidado soy,

porque se admire y espante
Sevilla de mi valor.

(Vase [don Juan].)

[(Sevilla, el palacio real.)]

(Salen el rey, don Diego Tenorio y acompañamiento.)

REY

¿Llegó al fin Isabela?

DON DIEGO

Y disgustada.

REY

Pues, ¿no ha tomado bien el casamiento?

DON DIEGO

Siente, señor, el nombre de infamada.

REY

De otra causa precede su tormento.
¿Dónde está?

DON DIEGO

En el convento está alojada
de las Descalzas.

REY

Salga del convento
luego al punto, que quiero que en palacio
asista con la reina, más de espacio.

DON DIEGO

Si ha de ser con don Juan el desposorio,
manda, señor, que tu presencia vea.

REY

Véame, y galán salga, que notorio
quiero que este placer al mundo sea.
Conde será desde hoy don Juan Tenorio
de Lebrija; él la mande y la posea;
que, si Isabela a un duque corresponde,
ya que ha perdido un duque, gane un conde.

DON DIEGO

Todos por la merced tus pies besamos.

REY

Merecéis mi favor tan dignamente,
que, si aquí los servicios ponderamos,

me quedo atrás con el favor presente.
Paréceme, don Diego, que hoy hagamos
las bodas de doña Ana juntamente.

DON DIEGO

¿Con Octavio?

REY

No es bien que el duque Octavio
sea el restaurador de aqueste agravio.
Doña Ana, con la reina, me ha pedido
que perdone al marqués, porque doña Ana,
ya que el padre murió, quiere marido;
porque si le perdió, con él le gana.
Iréis con poca gente y sin rüido
luego a hablalle a la fuerza de Triana;
por su satisfacción y por su abono
de su agraviada prima, le perdono.

DON DIEGO

Ya he visto lo que tanto deseaba.

REY

Que esta noche han de ser, podéis decille,
los desposorios.

DON DIEGO

Todo en bien se acaba;
fácil será al marqués el persuadille,
que de su prima amartelado estaba.

REY

También podéis a Octavio prevenille.
Desdichado es el duque con mujeres;
son todas opinión y pareceres.
Hanme dicho que está muy enojado
con don Juan.

DON DIEGO

No me espanto, si ha sabido
de don Juan el delito averiguado,
que la causa de tanto daño ha sido.
El duque viene.

REY

No dejéis mi lado,
que en el delito sois comprehendido.

(Sale el duque Octavio.)

OCTAVIO

Los pies, invicto rey, me dé tu alteza.

REY

Alzad, duque, y cubrid vuestra cabeza.
¿Qué pedís?

OCTAVIO

Vengo a pediros,
postrado ante vuestras plantas,
una merced, cosa justa,
digna de serme otorgada.

REY

Duque, como justa sea,
digo que os doy mi palabra
de otorgárosla. Pedid.

OCTAVIO

Ya sabes, señor, por cartas
de tu embajador, y el mundo
por la lengua de la fama
sabe, que don Juan Tenorio,
con española arrogancia,
en Nápoles una noche,
para mí noche tan mala,
con mi nombre profanó
el sagrado de una dama.

REY

No pases más adelante,
ya supe vuestra desgracia.
En efeto, ¿qué pedís?

OCTAVIO

Licencia que en la campaña
defienda cómo es traidor.

DON DIEGO

Eso no, su sangre clara
es tan honrada...

REY

¡Don Diego!

DON DIEGO

Señor.

OCTAVIO

¿Quién eres que hablas
en la presencia del rey
de esa suerte?

DON DIEGO

¡Soy quien calla
porque me lo manda el rey;
que si no, con esta espada
te respondiera!

OCTAVIO

Eres viejo.

DON DIEGO

Yo he sido mozo en Italia,
a vuestro pesar un tiempo.
Ya conocieron mi espada
en Nápoles y en Milán.

OCTAVIO

Tienes ya la sangre helada,
no vale «fui», sino «soy».

(Empuña [don Diego].)

DON DIEGO

Pues fui y soy.

REY

Tened, basta,
bueno está. Callad don Diego,

que a mi persona se guarda
poco respeto. Y vos, duque,
después que las bodas se hagan,
más de espacio hablaréis.
Gentilhombre de mi cámara
es don Juan, y hechura mía,
y de aqueste tronco rama.
Mirad por él.

OCTAVIO

Yo lo haré,
gran señor, como lo mandas.

REY

Venid conmigo, don Diego.

DON DIEGO

(¡Ay, hijo, qué mal me pagas
el amor que te he tenido!)
Duque...

OCTAVIO

Gran señor...

REY

Mañana
vuestras bodas se han de hacer.

OCTAVIO

Háganse, pues tú lo mandas.

(Vanse el rey y don Diego, y salen Gaseno y Aminta.)

GASENO

Este señor nos dirá
dónde está don Juan Tenorio.
Señor, ¿si está por acá
un don Juan a quien notorio
ya su apellido será?

OCTAVIO

Don Juan Tenorio diréis.

AMINTA

Sí, señor, ese don Juan.

OCTAVIO

Aquí está, ¿qué le queréis?

AMINTA

Es mi esposo ese galán.

OCTAVIO

¿Cómo?

AMINTA

Pues, ¿no lo sabéis
siendo del Alcázar vos?

OCTAVIO

No me ha dicho don Juan nada.

GASENO

¿Es posible?

OCTAVIO

¡Sí, por Dios!

GASENO

Doña Aminta es muy honrada
cuando se casen los dos,
que cristiana vieja es
hasta lo güesos, y tiene
de la hacienda el interés,
[y a su virtud aun le aviene]
más bien que un conde, un marqués.
Casóse don Juan con ella,
y quitósela a Batricio.

AMINTA

Decid cómo fue doncella
a su poder.

GASENO

No es jüicio
esto, ni aquesta querella.

OCTAVIO

(Ésta es burla de don Juan,
y para venganza mía
éstos diciéndola están.)
¿Qué pedís al fin?

GASENO

Querría,
porque los días se van,
que se hiciese el casamiento,
o querellarme ante el rey.

OCTAVIO

Digo que es justo ese intento.

GASENO

Y razón, y justa ley.

OCTAVIO

(Medida a mi pensamiento
ha venido la ocasión.)
En el Alcázar tene[mos]
bodas.

AMINTA

¿Si las mías son?

OCTAVIO

Quiero, para que acertemos,
valerme de una invención.
Venid donde os vestiréis,
señora, a lo cortesano,
y a un cuarto del rey saldréis
conmigo.

AMINTA

Vos de la mano
a don Juan me llevaréis.

OCTAVIO

(Que desta suerte es cautela.)

GASENO

El arbitrio me consuela.

OCTAVIO

(Éstos venganza me dan
de aqueste traidor don Juan
y el agravio de Isabela.)

(Vanse todos.)

[(En la catedral de Sevilla.)]

(Salen don Juan y Catalinón.)

CATALINÓN

¿Cómo el rey te recibió?

DON JUAN

Con más amor que mi padre.

CATALINÓN

¿Viste a Isabela?

DON JUAN

También.

CATALINÓN

¿Cómo viene?

DON JUAN

Como un ángel.

CATALINÓN

¿Recibióte bien?

DON JUAN

El rostro
bañado de leche y sangre,
como la rosa que al alba
despierta la débil ca[rne].

CATALINÓN

¿Al fin esta noche son
las bodas?

DON JUAN

Sin falta.

CATALINÓN

[Si antes]
hubieran sido, no hubieras
engañado a tantas [antes].
Pero tú tomas esposa,
señor, con cargas muy grandes.

DON JUAN

Di, ¿comienzas a ser necio?

CATALINÓN

Y podrás muy bien casarte
mañana, que hoy es mal día.

DON JUAN

Pues ¿qué día es hoy?

CATALINÓN

Es martes.

DON JUAN

Mil embusteros y locos
dan en esos disparates.
Sólo aquél llam[o] mal día,
acïago y detestable,
en que no tengo dineros;
que los demás es donaire.

CATALINÓN

Vamos, si te has de vestir,
que te aguardan, y ya es tarde.

DON JUAN

Otro negocio tenemos
que hacer, aunque nos aguarden.

CATALINÓN

¿Cuál es?

DON JUAN

Cenar con el muerto.

CATALINÓN

¡Necedad de necedades!

DON JUAN

¿No ves que di mi palabra?

CATALINÓN

Y cuando se la quebrantes,
¿qué importa? ¿Ha de pedirte
una figura de jaspe
la palabra?

DON JUAN

Podrá el muerto
llamarme a voces infame.

CATALINÓN

Ya está cerrada la iglesia.

DON JUAN

Llama.

CATALINÓN

¿Qué importa que llame?
¿Quién tiene de abrir, que están
durmiendo los sacristanes?

DON JUAN

Llama a ese postigo.

CATALINÓN

Abierto
está.

DON JUAN

Pues entra.

CATALINÓN

¡Entre un fraile
con su hisopo y con estola!

DON JUAN

Sígueme y calla.

CATALINÓN

¿Que calle?

DON JUAN

Sí, [que calles].

CATALINÓN

¡Dios en paz
de estos convites me saque!

(Entran por una puerta y salen por otra.)

CATALINÓN

¡Qué oscura que está la iglesia,
señor, para ser tan grande!
¡Ay de mí! ¡Tenme, señor,
porque de la capa me asen!

(Sale don Gonzalo como de antes y encuéntrase con ellos.)

DON JUAN

¿Quién va?

DON GONZALO

Yo soy.

CATALINÓN

¡Muerto estoy!

DON GONZALO

El muerto soy, no te espantes.
No entendí que me cumplieras
la palabra, según haces
de todos burla.

DON JUAN

¿Me tienes
en opinión de cobarde?

DON GONZALO

Sí, que aquella noche huiste
de mí, cuando me mataste.

DON JUAN

Huí de ser conocido,
mas ya me tienes delante;
di presto lo que me quieres.

DON GONZALO

Quiero a cenar convidarte.

CATALINÓN

Aquí excusamos la cena;
que toda ha de ser fiambre,
pues no parece cocina
[señor, por ninguna parte].

DON JUAN

Cenemos.

DON GONZALO

Para cenar
es menester que levantes
esa tumba.

DON JUAN

Y si te importa
levantaré esos pilares.

DON GONZALO

Valiente estás.

DON JUAN

Tengo brío,
y corazón en las carnes.

CATALINÓN

Mesa de Guine[a] es ésta,
pues, ¿no hay por allá quien lave?

DON GONZALO

Siéntate.

DON JUAN

¿Adónde?

CATALINÓN

Con sillas
vienen ya dos negros pajes.

(Entran dos enlutados con sillas.)

CATALINÓN

¿También acá se usan lutos
y bayeticas de Flandes?

DON GONZALO

Siéntate [ya].

CATALINÓN

Yo, señor,
he merendado esta tarde.

DON GONZALO

No repliques.

CATALINÓN

No replico.
¡Dios en paz desto me saque!
¿Qué plato es éste, señor?

DON GONZALO

Este plato es de alacranes
y víboras.

CATALINÓN

¡Gentil plato!

DON GONZALO

Éstos son nuestros manjares.
¿No comes tú?

DON JUAN

Comeré,
si me dieses áspid y áspides
cuantos el infierno tiene.

DON GONZALO

También quiero que te canten.

CATALINÓN

¿Qué vino beben acá?

DON GONZALO

Pruébalo.

CATALINÓN

Hiel y vinagre
es este vino.

DON GONZALO

Este vino
exprimen nuestros lagares.

(Cantan.)

Adviertan los que de Dios
juzgan los castigos grandes,

que no hay plazo que no llegue
ni deuda que no se pague.

CATALINÓN

¡Malo es esto, vive Cristo!,
que he entendido este romance,
y que con nosotros habla.

DON JUAN

Un yelo el pecho me abras[e].

(Cantan.)

Mientras en el mundo viva,
no es justo que diga nadie
¡qué largo me lo fiáis!,
siendo tan breve el cobrarse.

CATALINÓN

¿De qué es este guisadillo?

DON GONZALO

De uñas.

CATALINÓN

De uñas de sastre
será, si es guisado de uñas.

DON JUAN

Ya he cenado, haz que levanten
la mesa.

DON GONZALO

Dame esa mano.
No temas, la mano dame.

DON JUAN

¿Eso dices? ¿Yo temor?
¡Que me abraso! ¡No me abrases
con tu fuego!

DON GONZALO

¡Éste es poco
para el fuego que buscaste!
Las maravillas de Dios
son, don Juan, investigables,
y así quiere que tus culpas
a manos de un muerto pagues.
Y si pagas desta suerte
[es porque así lo juraste].
Ésta es justicia de Dios:
«quien tal hace, que tal pague».

DON JUAN

¡Que me abraso, no me aprietes!
Con la daga he de matarte.

Mas, ¡ay, que me canso en vano
de tirar golpes al aire!
A tu hija no ofendí,
que vio mis engaños antes.

DON GONZALO

No importa, que ya pusiste
tu intento.

DON JUAN

Deja que llame
quien me confiese y absuelva.

DON GONZALO

No hay lugar, ya acuerdas tarde.

DON JUAN

¡Que me quemo! ¡Que me abraso!
¡Muerto soy!

(Cae muerto [don Juan].)

CATALINÓN

No hay quien se escape,
que aquí tengo de morir
también por acompañarte.

DON GONZALO

Ésta es justicia de Dios:
«quien tal hace, que tal pague».

(Húndese el sepulcro con don Juan y don Gonzalo, con mucho ruido, y sale Catalinón arrastrando.)

CATALINÓN

¡Válgame Dios! ¿Qué es aquesto?
Toda la capilla se arde,
y con el muerto he quedado,
para que le vele y guarde.
Arrastrando como pueda,
iré a avisar a su padre.
¡San Jorge, San *Agnus Dei*,
sacadme en paz a la calle!

(Vase [Catalinón].)

[(Sevilla, el palacio real.)]

(Salen el rey, don Diego y acompañamiento.)

DON DIEGO

Ya el marqués, señor, espera
besar vuestros pies reales.

REY

Entre luego, y avisad
al conde, porque no aguarde.

(Salen Batricio y Gaseno.)

BATRICIO

¿Dónde, señor, se permite[n]
desenvolturas tan grandes,
que tus criados afrenten
a los hombres miserables?

REY

¿Qué dices?

BATRICIO

Don Juan Tenorio,
alevoso y detestable,
la noche del casamiento,
antes que le consumase,
a mi mujer me quitó;
testigos tengo delante.

(Salen Tisbea e Isabela y acompañamiento.)

TISBEA

Si vuestra alteza, señor,
de don Juan Tenorio no hace

justicia, a Dios y a los hombres
mientras viva he de quejarme.
Derrotado le echó el mar,
dile vida y hospedaje,
y pagóme esta amistad
con mentirme y engañarme
con nombre de mi marido.

REY

¿Qué dices?

ISABELA

Dice verdad[es].

(Salen Aminta y el duque Octavio.)

AMINTA

¿Adónde mi esposo está?

REY

¿Quién es?

AMINTA

Pues [que] no lo sabe:
el señor don Juan Tenorio;
con quien vengo a desposarme,
porque me debe el honor,

y es noble y no ha de negarme.
Manda que nos desposemos.

REY

[¿Esto mis privados hacen?]

(Sale el marqués de la Mota.)

MOTA

Pues es tiempo, gran señor,
que a luz verdades se saquen,
sabrás que don Juan Tenorio
la culpa que me imputaste
tuvo él, pues como amigo
pudo el crüel engañarme;
de que tengo dos testigos.

REY

¿Hay desvergüenza tan grande?
Prendelde y matalde luego.

DON DIEGO

[Señor, la vida salvalde]
en premio de mis servicios.
Haz que le prendan y pague
sus culpas, porque del cielo
rayos contra mí no bajen,
si es mi hijo tan malo.

REY

¿Esto mis privados hacen?

(Sale Catalinón.)

CATALINÓN

Señor, escuchad, oíd,
el suceso más notable
que en el mundo ha sucedido,
y en oyéndolo matadme.
Don Juan, del Comendador
haciendo burla una tarde,
después de haberle quitado
las dos prendas que más valen,
tirando al bulto de piedra
la barba por ultrajarle,
a cenar le convidó.
¡Nunca fuera a convidarle!
Fue el bulto, y convidóle.
Y agora, porque no os canse,
acabando de cenar
entre mil presagios graves
de la mano le tomó
y le aprieta hasta quitalle
la vida, diciendo: «Dios
me manda que así [t]e mate,
castigando tus delitos.
Quién tal hace, que tal pague».

REY

¿Qué dices?

CATALINÓN

Lo que es verdad,
diciendo antes que acabase
que a doña Ana no debía
honor, que lo oyeron antes
del engaño.

MOTA

Por las nuevas
mil albricias quiero darte.

REY

¡Justo castigo del cielo!
Y agora es bien que se casen
todos, pues la causa es muerta,
vida de tantos desastres.

OCTAVIO

Pues ha enviudado Isabela,
quiero con ella casarme.

MOTA

Yo con mi prima.

BATRICIO

Y nosotros
con las nuestras, porque acabe
El convidado de piedra.

REY

Y el sepulcro se traslade
en San Francisco en Madrid
para memoria más grande.

DON JUAN

O

EL FESTÍN DE PIEDRA

Traducción de Carlos Manzano

PERSONAJES

DON JUAN, hijo de don Luis
SGANARELLE, criado de don Juan
ELVIRA, esposa de don Juan
GUZMÁN, escudero de Elvira
DON CARLOS, DON ALONSO, hermanos de Elvira
DON LUIS, padre de don Juan
FRANCISCO, mendigo
CARLOTA, aldeana
MATURINA, aldeana
PIERROT, aldeano
LA ESTATUA DEL COMENDADOR
LA VIOLETTE, RAGOTIN, criados de don Juan
EL SEÑOR DIMANCHE, comerciante
LA RAMÉE, espadachín
SÉQUITO DE DON JUAN
SÉQUITO DE DON CARLOS Y DE DON ALONSO
UN ESPECTRO

La acción transcurre en Sicilia.

ACTO PRIMERO

(La escena representa el interior de un palacio.)

ESCENA I

(Sganarelle, Guzmán.)

SGANARELLE

(Con una tabaquera en la mano.) Digan lo que digan Aristóteles y todos los demás filósofos, nada hay comparable con el tabaco: es la pasión de las personas honradas y quien vive sin tabaco no es digno de vivir. No sólo alegra y purga los cerebros humanos, sino que, además, instruye a las almas en la virtud y con él se aprende a llegar a ser un hombre honrado. ¿No veis que quien lo toma adopta al instante una actitud amable con todo el mundo y tiene mucho gusto en ofrecerlo a diestro y siniestro dondequiera que se encuentre? Hasta tal punto inspira el tabaco sentimientos honorables y virtuosos a todos cuantos lo toman, que ni siquiera espera a que se lo pidan y se adelanta al deseo de los demás, pero ya basta con este asunto, volvamos un poco a lo que estábamos diciendo. Así, que doña Elvira, tu señora, querido Guzmán, extrañada de nuestra marcha, se puso en camino tras nosotros y su corazón, que tan prendado quedó de mi señor, no pudo, según dices, vivir sin él y tuvo que venir a buscarlo aquí. ¿Quieres que te diga, en confianza, lo que creo? Temo que reciba mal pago por su amor, que su viaje a esta ciudad dé poco fruto y que igual os habría valido no moveros de allí.

GUZMÁN

¿Y cuál es la razón? Dime, te lo ruego, Sganarelle, ¿quién puede inspirarte un temor de tan mal augurio? ¿Te ha abierto tu señor su corazón al respecto y te ha dicho que sintiera alguna frialdad con nosotros que lo obligara a marcharse?

SGANARELLE

No, pero me conozco el percal y, sin que me haya dicho nada aún, casi apostaría a que de eso se trata. Podría equivocarme, pero, en fin, sobre semejantes asuntos la experiencia ha podido iluminarme un poco.

GUZMÁN

¡Cómo! ¿Que esa marcha tan poco prevista podría ser una infidelidad de don Juan? ¿Sería capaz de cometer semejante injuria a la casta pasión de doña Elvira?

SGANARELLE

No, es que es joven aún y carece de valor para...

GUZMÁN

¡Un hombre de su condición cometer una acción tan cobarde!

SGANARELLE

¡Ah, sí, su condición! ¡Bonito motivo para que se abstenga de comportarse como lo hace!

GUZMÁN

Pero está obligado por los santos lazos del matrimonio.

SGANARELLE

¡Ay, mi pobre Guzmán, amigo mío! Tú no sabes aún, créeme, la clase de hombre que es don Juan.

GUZMÁN

No sé, la verdad, qué clase de hombre puede ser, si ha cometido esa perfidia con nosotros, y no comprendo cómo, tras haber dado pruebas de tanto amor y tanta impaciencia, después de tantos homenajes apremiantes, votos, suspiros y lágrimas, tantas cartas apasionadas, declaraciones ardientes y juramentos reiterados y, por último, tantos arrobos y arrebatos como ha mostrado, hasta forzar con su pasión el sagrado obstáculo de un convento, para hacer suya a doña Elvira, podría ser su corazón capaz de faltar a su palabra.

SGANARELLE

A mí no me cuesta demasiado entenderlo y, si conocieras a ese tunante, te parecería igual de fácil para él. No digo que hayan cambiado sus sentimientos por doña

Elvira, aún no tengo esa certeza. Ya sabes que, por orden suya, partí antes que él y desde su llegada no me ha dicho nada, pero por precaución he de decirte, *inter nos*, que debes ver en don Juan, mi señor, al mayor malvado que haya pisado la tierra jamás, un perro rabioso, un diablo, un turco, un hereje, que no cree ni en el Cielo ni en el Infierno ni en fantasmas, que lleva una vida de auténtica bestia bruta, un puerco de Epicuro, un verdadero Sardanápalo, que hace oídos sordos a todas las amonestaciones cristianas que se le puedan hacer y considera pamplinas todo lo que nosotros creemos. Me dices que se ha casado con tu señora; puedes creer que habría podido hacer más por su pasión y que, junto con ella, se habría casado contigo, con su perro y su gato. No le cuesta nada contraer un matrimonio; no usa otras trampas para atrapar a las beldades y es un pretendiente de todas las manos. Dama, damisela, burguesa, campesina, ninguna le parece demasiado alta ni demasiado baja y, si te dijera el nombre de todas las que ha desposado en diversos lugares, hablaría y no pararía hasta la noche. Sigues asombrado y cambias de color al oír mis palabras, pero sólo son un esbozo del personaje y, para rematar su retrato, harían falta muchas otras pinceladas. Baste con decir que es necesario que la furia del Cielo lo aplaste algún día, que más me valdría a mí ser siervo del diablo que de él y que me hace ver tantos horrores, que ojalá estuviera qué sé yo dónde, pero un gran señor malvado es algo terrible. Debo serle fiel, pese a lo mucho que me desagrada; el miedo en mí hace las veces de celo, brida mis sentimientos y me obliga a aplaudir muchas veces lo que mi alma detesta. Ahí viene paseándose por este palacio, separémonos. Escucha: al menos te he hecho esta confidencia con franqueza, que ha salido un poco precipitadamente de mis labios, pero, si algo llegara a sus oídos, yo diría con toda claridad que habrías mentido.

Escena II

(Don Juan, Sganarelle.)

DON JUAN

¿Quién era ese hombre con el que estabas hablando? Se semeja mucho, me parece a mí, al bueno de Guzmán de doña Elvira.

SGANARELLE

Algo así, poco más o menos.

DON JUAN

¡Cómo! ¿Es él?

SGANARELLE

El mismo.

DON JUAN

¿Y desde cuándo está en esta ciudad?

SGANARELLE

Desde ayer por la noche.

DON JUAN

¿Y qué lo trae por aquí?

SGANARELLE

Creo que vos mismo podéis imaginar perfectamente el motivo de su inquietud.

DON JUAN

¿Nuestra partida tal vez?

SGANARELLE

El buen hombre se siente muy mortificado al respecto y me ha preguntado el motivo.

DON JUAN

¿Y qué respuesta le has dado?

SGANARELLE

La de que no me lo habíais dicho.

DON JUAN

Pero, aun así, ¿qué piensas tú? ¿Qué te imaginas sobre este asunto?

SGANARELLE

Yo creo, sin ánimo de agraviaros, que tenéis algún nuevo amor en la cabeza.

DON JUAN

¿Eso crees?

SGANARELLE

Sí.

DON JUAN

La verdad es que estás en lo cierto y debo confesarte que otro amor ha expulsado a Elvira de mi pensamiento.

SGANARELLE

¡Ay, Dios mío! Me conozco al dedillo a mi don Juan y sé que vuestro corazón es el mayor mujeriego del mundo; se complace paseándose de vínculo en vínculo y no le gusta nada quedarse quieto en un sitio.

DON JUAN

Y dime, ¿no crees que tengo razón en actuar así?

SGANARELLE

¡Ay, señor…!

DON JUAN

¿Qué? Habla.

SGANARELLE

Seguro que tenéis razón, si así lo queréis; no se puede ir contra la propia voluntad, pero, si no lo quisierais, tal vez sería otro asunto.

DON JUAN

Pues, mira, te concedo libertad para hablar y expresarme tus sentimientos.

SGANARELLE

En ese caso, señor, he de deciros francamente que no apruebo vuestro método y que me parece muy feo amar por doquier como vos hacéis.

DON JUAN

¡Cómo! ¿Quieres que nos comprometamos a permanecer con la primera mujer de la que quedamos prendados, que renunciemos al mundo por ella y que ya no tengamos ojos para nadie más? ¡Bonito asunto el de pretender ufanarse del falso honor de ser fiel, de sepultarse para siempre en una pasión y morir ya en la juventud para todas las demás beldades que pueden presentarse ante nuestra vista! No, no: la constancia sólo es buena para los ridículos; todas las beldades tienen derecho a fascinarnos y la ventaja de haber sido conocida la primera no debe privar a las demás de las justas pretensiones que tienen, todas ellas, para con nuestros corazones. A mí la belleza me encanta dondequiera que la encuentre y cedo con facilidad a esa dulce violencia a la que nos arrastra. De nada me sirve estar prometido, el amor que siento por una beldad no compromete a mi alma a ser injusta con las demás; conservo ojos para ver el mérito de todas y rindo a cada una de ellas los homenajes y los tributos a que la naturaleza nos obliga. Sea como fuere, no puedo negar mi corazón a ninguna de las gracias que veo y, en cuanto una cara hermosa me lo pide, si tuviera otras diez mil, las daría todas a cambio. Al fin y al cabo, las inclinaciones nacientes tienen encantos inexplicables y todo el placer del amor estriba en el cambio. Se siente un deleite extremo al subyugar, mediante cien homenajes, el corazón de una joven belleza, al ver, día tras día, los pequeños avances que se obtienen, al luchar, con arrebatos, lágrimas y suspiros, con el inocente pudor de un alma a la que le cuesta rendir las armas, al forzar poquito a poco todas las pequeñas resistencias que nos opone, al vencer los escrúpulos de que se jacta y llevarla despacito a donde deseamos, pero, una vez que la poseemos, ya nada queda por decir ni por desear; toda la belleza de la pasión se ha acabado y nos adormecemos con la tranquilidad de ese amor, si no viene otro nuevo a despertar nuestros deseos y presentar a nuestro corazón los atrayentes encantos de una conquista por hacer. Por último, nada hay más agradable que vencer la resistencia de una beldad y, a ese respecto, yo abrigo la ambición de los conquistadores, que vuelan perpetuamente de victoria en victoria y no pueden decidirse a limitar sus deseos. Nada hay que pueda detener la impetuosidad de mis deseos; siento a mi corazón capaz de amar a toda la Tierra y, como Alejandro, me gustaría que existieran otros mundos para poder extender mis conquistas amorosas por ellos.

SGANARELLE

¡Bendito sea Dios! ¡Qué declamación! Parece que os lo hubierais aprendido de memoria y habláis lo que se dice como un libro.

DON JUAN

¿Qué puedes decirme al respecto?

SGANARELLE

La verdad es que puedo decir... no lo sé, pues presentáis las cosas de tal modo, que parecéis tener razón y, sin embargo, lo cierto es que no la tenéis. Yo abrigaba los pensamientos más hermosos del mundo y vuestros discursos me han sembrado la confusión. Permitidme dejarlo de momento: en otra ocasión pondré mis razonamientos por escrito para debatir con vos.

DON JUAN

Y harás bien.

SGANARELLE

Pero, señor, ¿violaría el permiso que me habéis dado, si os dijera que estoy un poquito escandalizado de la vida que lleváis?

DON JUAN

¡Cómo! ¿Qué vida es la que llevo?

SGANARELLE

Muy buena, pero, por ejemplo, eso de veros todos los meses casaros, como hacéis…

DON JUAN

¿Acaso hay algo más agradable?

SGANARELLE

Cierto es. Convengo en que es muy agradable y muy divertido y no me costaría demasiado acostumbrarme a esa vida, si no tuviera nada de malo, pero, señor, burlarse así de un misterio sagrado y…

DON JUAN

¡Bah! ¡Bah! Ése es un asunto entre el Cielo y yo y lo dirimiremos sin necesidad de que tú te apures al respecto.

SGANARELLE

¡Cielos, señor! Siempre he oído decir que es peligroso burlarse del Cielo y que los libertinos nunca tienen buen fin.

DON JUAN

¡Alto, bobo sabihondo! Ya sabes, porque te lo he dicho, que no me gustan los sermoneadores.

SGANARELLE

Por eso, no me refiero a vos, ¡Dios me libre! Vos sabéis lo que hacéis y, si no creéis en nada, vuestras razones tendréis, pero hay ciertos impertinentes en el mundo que son libertinos sin saber por qué, que se ponen muy ufanos, porque creen que les conviene, y, si yo tuviera un amo así, le diría con toda claridad, mirándolo a la cara: «¿Os atrevéis a burlaros del Cielo así y no tembláis al mofaros, como lo hacéis, de las cosas más sagradas? ¿Quién os creéis, miserable gusano, chiquilicuatrín (me dirijo al amo al que me he referido, no a vos), para atreveros a hacer burla de lo que todos los hombres reverencian? ¿Creéis que, por ser persona de alcurnia, por llevar una peluca rubia y bien rizada, plumas en el sombrero, un traje bordado en oro y cintas de color de fuego (no os hablo a vos, sino al otro), sois más listo, que todo os está permitido y que no se os pueden decir las verdades? Sabiendo por mí, que soy vuestro criado, que el Cielo castiga tarde o temprano a los impíos, que una vida perversa conduce a una muerte ignominiosa y que…».

DON JUAN

¡Silencio!

SGANARELLE

¿Qué ocurre?

DON JUAN

Que una beldad me tiene prendado y, atraído por sus encantos, la he seguido hasta esta ciudad.

SGANARELLE

¿Y no teméis, señor, por la muerte de ese comendador al que matasteis hace seis meses?

DON JUAN

¿Y por qué habría de temer? ¿Acaso no lo dejé bien muerto?

SGANARELLE

Perfectamente, a las mil maravillas, y no tendría motivo para quejarse.

DON JUAN

Fui indultado de aquel caso.

SGANARELLE

Sí, pero tal vez ese indulto no apague el resentimiento de los padres y amigos y...

DON JUAN

¡Ah! No vamos a pensar en el mal que nos podría ocurrir, sino sólo en lo que puede darnos placer. La persona de la que te hablo es una joven prometida, la más agradable del mundo, a quien ha traído aquí precisamente aquel con quien viene a casarse, y el azar me permitió ver a esa pareja de enamorados hace tres o cuatro días antes de su viaje. Jamás he visto dos personas tan felices una con la otra y que dieran más muestras de amor. La visible ternura de sus ardores mutuos me impresionó, me llegó al corazón y mi amor comenzó en forma de envidia. Sí, al instante noté que no podía soportar verlos tan a gusto juntos; el despecho encendió mi deseo e imaginé el extremo placer que me daría perturbar su entendimiento y romper su unión, que ofendía a la delicadeza de mi corazón, pero hasta ahora todos mis esfuerzos han sido inútiles y voy a recurrir al último remedio. Ese futuro esposo va a ofrecer hoy a su prometida un paseo por el mar. Sin haberte dicho nada, ya tengo todo preparado para satisfacer mi deseo y dispongo de una barquita y de hombres con los que pretendo raptar fácilmente a la bella.

SGANARELLE

¡Ay, señor...!

DON JUAN

¿Qué?

SGANARELLE

Lo habéis hecho muy bien y como era preciso. Nada hay en este mundo como darse las satisfacciones que se desean.

DON JUAN

Pues prepárate para venir conmigo y encárgate de traer todas mis armas para que… *(Al ver aparecer a doña Elvira.)* ¡Ah! Encuentro enojoso. Traidor, no me habías dicho que también ella estaba aquí.

SGANARELLE

Señor, no me lo habéis preguntado.

DON JUAN

¿Está loca? ¿Cómo se le ocurre venir a este lugar sin cambiarse y vestida como una aldeana?

Escena III

(Doña Elvira, don Juan, Sganarelle.)

DOÑA ELVIRA

¿Tendréis la bondad, don Juan, de acceder a reconocerme? ¿Y puedo esperar al menos que os dignéis volver la cara hacia aquí?

DON JUAN

Señora, os confieso que estoy asombrado y que no os esperaba aquí.

DOÑA ELVIRA

Sí, ya veo que no me esperabais y os asombráis, en verdad, pero de forma totalmente distinta de como esperaba yo y que me persuade plenamente de lo que me negaba a creer. Me asombra mi inocencia y debilidad de corazón, al dudar de una traición que tantas apariencias me confirmaban. He sido –lo confieso– bastante buena –o, mejor dicho, lo bastante tonta– para querer engañarme a mí misma y empeñarme en desmentir a mis ojos y a mi juicio. He buscado las razones para excusar a mi cariño la relajación del amor que veía en vos y me he imaginado a propósito cien motivos legítimos para una partida tan precipitada, para justificaros por el crimen del que mi razón os acusaba. De nada servía que mis atinadas sospechas me hablaran todos los días, rechazaba la voz que os presentaba como un criminal ante mí y escuchaba con gusto mil quimeras ridículas, que os retrataban como inocente ante mi corazón, pero, en fin, esta acogida no me permite dudar más y la mirada que me ha recibido me ha revelado muchas más cosas que preferiría no saber. Sin embargo, me gustaría mucho oír de vuestros labios las razones de vuestra partida. Hablad, don Juan, os lo ruego, y veamos de qué modo sabréis justificaros.

DON JUAN

Señora, aquí tenéis a Sganarelle, quien sabe por qué partí.

SGANARELLE

(Dirigiéndose en voz baja a don Juan.) ¿Yo, señor? ¡Qué sé yo, por Dios!

DOÑA ELVIRA

¡A ver! Sganarelle, hablad. No importa de qué labios oiga yo sus razones.

DON JUAN

(Haciendo señas a Sganarelle para que se acerque.) Vamos, habla, pues, a la señora.

SGANARELLE

(Dirigiéndose en voz baja a don Juan.) ¿Qué queréis que le diga?

DOÑA ELVIRA

Acercaos, puesto que así lo desea, y decidme, a ver, las causas de una partida tan precipitada.

DON JUAN

¿Es que no vas a responder?

SGANARELLE

(En voz baja a don Juan.) Nada tengo que responder. Os burláis de vuestro servidor.

DON JUAN

¿Quieres responder, te digo?

SGANARELLE

Señora…

DOÑA ELVIRA

¿Qué?

SGANARELLE

(Volviéndose hacia su amo.) Señor…

DON JUAN

(Amenazándolo.) Si…

SGANARELLE

Señora, los conquistadores, Alejandro y los otros mundos son las causas de nuestra partida. Eso es, señor, todo lo que puedo decir.

DOÑA ELVIRA

¿Tendríais a bien, don Juan, aclarar estos bonitos misterios?

DON JUAN

Señora, a decir verdad…

DOÑA ELVIRA

¡Ah! Para ser hombre de la Corte, que ha de estar acostumbrado a esta clase de cosas, ¡qué mal sabéis defenderos! Siento piedad de vos, al veros presa de tamaña confusión. ¿Por qué no os armáis la frente con un noble descaro? ¿Por qué no me juráis que seguís abrigando los mismos sentimientos por mí, que seguís amándome con un ardor sin igual y que nada podría separaros de mí, salvo la muerte? ¿Por qué no me decís que asuntos de la mayor importancia os obligaron a partir sin avisarme, que debéis quedaros aquí un tiempo, contra vuestra voluntad, y que yo debo volver al lugar de donde vengo, con la seguridad de que seguiréis mis pasos lo antes que os sea posible, que ardéis sin lugar a dudas en deseos de volver a reuniros conmigo y que, alejado de mí, sufrís lo que sufre un cuerpo separado de su alma?

Así deberíais defenderos y no permanecer desconcertado como estáis.

DON JUAN

Os confieso, señora, que carezco del menor talento para disimular y que albergo un corazón sincero. No voy a deciros que abrigue los mismos sentimientos por vos y que arda en deseos de reunirme con vos, pues la verdad es que partí tan sólo para huir de vos, no por las razones que podáis imaginar, sino por un puro cargo de conciencia y por no creer que pueda seguir viviendo con vos sin pecar. He sentido escrúpulos, señora, y he abierto los ojos del alma ante lo que estaba haciendo. He reflexionado y he llegado a la conclusión de que, tras haberos substraído a la clausura de un convento para desposaros y después de que quebrantarais los votos que os obligaban a vivir en otro mundo, el Cielo está muy celoso de todo ello. He sentido arrepentimiento y he temido la cólera celestial. He considerado que nuestro matrimonio era simplemente un adulterio encubierto, que nos granjearía alguna desgracia procedente de las alturas y, por último, que debía olvidaros y brindaros la posibilidad de volver a vuestras primeras cadenas. ¿Querríais, señora, oponeros a un pensamiento tan devoto y que, al reteneros, me granjeara la enemistad del Cielo y que...?

DOÑA ELVIRA

¡Ah, canalla! Ahora sí que te conozco de verdad y, para desgracia mía, demasiado tarde, cuando semejante conocimiento ya sólo puede servir para desesperarme, pero has de saber que tu crimen no permanecerá impune y que el propio Cielo del que te burlas sabrá vengarme de tu perfidia.

DON JUAN

¡El Cielo, Sganarelle!

SGANARELLE

Sí, en verdad, nos burlamos con ganas de eso, nosotros.

DON JUAN

Señora...

DOÑA ELVIRA

Basta. No quiero escuchar más y me acuso incluso de haber oído demasiado. Constituye una cobardía oír demasiadas explicaciones sobre la vergüenza propia y sobre semejantes asuntos un corazón noble debe adoptar, ante la primera palabra, una decisión. No esperes que estalle aquí en reproches e injurias; no, no, mi indignación no va a desfogarse con palabras vanas y reserva todo su ardor para su venganza. Te lo repito: el Cielo te castigará, pérfido, por el ultraje que me has hecho y, si el Cielo no te inspira el menor temor, teme al menos la cólera de una mujer ofendida.

SGANARELLE

(Aparte.) ¡Si pudiera ser presa del remordimiento!

Escena IV

(Don Juan, Sganarelle.)

DON JUAN

(Tras un momento de reflexión.) Vamos a ocuparnos de la ejecución de nuestra empresa amorosa.

SGANARELLE

(Aparte.) ¡Ah! ¡A qué abominable amo me veo obligado a servir!

ACTO SEGUNDO

(La escena representa una campiña al borde del mar.)

Escena I

(Carlota, Pierrot.)

CARLOTA

¡La Virgen, Piarrot! ¡Qué oportuno has sido!

PIERROT

¡Pardiez que sí! Ha faltado la punta de un alfiler para que se ahogaran los dos.

CARLOTA

Entonces, ¿ha sido la ventolera de esta mañana la que los ha volcado en el mar?

Verás, Carlota, te voy a contar con pelos y señales lo que ha pasado, pues, como dijo el otro, yo los he visto el primero, el primero los he visto yo. El caso es que nos encontrábamos al borde del mar Lucas, el gordo, y yo y estábamos divirtiéndonos retozando y tirándonos terrones a la azotea, pues, como bien sabes, a Lucas, el gordo, le gusta retozar y a mí a veces también, conque estábamos así, retoza que te retozarás, cuando he divisado muy a lo lejos algo que se agitaba en el agua y como que venía hacia nosotros a trompicones. Lo veía bien clarito, mas luego, de buenas a primeras, he visto que ya no veía ni gota. «¡Eh, Lucas!», voy y le digo, «se me hace que hay unos hombres nadando allá.» «¡Anda allá!», va y me dice él, «aún no te has quitado las legañas de los ojos y no ves tres en un burro.» «¡Pardiez!», voy y le contesto. «¡Qué voy a tener legañas! Son unos hombres.» «¡Qué va! ¡Qué va!», va y me responde él. «Estás cegato.» «¿Qué te apuestas a que no lo estoy», voy y le suelto, «y a que son dos hombres», le suelto, «que vienen nadando derechos hacia aquí?» «¡Maldita sea!», va y me suelta él «¡Yo apuesto a que no!» «¿Ah, sí?», voy y salto. «¿Te apuestas diez sueldos a que sí?» «¡Ya lo creo que sí!», me ha respondido, «y, para demostrártelo, aquí los tienes.» Yo no me he portado como un loco ni un atolondrado; he tirado al suelo como un valiente cuatro sueldos parisinos y cinco en doblones, ¡qué caray!, con tanta audacia como si me hubiera bebido un vaso de vino, pues soy atrevido yo y no me achanto. Además, ¡si sabría yo lo que hacía! ¡No como ese tonto del haba! El caso es que, justo después de apostar, hemos visto a los dos hombres a huevo, que nos hacían señas para que fuéramos a por ellos, conque lo primero he recogido lo ganado. «Vamos, Lucas», voy y le digo, «ya ves que nos están llamando; vamos rápido a socorrerlos.» «No», va y me dice, «que me han hecho perder.» ¡Oh! Pero, mira, para no alargarme demasiado, te diré que le he soltado tal sermón, que, al final, nos hemos metido en una barca y después, a fuerza de trompicones, los hemos sacado del agua, más luego los hemos llevado a casa junto al fuego y van y se quitan toda la ropa para secarse, luego han venido otros dos del mismo grupo que se habían salvado solos y después ha llegado Maturina, a la que se han puesto a mirar con ojos tiernos. Ya ves, Carlota, cómo ha pasado todo.

CARLOTA

¿No me has dicho, Piarrot, que uno de ellos es mucho mejor mozo que los otros?

PIERROT

Sí, es el amo. Tiene que ser un gran –pero que muy gran– señor, porque lleva oro en todo su traje, de arriba abajo, y los que lo sirven son señores también y, aun así, con todo lo gran señor que es, de no haber estado yo allí, se habría ahogado, la verdad.

CARLOTA

¡Hay que ver!

PIERROT

¡Oh, pardiez! Sin nosotros, estaba apañado y para criar malvas.

CARLOTA

¿Está aún desnudo en tu casa, Piarrot?

PIERROT

¡Quia! Lo han vuelto a vestir justo delante de nosotros. ¡Válgame Dios! En mi vida había visto a nadie vestirse así. ¡La de cuentos y perifollos que se ponen esos señores cortesanos! Yo me perdería con todo eso y se me caía la baba de verlo. Tú fíjate, Carlota, que tienen unas melenas fuera de su cabeza y se las ponen, al final, como si fuese un gran gorro de lana. Llevan unas camisas con unas mangas en las que cabríamos tú y yo muy holgados. En vez de calzas, llevan un delantal como de aquí a Lima; en vez de jubón, unos justillos que ni al ombligo les llegan y, en vez de gola, un gran pañuelo de cuello de encaje, con cuatro gruesas borlas de paño que les cuelgan hasta el estómago. También llevan unas golillas en el extremo de los brazos y unos embudos de pasamano en las piernas y, entre todo eso, cintas y más cintas, que da pena verlo. Hasta los zapatos rebosan de una punta a otra y están hechos de un modo, que yo me rompería la crisma con ellos.

CARLOTA

Por Dios bendito, Piarrot, tengo que ir a ver todo eso.

PIERROT

¡Oh! Escucha un poco, antes, Carlota, que tengo que decirte otra cosa.

CARLOTA

Pues, a ver, ¿qué es?

PIERROT

Mira, Carlota. Como dice el otro, tengo que desfogarme el corazón. Te quiero, ya lo sabes, y vamos a casarnos, pero, ¡canastos!, no estoy nada contento de ti.

CARLOTA

¡Cómo! ¿Y qué es lo que te pasa?

PIERROT

Pues que tú me haces sentirme muy triste, francamente.

CARLOTA

Pero, ¿por qué?

PIERROT

Es que tú no me quieres, ¡qué caramba!

CARLOTA

¡Ah, ah! ¿Sólo es eso?

PIERROT

Sí, sólo eso y ya es más que de sobra.

CARLOTA

Por Dios, Piarrot, siempre vienes a decirme lo mismo.

PIERROT

Te digo siempre lo mismo, porque siempre es lo mismo y, si no fuera siempre lo mismo, no te diría siempre lo mismo.

CARLOTA

Pero, ¿qué necesitas? ¿Qué quieres?

PIERROT

¡Demonios! Quiero que me quieras.

CARLOTA

¿Es que no te quiero?

PIERROT

No, no me quieres y eso que yo me esfuerzo todo lo que puedo para que lo hagas. Compro, sin reproches, cintas para ti a todos los merceros que pasan; me hago trozos para atrapar mirlos para ti; encargo que te den serenatas, cuando llega tu santo, y, con todo y con eso, es como si me rompiera la cabeza contra una pared. ¿Es que no ves que no está bien y no es justo no querer a quien te quiere?

CARLOTA

Pero, Dios mío, si yo también te quiero.

PIERROT

Sí, me quieres, pero, ¡de aquella manera!

CARLOTA

¿Qué quieres, entonces, que haga?

PIERROT

Quiero que hagas lo que se hace, cuando se quiere como Dios manda.

CARLOTA

¿Es que no te quiero como Dios manda?

PIERROT

No. Cuando se quiere así, es algo que se ve, se hacen mil carantoñas a las personas a las que se quiere con todo el corazón. Mira a la gruesa Tomasa: lo embobada que está con el joven Robain; siempre está a vueltas con él pinchándole y no le deja nunca descansar. Siempre le gasta alguna broma o le da un pellizco al pasar y el otro día, que estaba sentado en un escabel, se lo quitó de debajo y le hizo caer estirado por el suelo. Para que te enteres: en eso se ve a la gente que quiere, pero tú nunca me dices ni una palabra, estás siempre ahí como un poste y ya puedo pasar veinte veces delante de ti, que no te mueves para atizarme el menor golpe ni para decirme la menor cosa. ¡Pardiez! Eso no está bien, ¡qué caramba! Eres demasiado fría con la gente.

CARLOTA

¿Y qué le voy a hacer? Es mi carácter y no puedo cambiarme.

PIERROT

No hay carácter que valga. Cuando se tiene cariño a alguien, se demuestra de algún modo.

CARLOTA

En fin, te quiero todo lo que puedo y, si no te basta, ya puedes ponerte a querer a cualquier otra.

PIERROT

Bueno, pues, ¿ves como me das la razón? ¿Acaso me dirías eso, si me quisieras?

CARLOTA

¿Por qué vienes a darme la lata así?

PIERROT

¡Maldita sea! ¿Qué tiene de malo? Sólo te pido un poco de cariño.

CARLOTA

Pues, mira, déjame tranquila y no me atosigues tanto. Tal vez venga de repente y sin pensarlo.

PIERROT

Entonces, ¡venga esa mano, Carlota!

CARLOTA

(Al tiempo que le da la mano.) Pues aquí la tienes.

PIERROT

Entonces, prométeme que intentarás quererme más.

CARLOTA

Haré todo lo que pueda, pero tiene que salir solo. Piarrot, ¿es ése el señor?

PIERROT

Sí, ése es.

CARLOTA

¡Ay, Dios mío! ¡Qué majo es y qué pena habría sido que se hubiera ahogado!

PIERROT

Vuelvo en seguida, voy a echar un trago para reponerme un poco del cansancio que me ha dado.

ESCENA II

(Don Juan, Sganarelle, Carlota. Al fondo del escenario.)

DON JUAN

Nos ha fallado el golpe, Sganarelle, y esa borrasca imprevista ha volcado, junto con nuestra barca, el proyecto que teníamos, pero, si he de serte sincero, la aldeana que acabamos de ver compensa esa desagracia y le he visto unos encantos que borran de mi cabeza todo el pesar que me ha dado el fracaso de nuestra empresa. Ese corazón no debe escapárseme y ya he tomado las disposiciones necesarias para no pasar demasiado tiempo lanzando suspiros.

SGANARELLE

Señor, confieso que me asombráis. Apenas hemos escapado de un peligro de muerte y, en lugar de dar las gracias al Cielo por la piedad que se ha dignado tener con nosotros, os ponéis de nuevo a atraer su cólera con vuestras habituales fantasías y vuestros amores cr...

DON JUAN

(Con expresión amenazadora.) ¡Silencio, tunante, que es lo que eres! No sabes lo que dices y tu señor sabe lo que hace. Vamos. *(Al ver a Carlota.)* ¡Ah! ¡Ah! ¿De dónde sale esa otra aldeana, Sganarelle? ¿Has visto alguna vez algo más bonito? Dime, ¿no te parece que ésta vale tanto como la otra?

SGANARELLE

Seguro que sí. *(Aparte.)* Otra faena.

DON JUAN

(A Carlota.) ¿De dónde me viene, hermosura, un encuentro tan agradable? ¡Cómo! En estos parajes agrestes, entre estos árboles y estas rocas, ¿se encuentran personas tan preciosas como vos?

CARLOTA

Ya lo veis, señor.

DON JUAN

¿Sois de esta aldea?

CARLOTA

Sí, señor.

DON JUAN

¿Y vivís en ella...?

CARLOTA

Sí, señor.

DON JUAN

¿Y cómo os llamáis?

CARLOTA

Carlota, para serviros.

DON JUAN

¡Ah, qué belleza! ¡Y qué ojos tan penetrantes!

CARLOTA

Señor, me estáis avergonzando toda.

DON JUAN

¡Ah! No tengáis vergüenza de que os digan las verdades sobre vos. Sganarelle, ¿qué me dices? ¿Acaso se puede ver algo más agradable? Volveos un momento, haced el favor. ¡Ah, qué tipo más bonito! Alzad un poco la cabeza, sed tan amable. ¡Ah, que cara más mona! Abrid los ojos enteramente. ¡Ah, qué hermosos son! Dejadme ver los dientes un momento, tened la bondad. ¡Ah, qué adorables son! ¡Y qué labios más apetitosos! Estoy maravillado y nunca he visto una persona más encantadora.

CARLOTA

Señor, os complacéis en decirlo, pero no sé si es para burlaros de mí.

DON JUAN

¿Yo, burlarme de vos? ¡Dios me guarde! Me gustáis demasiado para eso y os hablo con el corazón en la mano.

CARLOTA

De ser así, os lo agradezco.

DON JUAN

En modo alguno: no debéis agradecerme nada de lo que os digo, pues sólo se lo debéis a vuestra belleza.

CARLOTA

Señor, todo eso está demasiado bien dicho para mí y yo no tengo ingenio para responderos.

DON JUAN

Sganarelle, mírale un momento las manos.

CARLOTA

Ca, señor. Son negras como yo no sé qué.

DON JUAN

Pero, ¡qué decís! Son las más bellas del mundo; permitidme besarlas, tened la bondad.

CARLOTA

Señor, es demasiado honor el que me hacéis y, si lo hubiera sabido antes, no habría dejado de lavármelas con salvado.

DON JUAN

Decidme, hermosa Carlota, no estaréis casada, ¿verdad?

CARLOTA

No, señor, pero pronto lo estaré con Piarrot, el hijo de la vecina Simonette.

DON JUAN

¡Cómo! ¡Una persona como vos va a ser la mujer de un simple aldeano! No, no, es profanar tan bellas prendas y vos no habéis nacido para vivir en una aldea. Merecéis, sin lugar a dudas, una fortuna mejor y el Cielo, que lo sabe de sobra, me ha conducido hasta aquí a propósito para impedir ese matrimonio y hacer justicia a vuestros encantos, pues, a fin de cuentas, hermosa Carlota, yo os adoro con todo mi corazón y sólo dependerá de vos que os saque de este lugar miserable y os coloque en la posición en que merecéis estar. Este amor es muy repentino, seguro, pero es que es un efecto, Carlota, de vuestra gran belleza e inspiráis tanto amor en un cuarto de hora como otra en seis meses.

CARLOTA

A decir verdad, señor, no sé cómo tomar lo que me decís. Lo que me decís me agrada y siento todo el deseo del mundo de creeros, pero siempre me han dicho que nunca debemos creer a los señores y que los cortesanos sois unos embaucadores que sólo pensáis en engañar a las muchachas.

DON JUAN

Yo en modo alguno soy de ésos.

SGANARELLE

(Aparte.) La duda ofende.

CARLOTA

Mirad, señor. No es agradable dejarse engañar. Yo soy una pobre aldeana, pero tengo en mucho mi honor y preferiría verme muerta antes que deshonrada.

DON JUAN

¡Cómo iba yo a tener un alma tan malvada para engañar a una persona como vos! ¡Cómo iba a ser tan cobarde como para deshonraros! No, no: tengo demasiada conciencia para eso. Os amo, Carlota, con las mejores intenciones y, para demostraros que os digo la verdad, sabed que no tengo otro deseo que el de desposaros. ¿Queréis un testimonio mejor? Aquí me tenéis dispuesto cuando queráis y pongo por testigo a este hombre que veis aquí de la palabra que os doy.

SGANARELLE

No, no, no temáis nada: se casará con vos cuanto deseéis.

DON JUAN

¡Ah! Carlota, ya veo que no me conocéis aún. Os equivocáis gravemente al juzgarme por los otros y, si hay bribones en el mundo, gentes que sólo pretenden engañar a muchachas, no debéis equipararme con ellos ni poner en duda la sinceridad de mis palabras y, además, es que vuestra belleza os lo asegura todo. Cuando alguien está hecho como vos, ha de estar a cubierto de toda esa clase de temores; no parecéis –creedme– una persona a la que se pueda engañar y, si yo hubiera tenido el menor pensamiento de traicionaros, me daría –lo confieso– mil puñaladas en el corazón.

CARLOTA

¡Dios mío! No sé si decís la verdad o no, pero resulta difícil no creeros.

DON JUAN

Cuando me creáis, me haréis justicia con seguridad y os reitero de nuevo la promesa que os he hecho. ¿No la aceptáis y no queréis consentir en ser mi esposa?

CARLOTA

Sí, siempre y cuando mi tía lo apruebe.

DON JUAN

Entonces, dadme vuestra mano, Carlota, ya que por vuestra parte sí que lo queréis.

CARLOTA

Pero al menos, señor, no vayáis a chasquearme, os lo ruego; sería un cargo de conciencia para vos y ya veis que soy de buena fe.

DON JUAN

¡Cómo! ¡Parece que aún dudéis de mi sinceridad! ¿Queréis que haga juramentos espantosos? Que el Cielo...

CARLOTA

Por Dios, no juréis, os creo.

DON JUAN

Entonces dadme un besito en prenda de vuestra palabra.

CARLOTA

¡Oh, señor! Esperad a que estemos casados, os lo ruego. Después, os besaré todo lo que queráis.

DON JUAN

Pues bien, hermosa Carlota, yo quiero todo lo que vos queráis; abandonadme tan sólo vuestra mano y permitid que le exprese, con mil besos, el arrobo que me embarga...

Escena III

(Don Juan, Sganarelle, Pierrot, Carlota.)

PIERROT

(Al tiempo que empuja a don Juan, quien besa la mano de Carlota.) Despacito, señor; comportaos, tened la bondad. Os acaloráis demasiado y podríais pescar una pleuresía.

DON JUAN

(Al tiempo que rechaza bruscamente a Pierrot.) ¿De dónde sale este impertinente?

PIERROT

(Al tiempo que se coloca entre don Juan y Carlota.) Os digo que os comportéis y no vengáis a acariciar a nuestras novias.

DON JUAN

(Al tiempo que rechaza de nuevo a Pierrot.) ¡Ah! ¡Cuánto escándalo!

PIERROT

¡Pardiez! No hay que empujar así a las personas.

CARLOTA

(Al tiempo que coge a Pierrot del brazo.) Piarrot, ¡déjale, hombre!

PIERROT

¡Cómo que le deje! No quiero.

DON JUAN

¡Ah!

PIERROT

¡Pardiez! Porque seáis un señor, ¿habéis de venir a acariciar a nuestras mujeres en nuestras barbas? ¡Idos a acariciar a las vuestras!

DON JUAN

¿Eh?

PIERROT

¡Eh! ¿Qué? *(Don Juan le da un guantazo.)* ¡Diantre! No me peguéis. *(Otro guantazo.)* ¡Oh, demonios! *(Otro guantazo.)* ¡Canastos! *(Otro guantazo.)* ¡Maldita sea! No está bien pegar a la gente. ¡Bonita recompensa por haberos salvado la vida!

CARLOTA

¡Piarrot! No te enfades.

PIERROT

Sí que me enfado y tú eres una desvergonzada por tolerar que te acaricien.

CARLOTA

¡Oh, Piarrot! No es lo que te imaginas. Este señor quiere casarse conmigo y tú no debes montar en cólera.

PIERROT

¡Cómo! Pero, recontra, ¡si eres mi prometida!

CARLOTA

No importa, Piarrot. Si me quieres, ¿no debes alegrarte de que yo me vuelva una señora?

PIERROT

¡No, recontra! Prefiero verte muerta a que seas de otro.

CARLOTA

¡Venga, venga, Piarrot! No te apures. Si me vuelvo señora, te haré ganar algo, porque nos traerás mantequilla y queso a casa.

PIERROT

¡Maldita sea! Nunca llevaré nada, aunque me pagues el doble. Así, ¿que te crees lo que él te dice? ¡Rediez! Si llego a saberlo hace un rato, me habría guardado mucho de sacarlo del agua y le habría dado un buen golpe de remo en la cabeza.

DON JUAN

(Acercándose a Pierrot para golpearle.) ¿Qué estáis diciendo?

PIERROT

(Colocándose detrás de Carlota.) ¡Redemonios! Yo no temo a nadie.

DON JUAN

(Pasando al lado en que se encuentra Pierrot.) Esperadme un momentito.

PIERROT

(Volviendo a pasar al otro lado.) Yo me río de todo.

DON JUAN

(Corriendo tras Pierrot.) Vamos a verlo.

PIERROT

(Refugiándose detrás de Carlota.) Como si fuese la primera vez que…

DON JUAN

Ya, ya.

SGANARELLE

¡Eh, señor! Dejad a ese pobre diablo. Es un cargo de conciencia pegarle. *(A Pierrot, al tiempo que se coloca entre don Juan y él.)* Y tú, pobre muchacho, retírate y no le digas nada.

PIERROT

(Mientras pasa por delante de Sganarelle y mira, muy digno, a don Juan.) Se va a enterar.

DON JUAN

(Al tiempo que levanta la mano para dar otro guantazo a Pierrot.) ¡Ah! Os voy a enseñar yo. *(Pierrot baja la cabeza y Sganarelle recibe el guantazo.)*

SGANARELLE

¡Maldito patán!

DON JUAN

Ahí tienes el premio por tu caridad.

PIERROT

¡Qué caray! Voy a contar a su tía todo este tejemaneje.

DON JUAN

(A Carlota.) Por fin voy a ser el más feliz de los hombres y no cambiaría mi felicidad por nada del mundo. ¡Cuántos placeres cuando seáis mi mujer y...!

Escena IV

(Don Juan, Sganarelle, Maturina, Carlota.)

SGANARELLE

¡Ah! ¡Ah!

MATURINA

(A don Juan.) Señor, pero, ¿qué hacéis ahí con Carlota? ¿Es que estáis hablándole de amor también?

DON JUAN

(En voz baja, a Maturina.) No. Al contrario, era ella la que me manifestaba el deseo de ser mi mujer y le he respondido que estaba comprometido con vos.

CARLOTA

(A don Juan.) Pero, ¿qué es lo que quiere Maturina de vos?

DON JUAN

(En voz baja, a Carlota.) Está celosa de verme hablar con vos y querría que me casara con ella, pero le he dicho que es con vos con quien quiero hacerlo.

MATURINA

¡Cómo! Pero, ¡Carlota...!

DON JUAN

(En voz baja, a Maturina.) Todo lo que le digáis será inútil; se le ha metido en la cabeza.

CARLOTA

¡Cómo, cómo! Pero, ¡Maturina...!

DON JUAN

(En voz baja, a Carlota.) De nada servirá que le habléis: no podréis quitarle esa fantasía de la cabeza.

MATURINA

¿Es que...?

DON JUAN

(En voz baja, a Maturina.) No hay forma de hacerla entrar en razón.

CARLOTA

Me gustaría…

DON JUAN

(En voz baja, a Carlota.) Es más obstinada que todos los diablos.

MATURINA

La verdad es que…

DON JUAN

(En voz baja, a Maturina.) No le digáis nada, es una loca.

CARLOTA

Yo creo que…

DON JUAN

(En voz baja, a Carlota.) Dejadla, es una extravagante.

MATURINA

No, no, tengo que hablar con ella.

CARLOTA

A ver, quiero conocer sus razones.

MATURINA

Pero, ¡cómo…!

DON JUAN

(En voz baja, a Maturina.) Apuesto a que va a deciros que le he prometido casarme con ella.

CARLOTA

Yo…

DON JUAN

(En voz baja, a Carlota.) Apuesto a que afirmará que le he dado mi palabra de tomarla por esposa.

MATURINA

¡Oye, Carlota! No está bien meterse en los asuntos ajenos.

CARLOTA

Está muy feo, Maturina, tener celos de que este señor me hable.

MATURINA

A mí es a quien este señor ha visto la primera.

CARLOTA

Si te ha visto la primera, a mí me ha visto la segunda y ha prometido casarse conmigo.

DON JUAN

(En voz baja, a Maturina.) ¿Eh? ¿Qué os había dicho yo?

MATURINA

(A Carlota.) ¡Qué gracia me haces! Ha sido a mí y no a ti a quien ha prometido desposar.

DON JUAN

(A Carlota.) ¿Veis como lo he adivinado?

CARLOTA

A otros con ese cuento, haz el favor; te digo que ha sido a mí.

MATURINA

¡Qué forma de burlarse de la gente! Ha sido a mí, vuelvo a repetir.

CARLOTA

Aquí está él mismo para decir si tengo o no razón.

MATURINA

Aquí está para desmentirme, si no digo la verdad.

CARLOTA

¿Es cierto, señor, que le habéis prometido desposarla?

DON JUAN

(En voz baja, a Carlota.) Os burláis de mí.

MATURINA

¿Es cierto, señor, que le habéis dado vuestra palabra de que seréis su marido?

DON JUAN

(En voz baja, a Maturina.) ¿Cómo podéis pensar tal cosa?

CARLOTA

Ya veis como lo mantiene.

DON JUAN

(En voz baja, a Carlota.) Dejadla hablar.

MATURINA

Sois testigo de que lo asegura.

DON JUAN

(En voz baja, a Maturina.) Dejadla decir lo que quiera.

CARLOTA

No, no, hay que saber la verdad.

MATURINA

Hay que poder juzgarlo.

CARLOTA

Sí, Maturina, quiero que el señor te muestre tu memez.

MATURINA

Sí, Carlota, quiero que el señor te deje un poco pasmada.

CARLOTA

Señor, zanjad la disputa, tened la bondad.

MATURINA

Aclarádnoslo, señor.

CARLOTA

(A Maturina.) Vas a ver.

MATURINA

(A Carlota.) Tú sí que vas a verlo.

CARLOTA

(A don Juan.) Decid.

MATURINA

(A don Juan.) Hablad.

DON JUAN

(Dirigiéndose, violento, a las dos.) ¿Qué queréis que diga? Las dos sostenéis igualmente que os he prometido tomaros por esposas. ¿Es que cada una de vosotras no sabe la verdad sin que sea necesario que dé yo más explicaciones? ¿Por qué obligarme a repetirme al respecto? ¿Acaso no tiene en sí misma aquella a quien se lo he prometido efectivamente razones para burlarse de la otra? ¿Acaso debe apurarse, con tal que yo cumpla mi promesa? Las palabras, por muchas que sean, no son las que hacen avanzar las cosas. Hay que actuar y no hablar y los hechos deciden mejor que las palabras, conque así es como quiero aclarároslo: cuando me case, se verá cuál de las dos tiene mi corazón. *(En voz baja, a Maturina.)* Dejadle creer lo que quiera. *(En voz baja, a Carlota.)* Dejadle jactarse en su imaginación. *(En voz baja, a Maturina.)* Os adoro. *(En voz baja, a Carlota.)* Soy enteramente vuestro. *(En voz baja, a Maturina.)* Todas las caras son feas en comparación con la vuestra. *(En voz baja, a Carlota.)*

Cuando se ha visto vuestro rostro, no se pueden soportar los demás. *(En voz alta.)* Tengo que dar una orden en un momento, dentro de un cuarto de hora vuelvo con vosotras.

CARLOTA

(A Maturina.) Yo soy aquella a la que él ama, al menos.

MATURINA

Conmigo es con quien se casará.

SGANARELLE

(Interrumpiendo a Carlota y a Maturina.) ¡Ah, pobres muchachas, que es lo que sois! Siento piedad de vuestra inocencia y no puedo soportar veros correr a vuestra desdicha. Creedme una y otra: no hagáis caso de los cuentos que os dicen y quedaos en vuestra aldea.

DON JUAN

(Al fondo del escenario.) Me gustaría saber por qué no me sigue Sganarelle.

SGANARELLE

Mi amo es un bribón: lo único que se propone es engañaros y ya ha engañado a muchas otras; es el desposador del género humano y… *(Al ver a don Juan.)* Eso es falso y a quienquiera que os lo diga debéis replicarle que ha mentido. Mi amo no es el desposador del género humano, no es un bribón, no se propone engañaros y nunca ha engañado a otras. ¡Hombre! Aquí está: preguntádselo mejor a él.

DON JUAN

(Mientras mira a Sganarelle y sospecha que ha hablado.) ¡Sí!

SGANARELLE

Señor, como el mundo está lleno de murmuradores, me he adelantado y estaba diciéndoles que, si alguien fuera a hablarles mal de vos, se guardaran mucho de creerlo y no dejasen de decirle que había mentido.

DON JUAN

¡Sganarelle!

SGANARELLE

(A Carlota y a Maturina.) Sí, el señor es un hombre de honor; yo lo garantizo.

DON JUAN

¡Hummm!

SGANARELLE

Son cosas de impertinentes.

Escena V

Don Juan, La Ramée, Carlota, Maturina, Sganarelle

LA RAMÉE

(En voz baja, a don Juan.) Señor, vengo a avisaros de que estáis en peligro por aquí.

DON JUAN

¿Cómo?

LA RAMÉE

Os están buscando diez hombres a caballo, que van a llegar aquí dentro de un momento; no sé por qué medio pueden haberos seguido, pero lo he sabido por un aldeano al que han preguntado y al que os han descrito. Es un caso urgente y cuanto antes salgáis de aquí, mejor.

DON JUAN

(A Carlota y a Maturina.) Un asunto urgente me obliga a marcharme, pero os ruego que no dejéis de recordar la palabra que os he dado y creáis que antes de mañana por la noche tendréis noticias mías. Como la partida es desigual, hay que recurrir a una estratagema y eludir con destreza la desgracia que me busca. Quiero que Sganarelle se vista con mi ropa y yo…

SGANARELLE

Señor, os burláis. Exponerme a ser muerto bajo vuestra ropa y…

DON JUAN

Vamos aprisa, es demasiado honor el que te hago, ¡y bien dichoso es el criado que puede conocer la gloria de morir por su amo!

SGANARELLE

Os agradezco semejante honor. *(A solas.)* ¡Oh, Cielo! Puesto que de muerte se trata, ¡concededme la gracia de no ser tomado por otro!

ACTO TERCERO

(La escena representa un bosque.)

Escena I

(Don Juan, vestido de aldeano, Sganarelle, vestido de médico.)

SGANARELLE

La verdad, señor, es que tenía yo razón –habréis de reconocerlo– y que estamos, uno y otro, disfrazados de maravilla. Vuestro primer propósito era lo menos apropiado que imaginarse pueda y esto nos oculta mucho mejor que todo lo que queríais hacer.

DON JUAN

Cierto es que te queda muy bien ese atuendo ridículo y no sé de dónde habrás ido a sacarlo.

SGANARELLE

¿Sí? Es el traje de un médico anciano, dejado en prenda en el lugar en que lo he cogido, y me ha costado dinero, pero, ¿sabéis, señor, que este traje me vale ya la consideración, que me saluda la gente que me encuentro y viene a consultarme como a un hombre capaz?

DON JUAN

¿Cómo así?

SGANARELLE

Cinco o seis aldeanos y aldeanas, al verme pasar, han venido a pedirme mi opinión sobre diferentes enfermedades.

DON JUAN

¿Y les has respondido que no sabías nada al respecto?

SGANARELLE

¿Yo? ¡Qué va! He procurado hacer el honor a mi traje; he razonado sobre su afección y les he dado recetas a todos ellos.

DON JUAN

¿Y qué remedios les has recetado?

SGANARELLE

La verdad, señor, es que me he defendido como he podido; he hecho mis recetas al azar y sería muy grato que los enfermos se curaran y vinieran a darme las gracias.

DON JUAN

¿Y por qué no? ¿Por qué razón no habías de tener tú los mismos privilegios que los otros médicos? Tienen tan poca intervención como tú en las curaciones de los enfermos y todo su arte es puro fingimiento. Ellos no hacen otra cosa que recibir la gloria de los éxitos logrados y tú puedes aprovecharte, como ellos, de la felicidad del enfermo y ver atribuir a tus remedios todo lo que puede deberse a los favores del azar y a las fuerzas de la naturaleza.

SGANARELLE

¡Cómo, señor! ¿Sois también impío en medicina?

DON JUAN

Es uno de los grandes errores que están permitidos a los hombres.

SGANARELLE

¡Cómo! ¿No creéis en la sena ni en la cañafístula ni en el licor emético?

DON JUAN

¿Y por qué quieres que crea?

SGANARELLE

Tenéis un alma muy descreída. Sin embargo, ya sabéis que, desde hace un tiempo, se habla mucho del licor emético. Sus milagros han convertido a las mentes más incrédulas y no hace tres semanas que vi yo, que os hablo, uno de sus maravillosos efectos.

DON JUAN

A ver, ¿cuál?

SGANARELLE

Había un hombre que llevaba seis días agonizando; ya no sabían qué recetarle y ningún remedio surtía efecto; al final, se les ocurrió darle el emético.

DON JUAN

Y se salvó, ¿verdad?

SGANARELLE

No, murió.

DON JUAN

¡Qué efecto tan admirable!

SGANARELLE

¡Cómo! Llevaba seis días sin poder morir y eso lo hizo morir de una vez. ¿Puede haber algo más eficaz?

DON JUAN

Tienes razón.

SGANARELLE

Pero dejemos la medicina, en la que vos no creéis, y hablemos de otras cosas, pues este traje me inspira y me siento de humor para debatir con vos. Bien sabéis que me permitís los debates y sólo me prohibís los sermones.

DON JUAN

A ver.

SGANARELLE

Quiero conocer un poco vuestros pensamientos a fondo. ¿Es posible que no creáis en modo alguno en el Cielo?

DON JUAN

Dejemos eso.

SGANARELLE

Es decir, que no. ¿Y en el Infierno?

DON JUAN

¿Eh?

SGANARELLE

Lo mismito. ¿Y en el diablo? Sed tan amable.

DON JUAN

Sí, sí.

SGANARELLE

Muy poco. ¿No creéis en la otra vida?

DON JUAN

¡Ja, ja, ja!

SGANARELLE

A este hombre me va a costar mucho convertirlo. Y decidme, ¿en el Coco creéis? ¿Eh?

DON JUAN

¡Maldito apestoso!

SGANARELLE

Eso es algo que no puedo soportar, pues nada hay más verdadero que el Coco y por ése me dejaría colgar, pero es que en algo hay que creer en el mundo. Entonces, ¿en qué creéis vos?

DON JUAN

¿En qué creo yo?

SGANARELLE

Sí.

DON JUAN

Creo en que dos y dos son cuatro, Sganarelle, y en que cuatro y cuatro son ocho.

SGANARELLE

¡Bonitas creencias y bonitos artículos de fe! Por lo que veo, ¿es la aritmética vuestra religión? Hay que reconocer que en la cabeza de los hombres se cuelan extrañas locuras y que con frecuencia los que más estudian son los menos sensatos. Yo, señor, no he estudiado como vos, gracias a Dios, y nadie podría jactarse de haberme enseñado nunca nada, pero con mi modesto entendimiento y mi modesto juicio veo las cosas mejor que todos los libros juntos y comprendo perfectamente que este mundo que vemos no es un hongo que haya crecido solo en una noche. Me gustaría preguntaros quién ha hecho esos árboles, esas rocas, esta Tierra y ese Cielo de ahí arriba, y si todo eso se ha creado por sí mismo. Ahí estáis, vos, por ejemplo, ¿acaso os habéis hecho solo y no ha hecho falta que vuestro padre dejara embarazada a vuestra madre para ello? ¿Podéis ver todas las invenciones de que se compone el organismo humano sin admirar de qué forma están dispuestas unas con otras? Esos nervios, esos huesos, esas venas, esas arterias, esos... ese pulmón, ese corazón, ese hígado y todos esos otros ingredientes que están ahí y que... ¡Oh! ¡Qué caramba! Interrumpidme, si queréis. Si no se me interrumpe, no sé debatir. Os calláis a propósito y me dejáis hablar con suma malicia.

DON JUAN

Espero a que hayas acabado tu razonamiento.

SGANARELLE

Mi razonamiento es el de que, digáis lo que digáis, hay algo admirable en el hombre, que todos los sabios juntos no sabrían explicar. ¿Acaso no es maravilloso que yo esté aquí y tenga algo en la cabeza que piense cien cosas diferentes en un momento y haga con mi cuerpo todo lo que quiera? Quiero golpear con las manos, levantar el brazo, alzar los ojos al cielo, bajar la cabeza, mover los pies, caminar a la derecha, a la izquierda, adelante, atrás, volverme... *(Se deja caer al darse la vuelta.)*

DON JUAN

¡Bien! ¡Ahí tenemos tu razonamiento, que se ha roto las narices!

SGANARELLE

¡Diantre! Soy muy tonto por perder el tiempo razonando con vos. Creed lo que queráis, pero, ¡me preocupa mucho que os condenéis!

DON JUAN

Pero, razonando, creo que nos hemos extraviado. Llama a ese hombre que hay allí para preguntarle el camino.

SGANARELLE

¡Eh, hombre! ¡Eh, compadre! ¡Eh, amigo! Una preguntita, tened la bondad.

Escena II

(Don Juan, Sganarelle, un pobre.)

SGANARELLE

Enseñadnos el camino que lleva a la ciudad.

EL POBRE

Basta con que sigáis este camino, señores, y torzáis a la derecha cuando lleguéis al extremo del bosque, pero os aviso que debéis manteneros en guardia, porque desde hace un tiempo hay ladrones por los alrededores.

DON JUAN

Te lo agradezco, amigo, y te doy las gracias con todo mi corazón.

EL POBRE

¿Podríais socorrerme, señor, con una limosna?

DON JUAN

¡Ah! ¡Ah! Tu aviso es interesado, por lo que veo.

EL POBRE

Soy un pobre hombre, señor, retirado y solo en este bosque desde hace diez años y no dejaré de rogar al Cielo que os conceda toda clase de venturas.

DON JUAN

¡Eh! Ruega al Cielo que te dé un traje, en vez de apurarte por la suerte de los demás.

SGANARELLE

No conocéis a este señor, buen hombre; sólo cree en que dos y dos son cuatro y cuatro y cuatro son ocho.

DON JUAN

¿Y a qué te dedicas entre estos árboles?

EL POBRE

A rezar al Cielo todos los días por la prosperidad de las personas de bien que me dan algo.

DON JUAN

Entonces no puede ser que no te encuentres en la gloria.

EL POBRE

¡Ay, señor! Estoy en la mayor necesidad del mundo.

DON JUAN

Te burlas: un hombre que reza al Cielo todo el día no puede dejar de estar contento con su vida.

EL POBRE

Os aseguro, señor, que con mucha frecuencia no tengo ni un trozo de pan que llevarme a la boca.

DON JUAN

Eso sí que es extraño y mala retribución recibes por tus desvelos. ¡Ah! ¡Ah! Voy a darte un luis de oro, con tal de que digas una blasfemia.

EL POBRE

¡Ay, señor! ¿Querríais que cometiera semejante pecado?

DON JUAN

Tú sabrás si quieres ganar un luis de oro o no; míralo, si blasfemas, te lo doy. Vamos, tienes que blasfemar.

EL POBRE

¡Señor!

DON JUAN

Si no, no lo tendrás.

SGANARELLE

Venga, hombre, blasfema un poco; no hay nada malo en ello.

DON JUAN

Toma, aquí lo tienes, tómalo, te digo, pero blasfema, ¿eh?

EL POBRE

No, señor, prefiero morirme de hambre.

DON JUAN

Bueno, venga, te lo doy por amor a la Humanidad. *(Mirando al bosque.)* Pero, ¿qué veo allí? ¡Un hombre atacado por otros tres! La pelea es demasiado desigual y no debo soportar esa cobardía. *(Corre hasta el lugar del combate.)*

Escena III

(Don Juan, don Carlos, Sganarelle, al fondo del escenario.)

SGANARELLE

Mi amo está de verdad loco de remate por ir a exponerse a un peligro que no le atañe, pero veo que el socorro ha servido y los dos han hecho huir a los otros tres.

DON CARLOS

(Mientras envaina la espada.) Con la huida de esos ladrones, se ve la gran ayuda que es vuestro brazo. Permitid, señor, que os agradezca una acción tan generosa y que…

DON JUAN

No he hecho, señor, nada que no hubierais hecho vos en mi lugar. Nuestro propio honor se interesa en semejantes aventuras y la acción de esos tunantes era tan cobarde, que no oponerse habría sido colaborar con ella, pero, ¿por qué circunstancia os habéis encontrado en sus manos?

DON CARLOS

Me había extraviado, cuando iba con un hermano mío y otros que nos acompañaban, y, al intentar reunirme con ellos, me he encontrado con esos ladrones, que primero han matado mi caballo y, sin vuestro valor, habrían hecho otro tanto conmigo.

DON JUAN

¿Tenéis la intención de dirigiros a la ciudad?

DON CARLOS

Sí, pero sin entrar en ella. Mi hermano y yo nos vemos obligados a quedarnos en el campo por uno de esos enojosos asuntos que obligan a los gentileshombres a sacrificarse, ellos y su familia, a la severidad de su honor, ya que resulta que hasta el más grato éxito acaba siendo siempre funesto y, si no abandonamos la vida, nos vemos obligados a abandonar el Reino. En eso considero desgraciada la condición de un gentilhombre: por no poder garantizarse toda la prudencia y toda la honradez de su conducta y estar sometido por las leyes del honor al desorden de la ajena y a ver la vida, su descanso y sus bienes depender del capricho del primer temerario al que se le ocurra cometer uno de esos ultrajes por los que un hombre honrado debe perecer.

DON JUAN

Tenemos la ventaja de que hacemos correr el mismo riesgo y pasarlo mal también a quienes tienen el capricho de venir a hacernos una ofensa con el corazón contento, pero, ¿sería indiscreción preguntaros cuál es vuestro asunto?

DON CARLOS

Ha llegado a un extremo en el que ya no es necesario que sea secreto y, cuando se ha hecho público el ultraje una vez, nuestro honor en modo alguno consiste en ocultar nuestra vergüenza, sino en hacer pública nuestra venganza e incluso lo que nos proponemos. Así, que no voy a ocultaros, señor, que la ofensa que intentamos vengar es la de una hermana seducida y raptada de un convento y que su autor es un tal don Juan Tenorio, hijo de don Luis Tenorio. Llevamos unos días buscándolo y esta mañana lo hemos seguido gracias a la información, brindada por un criado, de que había salido a caballo, acompañado de cuatro o cinco hombres, y se había encaminado a lo largo de esta costa, pero todos nuestros esfuerzos han sido inútiles y no hemos podido descubrir qué ha sido de él.

DON JUAN

¿Lo conocéis vos, señor, a ese don Juan del que habláis?

DON CARLOS

Personalmente, no; nunca lo he visto y sólo se lo he oído describir a mi hermano, pero su fama no habla en su favor precisamente y es un hombre cuya vida...

DON JUAN

No sigáis, señor, tened la bondad. Es un poco amigo mío y sería una cobardía por mi parte oír hablar mal de él.

DON CARLOS

Por consideración para con vos, señor, no diré nada y lo mínimo que os debo, después de haberme salvado la vida, es no hablar delante de vos de una persona a la que conocéis, cuando no puedo hacerlo sin criticarla, pero, por amigo que seáis, me atrevo a esperar que no aprobéis su acción y no consideréis extraño que intentemos vengarnos.

DON JUAN

Al contrario, quiero ayudaros al respecto y ahorraros esfuerzos inútiles. Soy amigo de don Juan, no puedo remediarlo, pero no es razonable que ofenda impunemente a gentileshombres y me comprometo a hacerlo justificarse ante vos.

DON CARLOS

¿Y cómo se puede justificar esa clase de injurias?

DON JUAN

Como vuestro honor desee y, sin molestaros más en buscar a don Juan, me comprometo a hacerlo comparecer donde deseéis y cuando os plazca.

DON CARLOS

Esa esperanza es muy grata, señor, para unos corazones ofendidos, pero, después de lo que os debo, me causaría un dolor demasiado intenso que intervinierais a su lado.

DON JUAN

Yo estoy tan unido a don Juan, que, si él se batiera, yo no podría dejar de hacerlo también, pero, en fin, respondo de él como de mí mismo y basta con que me digáis cuándo queréis que aparezca para daros satisfacción.

DON CARLOS

¡Qué cruel es mi destino! ¡Que yo os deba la vida y que don Juan sea uno de vuestros amigos!

Escena IV

(Don Alonso, don Carlos, don Juan, Sganarelle.)

DON ALONSO

(Dirigiéndose a los miembros de su cortejo, sin ver a don Carlos ni a don Juan.) Dad de beber ahí a mis caballos y que los traigan detrás de nosotros; quiero caminar un poco. *(Al verlos a los dos.)* ¡Oh, Cielos! ¡Qué veo aquí! ¡Cómo, hermano! ¡Os encuentro con nuestro enemigo mortal!

DON CARLOS

¿Nuestro enemigo mortal?

DON JUAN

(Tras dar tres pasos atrás y llevarse, altivo, la mano al pomo de la espada.) Sí, yo soy don Juan en persona y la venta-

ja del número no me obligará a pretender disimular mi nombre.

DON ALONSO

(Llevándose la mano a la espada.) ¡Ah, traidor! Debes perecer y... *(Sganarelle corre a esconderse.)*

DON CARLOS

¡Ah, hermano mío, deteneos! Yo le debo la vida y sin la ayuda de su brazo habría muerto a manos de unos ladrones con los que me he tropezado.

DON ALONSO

¿Y pretendéis que esa consideración impida nuestra venganza? Todos los servicios que nos presta una mano enemiga carecen de mérito para empeñar nuestra alma y, si hay que comparar la obligación con la injuria, vuestro agradecimiento, hermano mío, resulta en este caso ridículo y, como el honor es infinitamente más precioso que la vida, deber agradecimiento por habernos salvado la vida a quien nos ha quitado el honor no es, propiamente, deber nada.

DON CARLOS

Sé la distinción, hermano mío, que un gentilhombre debe hacer entre uno y otra y el reconocimiento de la obligación no borra en mí el resentimiento por el ultraje, pero permitidme que le devuelva aquí lo que me ha prestado, que cumpla ahora mismo con la vida que le debo, mediante una demora de nuestra venganza, y le deje la libertad de gozar, durante unos días, del fruto de su buena acción.

DON ALONSO

No, no, retrasar nuestra venganza es arriesgarla y puede que no tengamos otra ocasión de tomárnosla. Lo que el Cielo nos ofrece aquí nos corresponde a nosotros aprovecharlo. Cuando el honor está mortalmente herido, no debemos pensar en tener miramientos y, si a vos os repugna prestar vuestro brazo para esta acción, basta con que os retiréis y dejéis a mi mano la gloria de semejante sacrificio.

DON CARLOS

Por favor, hermano mío…

DON ALONSO

Todos estos discursos son superfluos: debe morir.

DON CARLOS

Deteneos, os digo, hermano mío. En modo alguno permitiré que se atente contra su vida y juro al Cielo que lo defenderé aquí contra quienquiera que sea y sabré serle un escudo con esta misma vida que ha salvado y para tocarlo tendréis que herirme primero a mí.

DON ALONSO

¡Cómo! ¿Os ponéis de parte de nuestro enemigo y contra mí y, lejos de ser presa de los mismos arrebatos que siento yo al verlo, le mostráis sentimientos cargados de benevolencia?

DON CARLOS

Hermano mío, demos pruebas de moderación en una acción legítima y no venguemos nuestro honor con ese arrebato que manifestáis. Tengamos coraje y dominémoslo: un valor carente de ferocidad y que encare las cosas con una pura deliberación de nuestra razón y no con arrebatos de cólera ciega. No quiero, hermano mío, seguir en deuda con mi enemigo, pero antes que nada debo cumplir con una obligación. No por ser aplazada, será nuestra venganza menos clamorosa; al contrario, obtendrá de ello una ventaja y esa ocasión de haber podido tomarla la hará parecer más justa ante todo el mundo.

DON ALONSO

¡Oh, qué extraña debilidad y ceguera espantosa entraña arriesgar los intereses del honor propio por la ridícula idea de una obligación quimérica!

DON CARLOS

No, hermano mío, no os apuréis. Si cometo una falta, sabré perfectamente repararla y me encargo de todo el cuidado de nuestro honor; sé a lo que nos obliga y esa suspensión de un día, que mi agradecimiento le solicita, no hará sino aumentar el empeño de satisfacerlo. Don Juan, como veis, procuro devolveros el bien que he recibido de vos y con ello debéis juzgar sobre lo demás, considerar que cumplo con el mismo empeño con lo que debo y que no seré menos cumplidor al haceros pagar el ultraje que al pagaros la buena acción. No quiero obligaros aquí a explicar vuestros sentimientos y os concedo libertad para pensar holgadamente en las resoluciones que debéis adoptar. De sobra conocéis la magnitud de la ofensa que nos habéis hecho y dejo a vuestro arbitrio la posibilidad de juzgar sobre las reparaciones que requiere. Hay medios suaves para obtener nuestra satisfacción y hay otros violentos y sangrantes, pero, en fin, sea cual fuere vuestra opción, me habéis dado vuestra palabra de hacer que don Juan se justifique ante mí: pensad en hacerlo, os lo ruego; no olvidéis que, fuera de aquí, sólo me debo a mi honor.

DON JUAN

No os he exigido nada y cumpliré con lo que os prometí.

DON CARLOS

Vamos, hermano mío; un momento de calma en nada perjudica a la severidad de nuestro deber.

Escena V

(Don Juan, Sganarelle.)

DON JUAN

¡Eh! ¡Eh! ¡Sganarelle!

SGANARELLE

¿Deseáis, señor?

DON JUAN

¡Cómo, bribón! ¡Huyes cuando me atacan!

SGANARELLE

Perdonadme, señor, vengo de aquí al lado. Creo que este traje es purgativo y que llevarlo es como tomar una medicina.

DON JUAN

¡Maldito sea el insolente! Cubre al menos tu cobardía con un velo más decoroso. ¿Sabes quién es aquel al que he salvado la vida?

SGANARELLE

¿Yo? No.

DON JUAN

Es un hermano de Elvira.

SGANARELLE

Un…

DON JUAN

Es bastante honrado, se ha portado muy bien y lamento haber tenido que disputar con él.

SGANARELLE

Os resultaría fácil resolverlo todo.

DON JUAN

Sí, pero mi pasión por doña Elvira se ha extinguido y el compromiso en modo alguno se compadece con mi carácter. Amo la libertad en el amor, ya lo sabes, y no podría decidir encerrar mi corazón entre cuatro murallas. Te lo he dicho veinte veces: tengo una inclinación natural a dejarme llevar por todo lo que me atrae. Mi corazón es de todas las beldades y a ellas corresponde tomarlo una tras otra y conservarlo todo lo que puedan, pero, ¿cuál es ese soberbio edificio que veo entre esos árboles?

SGANARELLE

¿No lo sabéis?

DON JUAN

No, la verdad.

SGANARELLE

Bien, pues es el panteón que el comendador estaba construyendo cuando lo matasteis.

DON JUAN

¡Ah! Tienes razón. No sabía que quedaba por aquí. Todo el mundo me ha hablado maravillas de esa obra, como también de la estatua del comendador, y tengo ganas de ir a verla.

SGANARELLE

Señor, no vayáis allí.

DON JUAN

¿Por qué?

SGANARELLE

No es correcto que vayáis a ver a un hombre al que habéis matado.

DON JUAN

Al contrario, es una visita que quiero hacerle por cortesía y, que, si es hombre caballeroso, debe recibir de buen grado. Vamos, entremos.

(Se abre el panteón y se ve un mausoleo soberbio y la estatua del comendador.)

SGANARELLE

¡Ah, qué hermoso es! ¡Qué estatuas tan bellas! ¡Qué belleza de mármol! ¡Qué hermosos pilares! ¡Ah! ¡Qué hermoso! ¿Qué os parece, señor?

DON JUAN

Que la ambición de un hombre muerto no puede llegar más lejos y lo que me parece admirable es que un hombre que en vida se contentó con una morada bastante sencilla haya querido tener otra tan magnífica para cuando ya no podía servirle de nada.

SGANARELLE

Aquí está la estatua del comendador.

DON JUAN

¡Pardiez! ¡Qué bien le sienta el atuendo de emperador romano!

SGANARELLE

La verdad es, señor, que está muy bien hecha. Parece que estuviera vivo y fuese a hablar. Nos lanza unas miradas que, si estuviese solo, me darían miedo, y me parece que no le agrada vernos.

DON JUAN

No haría bien y no sería un buen reconocimiento para el honor que le hago. Pregúntale si quiere venir a cenar conmigo.

SGANARELLE

Eso es algo que no necesita, creo yo.

DON JUAN

Pregúntaselo, te digo.

SGANARELLE

¿Os burláis? Sería una locura ponerse a hablar con una estatua.

DON JUAN

Haz lo que te digo.

SGANARELLE

¡Qué extravagancia! Señor comendador… *(Aparte.)* Me río de mi estupidez, pero ha sido mi amo quien me ha hecho cometerla. *(En voz alta.)* Señor comendador, mi amo, don Juan, os pregunta si queréis hacerle el honor de venir a cenar con él. *(La estatua baja la cabeza.)* ¡Ah!

DON JUAN

¿Qué ocurre? ¿Qué te pasa? A ver, ¡habla!

SGANARELLE

(Bajando la cabeza, como la estatua.) La estatua…

DON JUAN

¡A ver! ¿Qué quieres decir, traidor?

SGANARELLE

Os digo que la estatua…

DON JUAN

¡A ver! La estatua, ¿qué? Como no hables, ¡te mato!

SGANARELLE

La estatua me ha hecho una seña.

DON JUAN

¿Será apestoso este pillo?

SGANARELLE

Me ha hecho una seña, os digo. Es la pura verdad. Id vos mismo a hablarle y lo veréis. Tal vez…

DON JUAN

Ven, tunante, ven. Quiero que veas tu palpable cobardía. Presta atención. ¿Querría el señor comendador venir a cenar conmigo? *(La estatua vuelve a bajar la cabeza.)*

SGANARELLE

Ni por diez doblones lo aceptaría yo. ¿Y qué me decís, señor?

DON JUAN

Vamos, salgamos de aquí.

SGANARELLE

Ahí tenéis a los valientes, que no quieren creer en nada.

ACTO CUARTO

(La escena representa el aposento de don Juan.)

ESCENA I

(Don Juan, Sganarelle.)

DON JUAN

(A Sganarelle.) Sea como fuere, dejémoslo: es una fruslería y puede que nos confundiera un reflejo de luz o nos sobreviniese algún vahído que nos nublara la vista.

SGANARELLE

¡Ay, señor! No intentéis desmentir lo que hemos visto con estos ojos. Nada es más verdadero que esa seña con la cabeza y no dudo que el Cielo, escandalizado con vuestra vida, ha producido ese milagro para convenceros y retiraros de...

DON JUAN

Mira, como sigas importunándome con tus sandeces morales, como vuelvas a repetirme la menor palabra al respecto, voy a pedir que me traigan un nervio de buey, hacer que te sujeten entre tres o cuatro y te den mil azotes. ¿Me oyes bien?

SGANARELLE

Muy bien, señor; mejor, imposible. Os explicáis con claridad; es lo bueno que tenéis, que no os andáis con rodeos; decís las cosas con una nitidez admirable.

DON JUAN

Vamos, que me traigan la cena lo antes posible. Una silla, muchacho.

Escena II

(Don Juan, Sganarelle, La Violette.)

LA VIOLETTE

Señor, está aquí vuestro proveedor, el señor Dimanche, que desea hablar con vos.

DON JUAN

¡Vaya! Lo que nos faltaba: cumplidos de acreedor. ¡Qué ocurrencia! ¡Venir a pedirnos dinero! ¿Y por qué no le has dicho que el señor no estaba?

LA VIOLETTE

Llevo tres cuartos de hora diciéndoselo, pero no quiere creerlo y se ha sentado ahí delante a esperar.

SGANARELLE

¡Que espere cuanto guste!

DON JUAN

No, al contrario, hacedlo entrar. La de ocultarse ante los acreedores es muy mala política. Conviene pagarles con algo y yo tengo una fórmula secreta para despedirlos satisfechos y sin darles un doblón.

Escena III

(Don Juan, el señor Dimanche, Sganarelle, La Violette, Ragotin.)

DON JUAN

¡Ah! Señor Dimanche, acercaos. ¡Cuánto me alegro de veros y cuánto lamento que mis servidores no os hayan hecho pasar antes! Había dado la orden de que no me interrumpiesen por ningún motivo, pero no era aplicable a vos, que tenéis el derecho a no encontrar nunca cerrada la puerta de mi casa.

SEÑOR DIMANCHE

Señor, os lo agradezco mucho.

DON JUAN

(Dirigiéndose a La Violette y a Ragotin.) ¡Pardiez, tunantes! Voy a enseñaros yo a dejar al señor Dimanche en una antesala y a reconocer a las personas.

SEÑOR DIMANCHE

No tiene importancia, señor.

DON JUAN

(Al señor Dimanche.) ¡Cómo! ¡Deciros que no estoy! ¡Al señor Dimanche, al mejor de mis amigos!

SEÑOR DIMANCHE

Señor, soy vuestro servidor. Venía…

DON JUAN

Vamos, rápido, un asiento para el señor Dimanche.

SEÑOR DIMANCHE

Señor, estoy bien así.

DON JUAN

De ningún modo. Quiero que estéis sentado junto a mí.

SEÑOR DIMANCHE

No es necesario.

DON JUAN

Quitad este taburete y traed un sillón.

SEÑOR DIMANCHE

Señor, os burláis y…

DON JUAN

No, no, sé lo que os debo y no quiero que se hagan diferencias entre nosotros dos.

SEÑOR DIMANCHE

Señor…

DON JUAN

Vamos, sentaos.

SEÑOR DIMANCHE

No es necesario, señor: sólo quería deciros una cosa. Venía...

DON JUAN

Poneos ahí, os digo.

SEÑOR DIMANCHE

No, señor, estoy bien así. Vengo por...

DON JUAN

No, me niego a escucharos, si no os sentáis.

SEÑOR DIMANCHE

Señor, hago lo que digáis. Yo...

DON JUAN

¡Pardiez, señor Dimanche! ¡Qué buena cara tenéis!

SEÑOR DIMANCHE

Sí, señor, para serviros. He venido...

DON JUAN

Tenéis un admirable aspecto de salud, labios brillantes, tez colorada y ojos vivos.

SEÑOR DIMANCHE

Me gustaría...

DON JUAN

¿Cómo se encuentra la señora Dimanche, vuestra esposa?

SEÑOR DIMANCHE

Muy bien, señor, gracias a Dios.

DON JUAN

Es una mujer excelente.

SEÑOR DIMANCHE

Para serviros, señor. Yo venía...

DON JUAN

Y vuestra hijita Claudine, ¿cómo se encuentra?

SEÑOR DIMANCHE

La mar de bien.

DON JUAN

¡Una niña tan bonita! La amo con todo mi corazón.

SEÑOR DIMANCHE

Me hacéis demasiado honor, señor. Yo os...

DON JUAN

Y el pequeño Colin, ¿sigue haciendo mucho ruido con su tambor?

SEÑOR DIMANCHE

Siempre igual, señor. Yo...

DON JUAN

¿Y vuestro perrito Brusquet? ¿Sigue gruñendo tan fuerte y mordiendo sin falta las piernas de vuestros visitantes?

SEÑOR DIMANCHE

Más que nunca, señor, y no conseguimos impedírselo.

DON JUAN

No os asombréis de que os pregunte por toda la familia, pues siento mucho interés al respecto.

SEÑOR DIMANCHE

Os lo agradecemos, señor, infinitamente. Yo...

DON JUAN

(Tendiéndole la mano.) Pues, ¡venga esa mano, señor Dimanche! ¿Sois de verdad uno de mis amigos?

SEÑOR DIMANCHE

Señor, soy vuestro servidor.

DON JUAN

¡Claro, claro! Y yo estoy con vos con todo mi corazón.

SEÑOR DIMANCHE

Me honráis demasiado. Yo…

DON JUAN

No hay nada que no haría por vos.

SEÑOR DIMANCHE

Señor, sois demasiado bueno conmigo.

DON JUAN

Y, sin interés alguno, os ruego que me creáis.

SEÑOR DIMANCHE

En modo alguno soy digno de esa gracia, pero, señor…

DON JUAN

¡Vamos, vamos, señor Dimanche! Sin cumplidos, ¿queréis cenar conmigo?

SEÑOR DIMANCHE

No, señor, tengo que volver a casa en seguida. Yo…

DON JUAN

(Levantándose.) Vamos, rápido, un candelabro para acompañar al señor Dimanche y que cuatro o cinco de mis servidores tomen mosquetones para escoltarlo.

SEÑOR DIMANCHE

(Levantándose también.) No es necesario, señor, puedo ir solo perfectamente, pero…

(Sganarelle se apresura a apartar los asientos.)

DON JUAN

¡Cómo! Quiero que os escolten, pues siento demasiado interés por vuestra persona. Soy vuestro servidor y, además, vuestro deudor.

SEÑOR DIMANCHE

¡Ah, señor…!

DON JUAN

Es algo que no se debe ocultar y yo se lo digo a todo el mundo.

SEÑOR DIMANCHE

Si...

DON JUAN

¿Queréis que os acompañe?

SEÑOR DIMANCHE

¡Ah, señor! ¡Os burláis! Señor...

DON JUAN

Entonces, dadme un abrazo, tened la bondad. Os ruego una vez más que no dudéis de que estoy totalmente a vuestra disposición y no hay en el mundo nada que no haría para serviros.

(Sale.)

SGANARELLE

Hay que reconocer que tenéis en mi señor a un hombre que os aprecia mucho.

SEÑOR DIMANCHE

Es cierto, tiene tantas amabilidades y cumplidos conmigo, que nunca podría pedirle dinero.

SGANARELLE

Os aseguro que toda su casa perecería por vos y me gustaría que os sucediera algo, que a alguien se le ocurriese daros bastonazos y veríais de qué manera…

SEÑOR DIMANCHE

Lo creo, pero, Sganarelle, os ruego que le deis un recadito sobre mi dinero.

SGANARELLE

¡Oh! No tengáis cuidado, os pagará religiosamente.

SEÑOR DIMANCHE

Pero vos mismo, Sganarelle, me debéis algo.

SGANARELLE

¡Vamos, vamos! No vamos a hablar de eso.

SEÑOR DIMANCHE

¡Cómo! Yo…

SGANARELLE

¿Acaso no sé lo que os debo?

SEÑOR DIMANCHE

Sí, pero…

SGANARELLE

Vamos, señor Dimanche, voy a iluminaros.

SEÑOR DIMANCHE

Pero, ¿y mi dinero…?

SGANARELLE

(Mientras coge del brazo al señor Dimanche.) ¿Os burláis?

SEÑOR DIMANCHE

Quiero…

SGANARELLE

¡Venga!

SEÑOR DIMANCHE

Me parece…

SGANARELLE

(Mientras se lo lleva hacia la puerta.) Fruslerías.

SEÑOR DIMANCHE

Pero…

SGANARELLE

(Al tiempo que lo empuja.) ¡Venga!

SEÑOR DIMANCHE

Yo…

SGANARELLE

(Mientras lo expulsa del escenario.) ¡Vamos, os digo!

Escena IV

(Don Juan, don Luis, Sganarelle, La Violette.)

LA VIOLETTE

(Dirigiéndose a don Juan.) Señor, aquí está vuestro padre.

DON JUAN

¡Ah! ¡Pues sí que estamos buenos! ¡La visita que necesitaba para sacarme de quicio!

Ya veo que te molesto y que preferirías que no hubiera venido. A decir verdad, nos incomodamos extremadamente uno al otro y, si tú estás harto de verme, yo estoy muy harto también de tus extravíos. ¡Ay, Dios! ¡Qué poco sabemos lo que hacemos, cuando no dejamos en manos del Cielo lo que necesitamos, cuando queremos ser más sabios que él y lo importunamos con nuestros ciegos deseos y nuestras peticiones desconsideradas! Deseé un hijo con ansias nunca vistas, lo pedí sin descanso y con arrebatos increíbles y ese hijo, que obtuve fatigando al Cielo con mis votos, es la pena y el suplicio en persona de esta vida misma, de la que había de ser –creía yo– la alegría y el consuelo. ¿Cómo crees que puedo considerar ese cúmulo de acciones indignas, cuya horrible apariencia cuesta suavizar ante el mundo, esa serie continua de asuntos turbios, que nos obligan a todas horas a agotar las bondades del Soberano y que han acabado ante él con el mérito de mis servicios y el crédito de mis amigos? ¡Ah, qué bajeza es la tuya! ¿No te avergüenzas de merecer tan poco tu cuna? Dime: ¿acaso tienes derecho a envanecerte de ello? ¿Y qué has hecho en el mundo para ser un gentilhombre? ¿Crees que basta con llevar su nombre y su escudo de armas y que sea glorioso proceder de una sangre noble, cuando se vive como un infame? No, no, la cuna nada es allí donde no hay virtud. Por eso, sólo participamos de la gloria de nuestros antepasados en la medida en que nos esforzamos por asemejarnos a ellos y ese brillo de sus acciones que derraman sobre nosotros nos impone el compromiso de hacerles el mismo honor, de seguir los pasos que nos trazan y no degenerar respecto de sus virtudes, si queremos que se nos considere sus verdaderos descendientes. Así, tú en vano desciendes de tus abuelos; no te reconocen como de su sangre y todo lo que han hecho de ilustre no redunda sino en tu deshonor y su gloria es una antorcha que ilumina ante todo el mundo la vergüenza de tus acciones. Has de entender de una vez que un gentilhombre que lleva mala vida es un monstruo en la naturaleza, que la virtud es el primer título de nobleza, que para mí tiene menos importancia el nombre con el que se firma que las acciones que se cometen y que yo estimaría más al hijo de un mozo de cuerda que fuera honrado que al hijo de un monarca que viviese como tú.

DON JUAN

Señor padre, si os sentarais, estaríais más cómodo para hablar.

DON LUIS

No, insolente, no quiero sentarme ni hablar más y ya veo que todas mis palabras no hacen mella en tu alma, pero has de saber, hijo indigno, que tus acciones han acabado con el cariño paterno, que sabré, mejor de lo que tú te crees, poner coto a tus desenfrenos, castigarte antes de que lo haga la furia del Cielo y lavar, así, la vergüenza de haberte hecho nacer.

Escena V

(Don Juan, Sganarelle.)

DON JUAN

(Dirigiendo aún la palabra a su padre, aunque éste haya salido.) ¡Venga! Moríos lo antes posible, es lo mejor que podéis hacer. Cada cual debe tener su turno y me da rabia ver a padres que viven tanto como sus hijos. *(Se sienta en un sillón.)*

SGANARELLE

¡Ay, señor, qué equivocado estáis!

DON JUAN

(Mientras se levanta de su asiento.) ¿Equivocado yo?

SGANARELLE

Señor…

DON JUAN

¿Equivocado yo?

SGANARELLE

Sí, señor, habéis hecho mal en soportar lo que os ha dicho y deberíais haberlo expulsado empujándolo por los hombros. ¿Cuándo se ha visto semejante impertinencia? ¡Un padre venir a echar reprimendas a su hijo y a decirle que corrija sus acciones, que vuelva a acordarse de su cuna, que lleve una vida de hombre honrado y otras cien sandeces semejantes! ¿Acaso puede sufrirlo un hombre como vos, que sabéis cómo se debe vivir? Admiro vuestra paciencia y, si yo hubiera estado en vuestro lugar, lo habría mandado a paseo. *(Aparte y en voz baja.)* ¡Ay, complacencia maldita! ¿A qué condición me reduces?

DON JUAN

¿Voy a poder cenar pronto?

ESCENA VI

(Don Juan, doña Elvira, cubierta con un velo, Sganarelle, Ragotin.)

RAGOTIN

Señor, aquí está una dama, cubierta con un velo, que viene a veros.

DON JUAN

¿Quién podría ser?

SGANARELLE

Habrá que verlo.

DOÑA ELVIRA

No os asombréis, don Juan, de verme a esta hora y con este atuendo. Un motivo apremiante me obliga a haceros esta visita y lo que debo deciros no admite retraso alguno. No he acudido aquí embargada de esa ira que antes mostré y me veis muy diferente de cómo estaba esta mañana. Ya no se trata de la doña Elvira que formulaba votos contra vos y cuya irritada alma sólo lanzaba amenazas y respiraba venganza. El Cielo ha alejado de mi alma todos esos indignos ardores que sentía por vos, todos esos tumultuosos ímpetus de un apego criminal, todos esos vergonzosos arrebatos de un amor terrenal y grosero y sólo ha dejado en mi corazón por vos una llama depurada de todo el comercio de los sentidos, una ternura enteramente santa, un amor totalmente desapegado, que en modo alguno actúa para sí y sólo se preocupa por vuestro interés.

DON JUAN

(En voz baja a Sganarelle.) ¿Estás llorando?

SGANARELLE

Perdonadme.

DOÑA ELVIRA

Ese amor perfecto y puro es el que me ha traído aquí por vuestro bien: para comunicaros un aviso del Cielo e intentar apartaros del precipicio hacia el que corréis. Sí, don Juan, estoy enterada de todos los desenfrenos de vuestra vida y ese mismo Cielo, que me ha embargado el corazón y me ha hecho ver los extravíos de mi conducta, me ha inspirado el propósito de venir a veros y deciros de su parte que vuestras ofensas han agotado su misericordia, que su temible cólera está lista para caer sobre vos, que está en vuestra mano evitarla mediante un pronto arrepentimiento y que tal vez no os quede ni un día para poder substraeros a la mayor de todas las desgracias. Por mi parte, yo ya no me siento unida a vos por vínculo alguno. Me he retractado, gracias al Cielo, de todos mis pensamientos absurdos; mi retirada está decidida y sólo pido vida bastante para poder expiar la falta que he cometido y merecer, mediante una austera penitencia, el perdón de la ceguera en que me habían sumido los arrebatos de una pasión condenable, pero en esa retirada me dolería sobremanera que una persona a la que he querido tiernamente pasara a ser un ejemplo funesto de la justicia del Cielo y será una alegría increíble para mí lograr apartar de vuestra cabeza el espantoso golpe que os amenaza. Os lo suplico, don Juan, concededme, como último favor, ese dulce consuelo; no me neguéis vuestra salvación, que os pido deshecha en lágrimas, y, si no os conmueve vuestro interés, haced que al menos lo hagan mis ruegos y dispensadme del cruel disgusto de veros condenado a suplicios eternos.

SGANARELLE

(Aparte.) ¡Pobre mujer!

DOÑA ELVIRA

Os he amado con una ternura inmensa, nada en el mundo me ha sido tan caro como vos, he olvidado mi deber por vos, he hecho toda clase de cosas por vos y la única recompensa que os pido es la de corregir vuestra vida e impedir vuestra perdición. Salvaos, os lo ruego, por amor de vos o por amor de mí. Una vez más, don Juan, os lo pido con lágrimas en los ojos y, si no bastan las lagrimas de una persona a la que habéis amado, os conjuro a hacerlo por todo lo que pueda conmoveros más.

SGANARELLE

(Aparte y mirando a don Juan.) ¡Corazón de tigre!

DOÑA ELVIRA

Después de haberos dicho todo eso, me voy y eso es todo lo que debía deciros.

DON JUAN

Señora, es tarde, quedaos aquí. Os daremos el mejor alojamiento posible.

DOÑA ELVIRA

No, don Juan, no me retengáis más.

DON JUAN

Señora, me complacería mucho que os quedarais, os lo aseguro.

DOÑA ELVIRA

No, os digo: no perdamos tiempo con palabras superfluas. Dejadme marchar, no pidáis que me acompañen y pensad tan sólo en aprovechar mi aviso.

Escena VII

(Don Juan, Sganarelle, La Violette, Ragotin.)

DON JUAN

¿Sabes que he vuelto a sentir un poco de emoción por ella, que me ha dado gusto esta extraña novedad y que su desaliño indumentario, su expresión lánguida y sus lágrimas han despertado en mí algunos restos de un fuego apagado?

SGANARELLE

Es decir, que sus palabras no os han hecho el menor efecto.

DON JUAN

Venga, a cenar.

SGANARELLE

Muy bien.

DON JUAN

(Mientras se sienta a la mesa.) Sin embargo, Sganarelle, hay que pensar en enmendarse.

SGANARELLE

¡Ya lo creo!

DON JUAN

Sí, la verdad, hay que enmendarse. Otros veinte o treinta años de esta vida y después pensaremos en nosotros.

SGANARELLE

¡Oh!

DON JUAN

¿Qué me dices?

SGANARELLE

Nada. Aquí está la cena. *(Toma un bocado de uno de los platos que le traen y se lo lleva a la boca.)*

DON JUAN

Me parece que tienes la mejilla hinchada: ¿qué es? Habla. ¿Qué tienes ahí?

SGANARELLE

Nada.

DON JUAN

Déjame ver. ¡Ya lo creo! Le ha salido un flemón en la mejilla. ¡Rápido, una lanceta para sajarlo! El pobre muchacho no puede más y este absceso podría asfixiarlo. Espera: ¡mirad lo maduro que estaba! ¡Ah, qué tunante eres!

SGANARELLE

Es que quería ver, señor, si vuestro cocinero había puesto demasiada sal o demasiada pimienta.

DON JUAN

Vamos, siéntate ahí y come. Cuando haya cenado, voy a necesitarte. Por lo que veo, tienes hambre.

SGANARELLE

(Tras sentarse.) Ya lo creo, señor; no he comido nada desde esta mañana. Probad esto, que es lo mejor del mundo. *(A Ragotin, que, a medida que Sganarelle pone algo en su*

plato, se lo quita, en cuanto éste vuelve la cabeza.) Mi plato, mi plato. Despacito, por favor. ¡Vaya, compañerito! ¡Qué prisa te das en dejar los platos limpios! Y tú, La Violette, majo, ¡qué bien sabes servir de beber como Dios manda! *(Mientras La Violette da de beber a Sganarelle, Ragotin vuelve a quitarle el plato.)*

DON JUAN

¿Quién puede llamar de ese modo?

SGANARELLE

¿Quién diablos viene a importunarnos en nuestra cena?

DON JUAN

Quiero cenar tranquilo al menos, que no dejen entrar a nadie.

SGANARELLE

Dejadme a mí. Voy a ver yo mismo.

DON JUAN

(Al ver venir a Sganarelle espantado.) ¿Qué ocurre? ¿Qué hay?

SGANARELLE

(Bajando la cabeza como la estatua…) El… que está aquí.

DON JUAN

Vayamos a ver y demostremos que nada puede hacerme temblar.

SGANARELLE

¡Ah! Pobre Sganarelle, ¿dónde te esconderás?

Escena VIII

(Don Juan, la Estatua del Comendador, que acude a sentarse a la mesa, Sganarelle, La Violette, Ragotin.)

DON JUAN

(A sus servidores.) Una silla y un cubierto. Venga, rápido. *(Don Juan y la Estatua se sientan a la mesa. A Sganarelle.)* Vamos, siéntate a la mesa.

SGANARELLE

Señor, ya no tengo hambre.

DON JUAN

Siéntate ahí, te digo. A beber: a la salud del comendador. Brinda conmigo, Sganarelle. Que le sirvan vino.

SGANARELLE

Señor, no tengo sed.

DON JUAN

Bebe y canta tu canción para agasajar al comendador.

SGANARELLE

Estoy resfriado, señor.

DON JUAN

No importa. Vamos. *(A sus servidores.)* Vosotros, venid, acompañadlo.

LA ESTATUA

Basta, don Juan. Os invito a que vengáis mañana a cenar en mi casa. ¿Tendréis valor para hacerlo?

DON JUAN

Sí, iré, acompañado sólo de Sganarelle.

SGANARELLE

Os lo agradezco, pero mañana es mi día de ayuno.

DON JUAN

(A Sganarelle.) Coge esta antorcha.

LA ESTATUA

Cuando se va guiado por el Cielo, no se necesita luz.

ACTO QUINTO

(La escena representa un campo.)

ESCENA I

(Don Luis, don Juan, Sganarelle.)

DON LUIS

¡Cómo! Hijo mío, ¿es posible que la bondad del Cielo haya hecho realidad mis deseos? ¿De verdad es cierto lo que me dices? ¿No me engañas con una falsa esperanza y puedo sentir cierta seguridad sobre la sorprendente nueva de semejante conversión?

DON JUAN

(*Fingiendo.)* Sí, aquí me tenéis arrepentido de todos mis errores; ya no soy el mismo de ayer y el Cielo ha hecho de repente en mí un cambio que va a sorprender a todo el mundo. Ha tocado mi alma y me ha abierto los ojos y contemplo, horrorizado, la larga ceguera en que he vivido y los desórdenes criminales de la vida que he llevado. Repaso mentalmente todas sus abominaciones y me asombra que el Cielo haya podido soportarlas tanto tiempo y no haya dejado caer veinte veces sobre mi cabeza los golpes de su temible justicia. Veo las gracias que su bondad me ha concedido al no castigarme por mis crímenes y me propongo aprovecharlo como debo, hacer manifestarse ante los ojos del mundo un repentino cambio de vida, reparar con ello el escándalo de mis acciones pasadas y esforzarme por obtener del Cielo una remisión total. A eso voy a dedicarme y os ruego, padre mío, que me ayudéis vos mismo a elegir a una persona que me sirva de guía y bajo cuya dirección pueda avanzar con seguridad por el camino en el que voy a internarme.

DON LUIS

¡Ah, hijo mío! ¡Qué fácil es resucitar el cariño de un padre y qué aprisa se esfuman las ofensas de un hijo ante la menor palabra de arrepentimiento! Ya no recuerdo todos los disgustos que me has dado y todo ha quedado borrado por las palabras que acabas de pronunciar. No quepo en mí, lo confieso: derramo lágrimas de alegría; todos mis deseos han quedado satisfechos y ya no tengo nada más que pedir al Cielo. Abrázame, hijo mío, y persiste –te conjuro– en ese loable pensamiento. Por mi parte, voy a ir ahora mismo a llevar la feliz noticia a tu madre, a compartir con ella los dulces gozos del arrobo que siento y dar las gracias al Cielo por las santas resoluciones que se ha dignado inspirarte.

Escena II

(Don Juan, Sganarelle.)

SGANARELLE

¡Ah, señor! ¡Qué alegría siento al veros convertido! Hace mucho que lo esperaba y ahora veo, gracias al Cielo, todos mis deseos realizados.

DON JUAN

¡Qué pesado es este pánfilo!

SGANARELLE

¡Cómo que pánfilo!

DON JUAN

Pero, ¡cómo! ¿Has tomado como moneda de curso legal lo que acabo de decir y crees que mis labios estaban de acuerdo con mi corazón?

SGANARELLE

¡Cómo! No es... Vos no... Vuestro... *(Aparte.)* ¡Oh! ¡Qué hombre! ¡Qué hombre! ¡Qué hombre!

DON JUAN

No, no, no he cambiado nada y mis sentimientos siguen siendo los mismos.

SGANARELLE

No os rendís ante la sorprendente maravilla de esa estatua que se mueve y habla.

DON JUAN

La verdad es que hay algo en eso que no comprendo, pero, sea lo que fuere, no puede ni convencer a mi entendimiento ni hacer vacilar a mi alma y, si he dicho que quería corregir mi conducta y lanzarme a una forma de vida ejemplar, se trata de un deseo que he concebido por pura astucia, una estratagema útil, un disimulo necesario al que quiero someterme para congraciarme con un padre al que necesito y protegerme, por la parte de los hombres, de cien aventuras enojosas que podrían ocurrirme. Me complace, Sganarelle, hacerte esta confianza y tener un testigo de lo más profundo de mi alma y de los verdaderos motivos que me obligan a actuar como lo hago.

SGANARELLE

¡Cómo! ¿No creéis en absoluto y, aun así, queréis erigiros en hombre de bien?

DON JUAN

¿Y por qué no? ¡Hay tantos otros como yo, que hacen lo mismo y recurren a la misma máscara para engañar al mundo!

SGANARELLE

¡Ah! ¡Qué hombre! ¡Qué hombre!

DON JUAN

Ahora ya no resulta vergonzoso: la hipocresía es un vicio que está de moda y todos los vicios de moda pasan por virtudes. El personaje de hombre de bien es el mejor de todos los que se pueden representar hoy y la profesión de hipócrita presenta ventajas maravillosas. Es un arte cuya impostura siempre es respetada y, aunque se la descubra, no se osa decir nada contra ella. Todos los demás vicios de los hombres están expuestos a la censura y todo el mundo tiene libertad para atacarlos en sumo grado, pero la hipocresía es un vicio privilegiado que con su mano cierra la boca a todo el mundo y goza en reposo de una impunidad soberana. A fuerza de disimulos, se acaba constituyendo una estrecha hermandad con todos los demás miembros del gremio. A quien ofende a uno de ellos se le echan todos encima y quienes actúan –y no se nos oculta– incluso de buena fe al respecto y se sienten afectados por ello son siempre víctimas del engaño de los otros: caen en la trampa de los hipócritas y apoyan ciegamente a los farsantes con sus acciones. ¿A cuántos crees que conozco y que, mediante esa estratagema, han disfrazado diestramente los desórdenes de su juventud, han convertido en un escudo el manto de la religión y, bajo ese respetado abrigo, tienen permiso para ser los más malvados hombres del mundo? De nada sirve que sepamos sus intrigas y los conozcamos como lo que son, no por ello dejan de contar con el crédito de la gente y una inclinación de la cabeza, un suspiro de penitencia y dos visajes de los ojos les sirven para justificar ante el mundo todo lo que pueden hacer. Bajo ese abrigo favorable quiero salvarme yo y preservar con seguridad mis asuntos. En modo alguno voy a abandonar mis gratas costumbres, pero procuraré ocultarme y divertirme sin armar escándalo. Así, si llegan a descubrirme, veré, sin inmutarme, a toda la pandilla hacer suyos mis intereses y defenderlos contra viento y marea. El caso es que ésa es de verdad la forma de hacer impunemente todo lo que quiera. Me erigiré en censor de las acciones ajenas, juzgaré sin piedad a todo el mundo y sólo tendré buena opinión de mí. En cuanto me hayan ofendido una sola vez y por poco que sea, nunca perdonaré y conservaré con sigilo un odio irreconciliable. Haré de vengador de los intereses del Cielo y, con ese cómodo pretexto, acosaré a mis enemigos, los acusaré de impiedad y sabré desencadenar contra ellos a fanáticos indiscretos, que, sin conocimiento de causa, gritarán en público contra ellos, los colmarán de injurias y los condenarán abiertamente con su autoridad privada. Así es como se deben aprovechar las debilidades de los hombres y una persona prudente se acomoda a los vicios de su siglo.

SGANARELLE

¡Oh, Cielos! ¿Qué es lo que oigo aquí? Ya sólo os faltaba ser hipócrita para acabarlo de rematar absolutamente y aquí tenemos el colmo de las abominaciones. Señor, lo que acabáis de decirme me subleva y no puedo por menos de hablar. Haced conmigo lo que deseéis: golpeadme, apaleadme, matadme, si queréis, pero debo desahogar mi corazón y, como criado fiel, deciros lo que pienso. Sabed, señor, que tanto va el cántaro a la fuente, que acaba rompiéndose y, como muy bien dice ese autor que yo no conozco, el hombre está en este mundo como el pájaro en su rama, la rama está pegada al árbol, quien se pega al árbol sigue los buenos preceptos, los buenos preceptos valen más que las bellas palabras, las bellas palabras se encuentran en la Corte, en la Corte están los cortesanos, los cortesanos siguen la moda, la moda nace de la imaginación, la imaginación es una facultad del alma, el alma es lo que nos da la vida, la vida acaba con la muerte, la muerte nos hace pensar en el Cielo, el Cielo está por encima de la Tierra, la tierra no es el mar, el mar está sujeto a las tempestades, las tempestades atormentan a los navíos, los navíos necesitan un buen piloto, un buen piloto tiene prudencia, de prudencia carecen totalmente los jóvenes, los jóvenes deben obediencia a los viejos, a los viejos les gustan las riquezas, las riquezas hacen a los ricos, los ricos no son pobres, los pobres pasan necesidad, la necesidad carece de ley, quien no tiene ley vive como una bestia bruta y, por consiguiente, vos seréis condenado a todos los diablos.

DON JUAN

¡Oh, qué hermoso razonamiento!

SGANARELLE

Si, después de eso, no os rendís, peor para vos.

Escena III

(Don Carlos, don Juan, Sganarelle.)

DON CARLOS

Don Juan, este encuentro es muy oportuno y prefiero hablaros aquí y no en vuestra casa para preguntaros por vuestras resoluciones. Ya sabéis que es un asunto que me atañe y que me hice cargo de él en vuestra presencia. Por mi parte, deseo encarecidamente –no os lo oculto– que todo se haga con calma y estoy dispuesto a poner de mi parte todo lo necesario para incitar a vuestro entendimiento a internarse por esa vía y veros confirmar públicamente a mi hermana su condición de esposa vuestra.

DON JUAN

(Con tono hipócrita.) ¡Ay, qué pena! Desearía con todo mi corazón daros la satisfacción que deseáis, pero el Cielo se opone a ello directamente. Ha inspirado a mi alma el designio de cambiar de vida y ahora no pienso en otra cosa que en abandonar enteramente todos los apegos del mundo, despojarme lo antes posible de toda clase de vanidades y en adelante corregir, mediante una conducta austera, todos los desenfrenos criminales a los que me ha conducido el fuego de una juventud ciega.

DON CARLOS

Ese designio, don Juan, no es incompatible con lo que yo digo y la compañía de una mujer legítima tampoco lo es con los loables pensamientos que el Cielo os inspira.

DON JUAN

¡Ay, qué pena! En modo alguno es así. Es un designio que vuestra propia hermana ha adoptado; ha resuelto retirarse y los dos nos hemos visto afectados por él al mismo tiempo.

DON CARLOS

Su retirada no puede satisfacernos, pues se podría atribuirla al menosprecio que le infligiríais a ella y a nuestra familia y nuestro honor exige que viva con vos.

DON JUAN

Os aseguro que no es posible. Por mi parte, yo lo deseaba con toda el alma y aún hoy he invocado al Cielo al respecto, pero, cuando lo he consultado, he oído una voz según la cual no debía pensar en vuestra hermana, pues con ella en modo alguno lograría mi salvación.

DON CARLOS

¿Creéis, don Juan, poder cegarnos con esas hermosas excusas?

DON JUAN

Obedezco a la voz del Cielo.

DON CARLOS

¡Cómo! ¿Queréis que me contente con semejante discurso?

DON JUAN

Así lo quiere el Cielo.

DON CARLOS

¿Habréis hecho salir a mi hermana de un convento para después dejarla?

DON JUAN

Así lo ordena el Cielo.

DON CARLOS

¿Habremos de soportar esa mácula en nuestra familia?

DON JUAN

Pedid cuentas al Cielo.

DON CARLOS

Pero, ¡cómo! ¡Otra vez el Cielo!

DON JUAN

Así lo desea el Cielo.

DON CARLOS

Basta, don Juan, ya he entendido. No es aquí donde quiero habérmelas con vos, no es el lugar apropiado, pero no tardaré en volver a encontraros.

DON JUAN

Haced lo que os plazca. Sabéis que no carezco de coraje y que sé utilizar mi espada cuando hace falta. Dentro de un rato voy a pasar por esa callecita apartada que conduce al gran convento, pero, por mi parte, os declaro que no soy quien quiere batirse, el Cielo me veda ese pensamiento y, si me atacáis, ya veremos lo que sucede.

DON CARLOS

Lo veremos, en verdad, lo veremos.

Escena IV

(Don Juan, Sganarelle.)

SGANARELLE

Señor, ¿qué demonio de talante estáis adoptando? Esto es mucho peor que todo lo demás y os preferiría con mucho tal como erais antes. Siempre abrigaba la esperanza de vuestra salvación, pero ahora es cuando desespero y creo que el Cielo, que os ha soportado hasta ahora, no podrá hacerlo con este último horror.

DON JUAN

Anda, anda, el Cielo no es tan riguroso como crees y si todas las veces en que los hombres…

SGANARELLE

(Al ver al Espectro.) ¡Ay, señor! Es el Cielo el que os habla y un aviso es lo que os da.

DON JUAN

Si el Cielo me da un aviso y quiere que lo entienda, es necesario que hable un poco más claramente.

Escena V

(Don Juan, Sganarelle, un Espectro, con figura de mujer tapada.)

EL ESPECTRO

Don Juan sólo dispone de un momento para poder aprovechar la misericordia del Cielo y, si no se arrepiente ahora mismo, su perdición está decidida.

SGANARELLE

¿Oís, señor?

DON JUAN

¿Quién se atreve a pronunciar esas palabras? Creo conocer esa voz.

SGANARELLE

¡Ay, señor! Es un espectro, lo reconozco por sus andares.

DON JUAN

Espectro, fantasma o diablo, quiero ver lo que es. *(El Espectro cambia de figura y representa al Tiempo con su guadaña en la mano.)*

SGANARELLE

¡Oh, Cielos! ¿Veis, señor, ese cambio de figura?

DON JUAN

No, no, nada puede infundirme terror y quiero comprobar con mi espada si es un cuerpo o un espíritu. *(El Espectro se esfuma en el momento en que don Juan quiere ensartarlo.)*

SGANARELLE

¡Ay, señor! Convenceos ante tantas pruebas y sumíos aprisa en el arrepentimiento.

DON JUAN

No, no, ocurra lo que ocurra, no se podrá decir que soy capaz de arrepentirme. Vamos, sígueme.

Escena VI

(La Estatua del Comendador, don Juan, Sganarelle.)

LA ESTATUA

Deteneos, don Juan. Ayer me disteis vuestra palabra de que vendríais a comer conmigo.

DON JUAN

Sí, ¿adónde hay que ir?

LA ESTATUA

Dadme la mano.

DON JUAN

Aquí la tenéis.

LA ESTATUA

Don Juan, el empecinamiento en el pecado entraña una muerte funesta y las gracias del Cielo rechazadas abren paso a sus rayos.

DON JUAN

¡Oh, Cielos! ¿Qué siento? Un fuego invisible me quema, no puedo soportarlo, ¡y todo mi cuerpo es un brasero ardiente! ¡Ay! *(El rayo cae con grandes truenos y relámpagos sobre don Juan. La tierra se abre y lo abisma y del lugar en que ha caído salen grandes llamas.)*

SGANARELLE

¡Ah! ¡Mi salario! ¡Mi salario! Con su muerte, todo el mundo queda –mira por dónde– satisfecho. Cielo ofendido, leyes violadas, muchachas seducidas, familias deshonradas, padres ultrajados, mujeres presa de la perdición, maridos fuera de sí: todo el mundo está contento. Sólo yo soy desdichado, pues, después de tantos años de servicio, no tengo otra recompensa que la de ver con mis propios ojos la impiedad de mi amo castigada con el más espantoso castigo del mundo. ¡Mi salario, mi salario, mi salario!

DON GIOVANNI

Libreto de Lorenzo da Ponte

Dramma giocoso en dos actos.
Libreto de Lorenzo da Ponte basado en *El burlador de Sevilla* de Tirso de Molina y en el libreto de Giovanni Bertati para la ópera de Giuseppe Gazzaniga *Don Giovanni Tenorio, o sia, il convitato di pietra.*
Música de Wolfgang Amadeus Mozart.
(Versión de 1787 del estreno en el Teatro Nacional de Praga.)

PERSONAJES

DON GIOVANNI, caballero libertino, *barítono*
DONNA ANNA, enamorada de Don Ottavio, *soprano*
DON OTTAVIO, caballero prometido de Donna Anna, *tenor*
EL COMENDADOR, padre de Donna Anna, *bajo*
DONNA ELVIRA, dama abandonada por Don Giovanni, *soprano*
LEPORELLO, criado de Don Giovanni, *bajo*
MASETTO, campesino prometido de Zerlina, *barítono*
ZERLINA, campesina prometida de Masetto, *mezzo-soprano*

La acción transcurre en la España del siglo XVII.

ATTO PRIMO

SCENA I

(Giardino. Notte. Leporello, con ferraiolo, passeggia davanti alla casa di Donna Anna; indi Don Giovanni e Donna Anna ed in ultimo il Commendatore. Leporello, entrando dal lato destro con lanterna in mano, s'avanza cauto e circospetto.)

LEPORELLO

Notte e giorno faticar,
per chi nulla sa gradir,
piova e vento sopportar,
Mangiar male e mal dormir.
Voglio far il gentiluomo
e non voglio più servir…
Oh che caro galantuomo!
Vuoi star dentro colla bella,
ed io far la sentinella!
Voglio far il gentiluomo
e non voglio più servir…
Ma mi par che venga gente;
non mi voglio far sentir.

(Si ritira. Don Giovanni esce dal palazzo del Commendatore inseguito da Donna Anna; cerca coprirsi il viso ed è avvolto in un lungo mantello.)

ACTO PRIMERO

ESCENA I

(Un jardín. Es de noche. Leporello, arrebujado en una capa, se pasea delante de la casa de Donna Anna. Salen Don Giovanni y Donna Ana, luego sale el Comendador. Leporello entra por la derecha con una linterna en la mano y avanza cauto y circunspecto.)

LEPORELLO

Fatigarse noche y día
para uno que nada agradece;
soportar lluvia y viento,
mal comer y mal dormir...
Quiero ser un gentilhombre
y no quiero servir más.
¡Oh, qué amable el caballero!
Él dentro con la dama
y yo aquí haciendo de centinela.
Quiero ser un gentilhombre
y no quiero servir más.
Me parece que alguien viene;
no quiero que me descubran.

(Se retira. Del palacio del Comendador llegan apresuradamente Don Giovanni y Donna Anna, que intenta ver su rostro. Don Giovanni se cubre con la capa.)

DONNA ANNA

(Trattenendo Don Giovanni.)

Non sperar, se non m'uccidi,
ch'io ti lasci fuggir mai!

DON GIOVANNI

(Sempre cercando di celarsi.)

Donna folle! Indarno gridi,
chi son io tu non saprai!

LEPORELLO

(Avanzandosi.)

Che tumulto!
Oh ciel, che gridi!
Il padron in nuovi guai.

DONNA ANNA

Gente! Servi! Al traditore!

DON GIOVANNI

Taci e trema al mio furore!

DONNA ANNA

Scellerato!

DONNA ANNA

(Reteniendo a Don Giovanni.)

No esperes, si no me matas,
que te permita escapar.

DON GIOVANNI

(Tratando de ocultarse el rostro.)

¡Insensata! ¡En vano gritas,
no has de saber quién soy!

LEPORELLO

(Avanzando.)

¡Qué tumulto!
¡Oh cielos! ¡Qué gritos!
Mi patrón de nuevo en problemas.

DONNA ANNA

¡Aquí, siervos! ¡Al traidor!

DON GIOVANNI

Calla y ¡teme mi furor!

DONNA ANNA

¡Miserable!

DON GIOVANNI

Sconsigliata!

LEPORELLO

Sta a veder che il malandrino
mi farà precipitar!

DONNA ANNA

Come furia disperata
ti saprò perseguitar!

DON GIOVANNI

Questa furia disperata
mi vuoi far precipitar!

IL COMMENDATORE

(Con spada e lume.)

Lasciala, indegno!

(Donna Anna, udendo la voce del padre, lascia Don Giovanni ed entra in casa.)

Battiti meco!

DON GIOVANNI

¡Imprudente!

LEPORELLO

Seguro que el libertino
me lleva a la perdición.

DONNA ANNA

Con toda mi furia
iré en tu persecución.

DON GIOVANNI

Tal furia desesperada
ansía mi perdición.

COMENDADOR

(Con espada y linterna.)

¡Déjala, indigno!

(Donna Anna, al oír la voz de su padre, deja a Don Giovanni y entra en casa.)

¡Bátete conmigo!

DON GIOVANNI

Va, non mi degno
di pugnar teco.

IL COMMENDATORE

Così pretendi da me fuggir?

LEPORELLO

Potessi almeno di qua partir!

DON GIOVANNI

Misero, attendi,
se vuoi morir!

(Si battono. Il Commendatore è mortalmente ferito.)

IL COMMENDATORE

Ah, soccorso! Son tradito!
L'assassino m'ha ferito,
e dal seno palpitante
sento l'anima partir.

DON GIOVANNI

Ah, già cade il sciagurato,
affannoso e agonizzante,
già dal seno palpitante
veggo l'anima partir.

DON GIOVANNI

¡Marcha!
No me digno a luchar contigo.

COMENDADOR

¿Así pretendes huir de mí?

LEPORELLO

¡Si al menos pudiera escapar...!

DON GIOVANNI

¡Miserable,
prepárate para morir!

(Se baten. El Comendador es mortalmente herido.)

COMENDADOR

¡Ah, socorro! El asesino
me ha traicionado, me ha herido,
y del pecho palpitante
siento el alma partir.

DON GIOVANNI

¡Ah! Ya cae el desdichado,
angustiado y agonizante,
ya del pecho palpitante
veo su alma partir.

LEPORELLO

Qual misfatto! Qual eccesso!
Entro il sen dallo spavento
palpitar il cor mi sento!
Io non so che far, che dir.

(Il Commendatore muore.)

Scena II

DON GIOVANNI

(Sottovoce.)

Leporello, ove sei?

LEPORELLO

Son qui, per mia disgrazia,
e voi?

DON GIOVANNI

Son qui.

LEPORELLO

Chi è morto, voi o il vecchio?

LEPORELLO

¡Qué crimen, qué fechoría!
En el pecho, del espanto
me palpita el corazón.
No sé qué hacer, ni qué decir.

(El Comendador expira.)

Escena II

DON GIOVANNI

(En voz baja.)

Leporello, ¿dónde estás?

LEPORELLO

Estoy aquí, para mi desgracia.
¿Y vos?

DON GIOVANNI

¡Estoy aquí!

LEPORELLO

¿Quién ha muerto? ¿Vos o el viejo?

DON GIOVANNI

Che domanda da bestia! Il vecchio.

LEPORELLO

Bravo, due imprese leggiadre!
Sforzar la figlia
ed ammazzar il padre!

DON GIOVANNI

L'ha voluto, suo danno.

LEPORELLO

Ma Donna Anna, cosa ha voluto?

DON GIOVANNI

Taci, non mi seccar,
vien meco,
se non vuoi qualche cosa ancor tu!

LEPORELLO

Non vo' nulla, signor,
non parlo più.

(Alzando da terra la lanterna ed il mantello. Partono.)

DON GIOVANNI

¡Qué pregunta más tonta! El viejo.

LEPORELLO

¡Bravo!
Dos impresionantes hazañas:
¡violar a la hija y matar al padre!

DON GIOVANNI

Él lo ha querido de este modo.

LEPORELLO

Y Donna Anna ¿qué ha querido?

DON GIOVANNI

Cállate, no me molestes.
Ven conmigo,
si no quieres recibir tú también.

LEPORELLO

No quiero nada, señor;
no hablo más.

(Recoge la linterna y la capa y salen.)

Scena III

(Don Ottavio, Donna Anna e servi con lumi.)

DONNA ANNA

Ah, del padre in periglio
in soccorso voliam.

DON OTTAVIO

(Con ferro ignudo in mano.)

Tutto il mio sangue verserò,
se bisogna.
Ma dov'è il scellerato?

DONNA ANNA

In questo loco…

(Vede il cadavere.)

Ma qual mai s'offre, o Dei,
spettacolo funesto agli occhi miei!
Il padre…! Padre mio…!
Mio caro padre…!

DON OTTAVIO

Signore!

Escena III

(Don Ottavio, Donna Anna y criados con luces.)

DONNA ANNA

¡Ah, vayamos en auxilio
de mi padre en peligro!

DON OTTAVIO

(Con la espada desenvainada.)

¡Toda mi sangre derramaré,
si es preciso!
Mas, ¿dónde está el infame?

DONNA ANNA

En este lugar...

(Descubre el cadáver de su padre.)

Mas, ¡qué funesto espectáculo,
oh dioses, se ofrece a mis ojos!
El padre, mi padre...
¡Oh, mi querido padre!

DON OTTAVIO

¡Señor!

DONNA ANNA

Ah, l'assassino mel trucidò.
Quel sangue, quella piaga,
quel volto,
tinto e coperto del color di morte,
ei non respira più,
fredde ha le membra.
Padre mio…! Caro padre…!
Padre amato…!
Io manco… io moro.

(Sviene.)

DON OTTAVIO

Ah, soccorrete, amici,
il mio tesoro!
Cercatemi, recatemi
qualche odor, qualche spinto.
Ah! Non tardate.

(Partono due servi.)

Donna Anna! Sposa! Amica!
II duolo estremo
la meschinella uccide.

DONNA ANNA

Ahi!

DONNA ANNA

¡Ah! El criminal lo ha asesinado.
Esa sangre, esa herida, ese rostro,
teñido y cubierto del color
de la muerte.
Ya no respira,
fríos tiene los miembros.
¡Padre mío! ¡Querido padre!
¡Padre amado!
Me desmayo... me muero.

(Se desmaya.)

DON OTTAVIO

¡Ah! ¡Socorred, amigos,
a mi tesoro!
¡Buscad...
traedme cualquier elixir, sales!
¡Ah! ¡No tardéis!

(Salen dos criados.)

¡Donna Anna! ¡Esposa, amiga!
El dolor extremo
la está matando.

DONNA ANNA

Ah...

DON OTTAVIO

Già rinviene…

(Ritornano i servi.)

Datele nuovi aiuti.

DONNA ANNA

Padre mio!

DON OTTAVIO

Celate, allontanate agli occhi suoi
quell'oggetto d'orrore.

(Viene portato via il cadavere.)

Anima mia, consolati, fa core.

DONNA ANNA

(Disperatamente.)

Fuggi, crudele, fuggi!
Lascia che mora anchi'io
ora che è morto, oh Dio!,
chi a me la vita die'.

DON OTTAVIO

Ya vuelve en sí.

(Los criados vuelven.)

Prestadle nuevos auxilios.

DONNA ANNA

¡Padre mío!

DON OTTAVIO

Ocultad, retirad de su vista
ese objeto de horror.

(Los criados se llevan el cadáver.)

¡Alma mía, consuélate, ten coraje!

DONNA ANNA

(Desesperadamente.)

¡Aléjate, cruel, aléjate!
Déjame morir también a mí,
ya que ha muerto, ¡oh Dios!,
quien la vida me dio.

DON OTTAVIO

Senti, cor mio, Dei! senti;
guardami un solo istante!
Ti parla il caro amante,
che vive sol per te.

DONNA ANNA

Tu sei…! Perdon, mio bene.
L'affanno mio, le pene…
Ah! Il padre mio dov'è?

DON OTTAVIO

Il padre? Lascia, oh cara,
la rimembranza amara.
Hai sposo e padre in me.

DONNA ANNA

Ah! Vendicar, se il puoi,
giura quel sangue ognor!

DON OTTAVIO

Lo giuro agli occhi tuoi,
lo giuro al nostro amo!

A DUE

Che giuramento, oh Dei!
Che barbaro momento!

DON OTTAVIO

Escúchame, corazón mío,
escúchame, un solo instante;
te habla el enamorado
que vive sólo para ti.

DONNA ANNA

¡Eres tú! Perdón, mi bien.
Mi angustia, la pena...
¡Ah!, ¿dónde está mi padre?

DON OTTAVIO

Tu padre... Aleja, oh querida,
el amargo recuerdo:
esposo y padre tienes en mí.

DONNA ANNA

¡Ah! ¡Jura que vengarás,
si puedes, esa sangre!

DON OTTAVIO

¡Lo juro por tus ojos!
¡Lo juro por nuestro amor!

DONNA ANNA, DON OTTAVIO

¡Qué juramento, oh Dios!
¡Qué terrible momento!

Tra cento affetti e cento
vammi ondeggiando il cor.

(Partono.)

Scena IV

(Notte. Strada. Don Giovanni e Leporello, poi Donna Elvira in abito da viaggio.)

DON GIOVANNI

Orsù, spicciati presto. Cosa vuoi?

LEPORELLO

L'affar di cui si tratta
è importante.

DON GIOVANNI

Lo credo.

LEPORELLO

È importantissimo.

DON GIOVANNI

Meglio ancora. Finiscila.

Mi corazón vacila entre
centenares de sentimientos.

(Entran en el palacio.)

Escena IV

(Noche. Don Giovanni y Leporello, después Donna Elvira vestida de viaje.)

DON GIOVANNI

Vamos, acorta, ¿qué quieres?

LEPORELLO

El asunto de que se trata
es muy importante.

DON GIOVANNI

Lo creo.

LEPORELLO

Es importantísimo.

DON GIOVANNI

¡Mejor aún! Finaliza ya.

LEPORELLO

Giurate di non andar in collera.

DON GIOVANNI

Lo giuro sul mio onore,
purché non parli
del Commendatore.

LEPORELLO

Siamo soli.

DON GIOVANNI

Lo vedo.

LEPORELLO

Nessun ci sente.

DON GIOVANNI

Via!

LEPORELLO

Vi posso dire tutto liberamente?

DON GIOVANNI

Sì.

LEPORELLO

Jurad que no os iréis encolerizado.

DON GIOVANNI

Lo juro por mi honor,
a no ser que me hables
del Comendador.

LEPORELLO

¿Estamos solos?

DON GIOVANNI

Eso creo.

LEPORELLO

¿Nadie puede oírnos?

DON GIOVANNI

¡Venga ya!

LEPORELLO

¿Puedo hablaros libremente?

DON GIOVANNI

¡Sí!

LEPORELLO

Dunque quando è così,
caro signor padrone,
la vita che menate

(All'orecchio, ma forte.)

è da briccone.

DON GIOVANNI

Temerario, in tal guisa...

LEPORELLO

E il giuramento?

DON GIOVANNI

Non so di giuramento.
Taci, o ch'io...

LEPORELLO

Non parlo più, non fiato,
oh padron mio.

DON GIOVANNI

Così saremo amici.
Or odi un poco:
sai tu perchè son qui?

LEPORELLO

En ese caso, siendo así,
querido amo,
la vida que lleváis...

(Al oído, pero fuerte.)

es la de un bribón.

DON GIOVANNI

¡Temerario! ¿Cómo te atreves...?

LEPORELLO

¿Y el juramento?

DON GIOVANNI

¡Nada sé de juramentos!
Calla o te...

LEPORELLO

No hablo más, ni respiro,
oh amo mío.

DON GIOVANNI

Así seremos amigos.
Ahora escúchame:
¿sabes por qué estoy aquí?

LEPORELLO

Non ne so nulla.
Ma essendo l'alba chiara,
non sarebbe
qualche nuova conquista?
Io lo devo saper
per porla in lista.

DON GIOVANNI

Va la, che sei il grand'uom!
Sappi ch'io sono innamorato
d'una bella dama,
e son certo che m'ama.
La vidi, le parlai;
meco al casino
questa notte verrà…

(Viene dal fondo Donna Elvira.)

Zitto, mì pare sentire odor di femmina.

LEPORELLO

Cospetto, che odorato perfetto!

DON GIOVANNI

All'aria mi par bella.

LEPORELLO

No sé nada.
Mas, estando ya clara el alba,
¿no se tratará
de una nueva conquista?
Debo saberlo
para ponerla en la lista.

DON GIOVANNI

¡En verdad eres único!
Has de saber que estoy enamorado
de una bella dama,
y sé con certeza que ella me ama.
La vi, le hablé;
conmigo al pabellón
vendrá esta noche...

(Viene desde el fondo Donna Elvira.)

¡Silencio! Me parece percibir olor de mujer.

LEPORELLO

¡Qué olfato más perfecto!

DON GIOVANNI

Y diría que es hermosa.

LEPORELLO

(Fra sé.)

E che occhio, dico!

DON GIOVANNI

Ritiriamoci un poco,
e scopriamo terren.

LEPORELLO

Già prese foco!

(Vanno in disparte.)

SCENA V

(Donna Elvira e detti.)

DONNA ELVIRA

Ah, chi mi dice mai
quel barbaro dov'è,
che per mio scorno amai,
che mi mancò di fe?
Ah, se ritrovo l'empio
e a me non torna ancor,
vo' farme orrendo scempio,
gli vo' cavare il cor.

LEPORELLO

(Para sí.)

¡Y qué buen ojo!

DON GIOVANNI

Retirémonos un poco
y observemos el terreno.

LEPORELLO

¡Ya está inflamado!

(Se esconden.)

Escena V

(Donna Elvira y los mencionados.)

DONNA ELVIRA

¡Ah! ¿Quién me dirá
dónde está el bárbaro
a quien para mi pena amé
y que me fue infiel?
¡Ah, si encuentro al impío
y no vuelve a mí,
haré en él un horrendo destrozo:
le arrancaré el corazón!

DON GIOVANNI

(Piano a Leporello.)

Udisti?
Qualche bella
dal vago abbandonata.
Poverina! Cerchiam di
consolare il suo tormento.

LEPORELLO

(Fra sé.)

Così ne consolò
mille e ottocento.

DON GIOVANNI

Signorina…

DONNA ELVIRA

Chi è là?

DON GIOVANNI

Stelle! Che vedo!

LEPORELLO

Oh bella! Donna Elvira!

DON GIOVANNI

(A Leporello.)

¿Has oído?
Una bella abandonada
por su amante.
¡Pobrecilla! Intentaremos
dar consuelo a su tormento.

LEPORELLO

(Para sí.)

Así ha consolado ya
a mil ochocientas.

DON GIOVANNI

¡Señorita!

DONNA ELVIRA

¿Quién anda ahí?

DON GIOVANNI

¡Estrellas! ¡Qué veo!

LEPORELLO

¡Lo que faltaba! ¡Donna Elvira!

DONNA ELVIRA

Don Giovanni...!
Sei qui, mostro, fellon,
nido d'inganni!

LEPORELLO

(Fra sé.)

Che titoli cruscanti!
Manco male che lo conosce bene!

DON GIOVANNI

Via, cara Donna Elvira,
calmate quella collera... Sentite...
Lasciatemi parlar...

DONNA ELVIRA

Cosa puoi dire,
dopo azion sì nera?
In casa mia entri furtivamente,
a forza d'arte, di giuramenti
e di lusinghe arrivi
a sedurre il cor mio;
m'innamori, oh crudele!
Mi dichiari tua sposa,
e poi, mancando della terra
e del ciel al santo dritto,
con enorme delitto

DONNA ELVIRA

¡Don Giovanni!
¡Estás aquí, monstruo,
felón, nido de engaños!

LEPORELLO

(Para sí.)

¡Qué castizos elogios!
¡Menos mal que lo conoce bien!

DON GIOVANNI

¡Por favor! ¡Querida Donna Elvira,
calmad esa cólera...! Oídme...
Dejadme hablar.

DONNA ELVIRA

¿Qué puedes decir
después de tal acción?
En mi casa entras furtivamente;
a fuerza de artimañas,
de juramentos y de halagos
consigues seducir mi corazón:
me enamoras, ¡oh cruel!
Me declaras tu esposa.
Y luego, faltando de la tierra
y del cielo las sagradas leyes,
con enorme delito

dopo tre dì da Burgos t'allontani.
M'abbandoni, mi fuggi,
e lasci in preda
al rimorso ed al pianto,
per pena forse che t'amai cotanto!

LEPORELLO

(Fra sé.)

Pare un libro stampato!

DON GIOVANNI

Oh, in quanto a questo,
ebbi le mie ragioni.
È vero?

LEPORELLO

È vero.
E che ragioni forti!

DONNA ELVIRA

E quali sono,
se non la tua perfidia,
la leggerezza tua?
Ma il giusto cielo
volle ch'io ti trovassi,
per far le sue, le mie vendette.

a los tres días te alejas de Burgos.
¡Me abandonas, huyes de mí,
y me dejas presa de remordimientos
y del llanto, como castigo
por haberte amado tanto!

LEPORELLO

(Para sí.)

¡Habla como un libro abierto!

DON GIOVANNI

¡Oh! En cuanto a eso,
tuve mis motivos.
¿No es verdad?

LEPORELLO

¡Es verdad!
¡Y qué grandes motivos!

DONNA ELVIRA

¿Y cuáles son,
sino tu perfidia y tu ligereza?
Mas el justo cielo
ha querido que te encuentre
para cumplir su venganza
y la mía.

DON GIOVANNI

Eh via!
Siate più ragionevole…!

(Fra sé.)

Mi pone a cimento costei!

(A Donna Elvira.)

Se non credete a labbro mio,
credete a questo galantuomo.

LEPORELLO

Salvo il vero.

DON GIOVANNI

Via, dille un poco…

LEPORELLO

(Sottovoce a Don Giovanni.)

E cosa devo dirle?

DON GIOVANNI

Si, si, dille pur tutto.

(Parte non visto da Donna Elvira.)

DON GIOVANNI

¡Por favor!
Intentad ser más razonable.

(Para sí.)

¡Ésta pone a prueba mi paciencia!

(A Donna Elvira.)

Si no creéis en mis palabras,
creed a este caballero.

LEPORELLO

Sólo la verdad.

DON GIOVANNI

Anda: cuéntale un poco...

LEPORELLO

(Aparte a Don Giovanni.)

¿Y qué debo decirle?

DON GIOVANNI

Sí, sí, díselo todo.

(Sale sin ser visto por Donna Elvira.)

DONNA ELVIRA

Ebben, fa presto.

LEPORELLO

Madama… veramente…
in questo mondo
con-cios-sia cosa
quando fosse ché…
il quadro non è tondo…

DONNA ELVIRA

Sciagurato!
Così del mio dolor giuoco
ti prendi. Ah! Voi…

(Verso Don Giovanni che non crede partito.)

Stelle! L'iniquo fuggì!
Misera me!
Dov'è? In qual parte?

LEPORELLO

Eh! Lasciate che vada.
Egli non merta
che di lui ci pensiate.

DONNA ELVIRA

Y bien, ¡date prisa!

LEPORELLO

Señora, verdaderamente...
en este mundo...,
parece claro que,
como quiera que sea que...
el cuadrado no es redondo...

DONNA ELVIRA

¡Miserable!
¿Así te burlas de mi dolor?
¡Ah vos!

(Volviéndose hacia donde estaba anteriormente Don Giovanni.)

¡Cielos! ¡El malvado huyó!
¡Pobre de mí!
¿Adónde? ¿A qué lugar?

LEPORELLO

Eh, ¡dejad que se marche!
Ése no se merece
que penséis en él.

DONNA ELVIRA

Il scellerato m'ingannò,
mi tradì…

LEPORELLO

Eh! Consolatevi;
non siete voi,
non foste,
e non sarete né la prima,
né l'ultima.
Guardate:
questo non picciol libro
è tutto pieno
dei nomi di sue belle…

(Cava di tasca una lista.)

Ogni villa, ogni borgo, ogni paese
è testimon di sue donnesche imprese.
Madamina, il catalogo è questo
delle belle che amò il padron mio;
un catalogo egli è che ho fatti'io;
osservate, leggete con me.
In Italia seicento e quaranta;
in Allemagna duecento e trentuna;
cento in Francia,
in Turchia novantuna;
ma in Ispagna son già mille e tre.
V'han fra queste contadine,
cameriere, cittadine,

DONNA ELVIRA

El pérfido me engañó,
me traicionó...

LEPORELLO

¡Eh, consolaos!
Vos no sois,
ni seréis
la primera
ni la última.
Mirad:
este pequeño libro de nada
está totalmente lleno
de nombres de sus amantes.

(Saca una larga lista.)

Cada villa, cada aldea, cada pueblo
es testigo de sus andanzas donjuanescas.
Señora mía, éste es el catálogo
de las bellas que amó mi señor;
es un catálogo hecho por mí.
Observad, leed conmigo.
En Italia, seiscientas cuarenta,
en Alemania, doscientas treinta y una,
cien en Francia,
en Turquía noventa y una.
¡Pero en España ya van mil tres!
Hay entre ellas campesinas,
camareras, ciudadanas,

v'han contesse, baronesse,
marchesine, principesse.
E v'han donne d'ogni grado,
d'ogni forma, d'ogni età.
Nella bionda egli ha l'usanza
di lodar la gentilezza,
nella bruna la costanza,
nella bianca la dolcezza.
Vuol d'inverno la grassotta,
vuol d'estate la magrotta;
è la grande maestosa,
la piccina e ognor vezzosa.
Delle vecchie fa conquista
pel piacer di porle in lista;
sua passion predominante
è la giovin principiante.
Non si picca - se sia ricca,
se sia brutta, se sia bella;
purché porti la gonnella,
voi sapete quel che fa.

(Parte.)

Scena VI

(Donna Elvira sola.)

DONNA ELVIRA

In questa forma dunque
mi tradì il scellerato!

hay condesas, baronesas,
marquesas, princesas.
Hay mujeres de todos los rangos,
de todos los tipos,
de todas las edades.
De la rubia suele alabar la gentileza;
de la morena, la constancia;
de la canosa, la dulzura.
En invierno prefiere la llenita;
en verano, la delgadita.
La alta es majestuosa;
la pequeña es siempre encantadora.
A las viejas las conquista
por el placer de ponerlas en la lista.
Su pasión predominante
es la joven principiante.
Le da igual que sea rica,
que sea fea, que sea hermosa;
con tal de que lleve faldas,
¡vos ya sabéis lo que hace!

(Sale.)

ESCENA VI

(Donna Elvira sola.)

DONNA ELVIRA

¿Así me traicionó
el malvado?

È questo il premio
che quel barbaro rende all'amor mio?
Ah! Vendicar vogl'io
l'ingannato mio cor.
Pria ch'ei mi fugga,
si ricorra… si vada…
Io sento in petto
sol vendetta parlar,
rabbia e dispetto.

(Parte.)

Scena VII

(Zerlina, Masetto, coro di contadini d'ambo i sessi, che cantano, suonano e ballano.)

ZERLINA

Giovinette che fate all'amore,
non lasciate che passi l'età!
Se nel seno vi bulica il core,
il rimedio vedetelo qua!
La ra la, la ra la, la ra la.
Che piacer, che piacer che sarà!

CORO

Che piacer, che piacer che sarà!
La ra la, ecc.

¡Y es éste el premio
que ese bárbaro da a mi amor!
¡Ah! Quiero vengar
a mi corazón engañado
antes de que huya,
se escape... se vaya...
Sólo siento en el pecho
la voz de la venganza,
la rabia y el despecho.

(Sale.)

Escena VII

(Zerlina, Masetto y coro de campesinos y campesinas que cantan, tocan y bailan.)

ZERLINA

Jovencitas que amáis,
no dejéis que pase la edad.
Si en el pecho os arde el corazón,
ved aquí el remedio.
La ra la, la ra la, la ra la.
¡Ah, qué dulce! ¡Qué dulce será!

CORO

¡Ah, qué dulce! ¡Qué dulce será!
La ra la, etc.

MASETTO

Giovinetti leggeri di testa,
non andate girando di là.
Poco dura de' matti la festa,
ma per me cominciato non ha.
Che piacer, che piacer che sarà!

CORO

La ra la, ecc.

ZERLINA, MASETTO

Vieni, vieni, carino, godiamo,
E cantiamo e balliamo e suoniamo!
Che piacer, che piacer che sarà!

Scena VIII

(Don Giovanni, Leporello e detti.)

DON GIOVANNI

Manco male, è partita.
Oh guarda, che
bella gioventù;
che belle donne!

MASETTO

Jovencitos de poco seso,
no andéis rondando de acá para allá.
Poco dura la fiesta de los locos,
mas para mí aún no ha empezado.
¡Ah, qué dulce! ¡Qué dulce será!

CORO

La ra la, etc.

ZERLINA, MASETTO

¡Ven, querido, gocemos!
¡Y cantemos, bailemos, toquemos!
¡Qué dulce! ¡Qué dulce será!

Escena VIII

(Don Giovanni, Leporello y los mencionados.)

DON GIOVANNI

Menos mal que se fue.
¡Oh! ¡Mira, mira!
¡Qué bella juventud,
qué bellas mujeres!

LEPORELLO

(Fra sé.)

Fra tante, per mia fè,
vi sarà qualche cosa anche per me.

DON GIOVANNI

Cari amici, buon giorno.
Seguitate a stare allegramente,
seguitate a suonar, buona gente.
C'è qualche sposalizio?

ZERLINA

Si, signore, e la sposa, son io.

DON GIOVANNI

Me ne consolo. Lo sposo?

MASETTO

Io, per servirlo.

DON GIOVANNI

Oh bravo! Per servirmi;
questo è vero parlar da galantuomo.

LEPORELLO

(Para sí.)

¡A fe mía, que entre tantas
a mí también me tocará alguna!

DON GIOVANNI

¡Queridos amigos, buenos días!
Seguid con vuestra alegría,
seguid tocando, buena gente.
¿Se trata de alguna boda?

ZERLINA

Sí, señor, y yo soy la esposa.

DON GIOVANNI

Mi enhorabuena. ¿Y el esposo?

MASETTO

Yo, para servirle.

DON GIOVANNI

¡Oh! ¡Bravo! ¡Para servirme!
Así habla un caballero.

LEPORELLO

(Fra sé.)

Basta che sia marito.

ZERLINA

Oh, il mio Masetto
è un uom d'ottimo core.

DON GIOVANNI

Oh anch'io, vedete!
Voglio che siamo amici.
Il vostro nome?

ZERLINA

Zerlina.

DON GIOVANNI

(A Masetto.)

E il tuo?

MASETTO

Masetto.

LEPORELLO

(Para sí.)

Basta que sea un marido.

ZERLINA

Oh, mi Masetto
es hombre de gran corazón.

DON GIOVANNI

¡Oh, también yo, ya veis!
Quiero que seamos amigos.
¿Vuestro nombre?

ZERLINA

Zerlina.

DON GIOVANNI

(A Masetto.)

¿Y el vuestro?

MASETTO

Masetto.

Oh caro il mio Masetto!
Cara la mia Zerlina!
V'esibisco la mia protezione.
Leporello?

(A Leporello che fa scherzi alle altre contadine.)

Cosa fai lì, birbone?

LEPORELLO

Anch'io, caro padrone,
esibisco la mia protezione.

DON GIOVANNI

Presto, va con costor;
nel mio palazzo
conducili sul fatto.
Ordina ch'abbiano cioccolatte,
caffè, vini, prosciutti.
Cerca divertir tutti,
mostra loro il giardino,
la galleria, le camere; in effetto
fa che resti contento
il mio Masetto.
Hai capito?

DON GIOVANNI

¡Oh, mi querido Masetto,
mi querida Zerlina,
os ofrezco mi protección!
¡Leporello!

(A Leporello que coquetea con las otras campesinas.)

¿Qué haces ahí, bribón?

LEPORELLO

¡También yo, querido amo,
ofrezco mi protección!

DON GIOVANNI

Rápido, ve con ellos:
condúceles en seguida
a mi palacio;
ordena que les den
chocolate, café, vino, jamón.
Trata de divertirles a todos,
muéstrales el jardín,
la galería, las habitaciones;
en resumen, haz que mi Masetto
quede contento.
¿Has comprendido?

LEPORELLO

(Ai contadini.)

Ho capito. Andiam!

MASETTO

Signore!

DON GIOVANNI

Cosa c'è?

MASETTO

La Zerlina, senza me non può star.

LEPORELLO

(A Masetto.)

In vostro loco
ci sarà sua eccellenza;
e saprà bene fare le vostre parti.

DON GIOVANNI

Oh, la Zerlina
è in man d'un cavalier.
Va pur, fra poco
ella meco verrà.

LEPORELLO

(A los campesinos.)

He comprendido. ¡Vamos!

MASETTO

Señor...

DON GIOVANNI

¿Qué ocurre?

MASETTO

La Zerlina no puede estar sin mí.

LEPORELLO

(A Masetto.)

En tu lugar
estará su excelencia
y sabrá representar bien tu papel.

DON GIOVANNI

¡Oh! Zerlina está en manos
de un caballero.
Vete ya, dentro de poco
ella irá conmigo.

ZERLINA

Va, non temere.
Nelle mani son io d'un cavaliere.

MASETTO

E per questo…

ZERLINA

E per questo non c'è da dubitar…

MASETTO

Ed io, cospetto…

DON GIOVANNI

Olà, finiam le dispute!
Se subito senza altro
replicar non te ne vai,

(Mostrandogli la spada.)

Masetto, guarda ben,
ti pentirai.

MASETTO

Ho capito, signor sì!
Chino il capo e me ne vo.

ZERLINA

¡Ve! Y no temas.
Estoy en manos de un caballero.

MASETTO

¿Y por eso...?

ZERLINA

Y por eso no cabe la desconfianza.

MASETTO

Y yo, diantre...

DON GIOVANNI

¡Acabemos la disputa!
¡Si ahora mismo
no te vas sin replicar,

(Mostrándole la espada.)

Masetto, ten cuidado,
te arrepentirás!

MASETTO

¡He comprendido, sí señor!
Inclino la cabeza y me voy.

Giacché piace a voi così,
altre repliche non fo.
Cavalier voi siete già.
Dubitar non posso affè;
me lo dice la bontà
che volete aver per me.

(A Zerlina, a parte.)

Bricconaccia, malandrina!
Fosti ognor la mia ruina!

(A Leporello, che lo vuol condur seco.)

Vengo, vengo!

(A Zerlina.)

Resta, resta.
È una cosa molto onesta!
Faccia il nostro cavaliere
cavaliera ancora te.

(Masetto parte con Leporello ed i contadini.)

SCENA IX

(Don Giovanni e Zerlina.)

Ya que así os place,
no replico más.
Sois un caballero.
No lo puedo dudar;
me lo dice la bondad
que me demostráis.

(En voz baja a Zerlina.)

¡Bribonzuela! ¡Malandrina!
¡Siempre fuiste mi ruina!

(A Leporello, que quiere llevárselo consigo.)

¡Ya voy, ya voy!

(Gritando a Zerlina.)

¡Quédate, quédate!
Es una cosa muy honesta.
¡Que nuestro caballero te haga
caballera también a ti!

(Masetto se va con Leporello y los campesinos.)

Escena IX

(Don Giovanni y Zerlina.)

DON GIOVANNI

Alfin siam liberati,
Zerlinetta gentil,
da quel scioccone.
Che ne dite, mio ben,
so far pulito?

ZERLINA

Signore, è mio marito…

DON GIOVANNI

Chi? Colui?
Vi par che un onest'uomo,
un nobil cavalier,
qual io mi vanto,
possa soffrir
che quel visetto d'oro,
quel viso inzuccherato
da un bifolcaccio vil
sia strapazzato?

ZERLINA

Ma, signore, io gli diedi
parola di sposarlo.

DON GIOVANNI

Tal parola non vale un zero.
Voi non siete fatta

DON GIOVANNI

Al fin estamos libres,
gentil Zerlinetta,
de ese zopenco.
¿Qué os parece, bien mío?
¿No he estado bien?

ZERLINA

Señor, es mi marido.

DON GIOVANNI

¿Quién? ¿Ése?
¿Crees que un hombre honesto,
un noble caballero
como yo me precio de ser,
puede soportar
que esa carita de oro,
ese rostro azucarado,
sea maltratado
por un vil patán?

ZERLINA

Pero, señor, yo le di
palabra de matrimonio.

DON GIOVANNI

Esa palabra no vale nada,
tú no estás hecha

per essere paesana;
un altra sorte vi procuran
quegli occhi bricconcelli,
quei labbretti sì belli,
quelle ditucce candide
e odorose,
parmi toccar giuncata
e fiutar rose.

ZERLINA

Ah…! Non vorrei…

DON GIOVANNI

Che non vorreste?

ZERLINA

Alfine ingannata restar.
Io so che raro colle donne
voi altri cavalieri
siete onesti e sinceri.

DON GIOVANNI

È un impostura
della gente plebea! La nobilità
ha dipinta negli occhi l'onestà.
Orsù, non perdiam tempo;
in questo istante
io ti voglio sposar.

para ser campesina;
otra suerte te reservan
esos ojos briboncillos,
esos labios tan bellos,
y esos deditos tan blancos
y tan fragantes,
¡que creo tocar cuajada
y oler rosas!

ZERLINA

¡Ah, no quisiera...!

DON GIOVANNI

¿Qué no quisieras?

ZERLINA

Quedar engañada al fin.
Yo sé que los caballeros rara vez
sois honestos y sinceros
con las mujeres.

DON GIOVANNI

¡Eso es una calumnia
de la gente plebeya!
La nobleza lleva la honestidad
pintada en los ojos.
Vamos, no perdamos tiempo,
ahora mismo quiero desposarte.

ZERLINA

Voi!

DON GIOVANNI

Certo, io.
Quel casinetto è mio: soli saremo
e là, gioiello mio, ci sposeremo.
là ci darem la mano,
là mi dirai di sì.
Vedi, non è lontano;
partiam, ben mio, da qui.

ZERLINA

(Fra sé.)

Vorrei e non vorrei,
mi trema un poco il cor.
Felice, è ver, sarei,
ma può burlarmi ancor.

DON GIOVANNI

Vieni, mio bel diletto!

ZERLINA

(Fra sé.)

Mi fa pietà Masetto.

ZERLINA

¿Vos?

DON GIOVANNI

¡Yo, sí! Ese pabellón es mío,
estaremos solos,
y allí, tesoro mío, nos casaremos.
Allí nos daremos la mano,
allí me dirás que sí.
Mira, no está lejos;
partamos, mi bien, de aquí.

ZERLINA

(Para sí.)

Quisiera y no quisiera;
me tiembla un poco el corazón.
Feliz, es verdad, sería,
mas aún podéis burlarme.

DON GIOVANNI

¡Ven, mi bella delicia!

ZERLINA

(Para sí.)

¡Me da pena Masetto!

DON GIOVANNI

Io cangerò tua sorte.

ZERLINA

Presto… non son più forte.

DON GIOVANNI

Andiam!

ZERLINA

Andiam!

A DUE

Andiam, andiam, mio bene,
a ristorar le pene
d'un innocente amor.

Scena X

(Donna Elvira e detti.)

DONNA ELVIRA

Fermati, scellerato!
Il ciel mi fece
udir le tue perfidie.

DON GIOVANNI

Yo cambiaré tu suerte.

ZERLINA

¡Rápido... ya no resisto más!

DON GIOVANNI

¡Vayamos!

ZERLINA

¡Vayamos!

DON GIOVANNI, ZERLINA

¡Vayamos, vayamos, bien mío,
a aliviar las penas
de un inocente amor!

Escena X

(Donna Elvira y los mencionados.)

DONNA ELVIRA

¡Deténte, miserable!
El cielo me hizo
oír tus perfidias.

Io sono a tempo di salvar
questa misera innocente
dal tuo barbaro artiglio.

ZERLINA

Meschina! Cosa sento!

DON GIOVANNI

(Fra sé.)

Amor, consiglio!

(Piano a Donna Elvira.)

Idol mio, non vedete ch'io voglio divertirmi?

DONNA ELVIRA

Divertiti, è vero?
Divertiti…
Io so, crudele,
come tu ti diverti.

ZERLINA

Ma, signor cavaliere,
è ver quel ch'ella dice?

Estoy aún a tiempo de salvar
a esta pobre inocente
de tus bárbaras garras.

ZERLINA

¡Mezquina! ¿Qué es lo que oigo?

DON GIOVANNI

(Para sí.)

¡Amor, aconséjame!

(En voz baja a Donna Elvira.)

Ídolo mío, ¿no veis que quiero divertirme?

DONNA ELVIRA

¿Divertirte? ¡Es verdad!
¡Divertirte!
¡Bien sé, cruel,
cómo tú te diviertes!

ZERLINA

Pero, señor caballero,
¿es cierto lo que ella dice?

DON GIOVANNI

(Piano a Zerlina.)

La povera infelice
è di me innamorata,
e per pietà deggio fingere amore,
ch'io son, per mia disgrazia,
uom di buon cuore.

DONNA ELVIRA

(A Zerlina.)

Ah, fuggi il traditor!
Non lo lasciar più dir!
Il labbro è mentitor,
fallace il ciglio.
Da' miei tormenti impara
a creder a quel cor,
e nasca il tuo timor
dal mio periglio.

(Parte conducendo via Zerlina.)

Scena XI

(Don Giovanni, poi Don Ottavio e Donna Anna vestita a lutto.)

(En voz baja a Zerlina.)

La pobre infeliz
está de mi enamorada,
y por piedad debo fingir amor;
pues soy, para mi desgracia,
hombre de buen corazón.

DONNA ELVIRA

(A Zerlina.)

¡Ah, huye del traidor!
¡No le dejes hablar más!
Sus labios mienten,
y falaz es su mirada.
Aprende de mis tormentos,
a no creer en ese corazón,
y nazca tu temor
de mi desgracia.

(Se marcha llevándose a Zerlina.)

Escena XI

(Don Giovanni, luego Don Ottavio y Donna Anna vestida de luto.)

DON GIOVANNI

Mi par ch'oggi il demonio
si diverta d'opporsi
a miei piacevoli progressi;
vanno mal tutti quanti.

DON OTTAVIO

(A Donna Anna.)

Ah! Ch'ora, idolo mio,
son vani i pianti,
di vendetta si parli...
Oh, Don Giovanni!

DON GIOVANNI

(Fra sé.)

Mancava questo intoppo!

DONNA ANNA

Signore,
a tempo vi ritroviam.
Avete core,
avete anima generosa?

DON GIOVANNI

(Fra sé.)

DON GIOVANNI

Parece que hoy el demonio
se divierte oponiéndose
a mis deleitosos progresos;
¡todos van mal!

DON OTTAVIO

(A Donna Anna.)

¡Ah! Ídolo mío,
vano es el llanto,
hablemos de venganza...
¡Oh, Don Giovanni!

DON GIOVANNI

(Para sí.)

¡Sólo faltaba esto!

DONNA ANNA

¡Señor!
¡Os hemos encontrado a tiempo!
¿Tenéis corazón?
¿Tenéis un alma generosa?

DON GIOVANNI

(Para sí.)

Sta a vedere che il diavolo
gli ha detto qualche cosa.

(A Donna Anna.)

Che domanda! Perchè?

DONNA ANNA

Bisogno abbiamo
della vostra amicizia.

DON GIOVANNI

(Fra sé.)

Mi torna il fiato in corpo.

(A Donna Anna.)

Comandate!
I congiunti, i parenti,
questa man, questo ferro,
i beni, il sangue
spenderò per servivi.
Ma voi, bella Donna Anna,
perchè così piangete?
Il crudele chi fu
che osò la calma
turbar del viver vostro?

Seguro que el diablo
le ha dicho alguna cosa.

(A Donna Anna.)

¡Qué pregunta! ¿Por qué?

DONNA ANNA

Tenemos necesidad
de vuestra amistad.

DON GIOVANNI

(Para sí.)

¡Respiro de nuevo!

(A Donna Anna.)

¡Ordenad!
Mis amigos, mis parientes,
esta mano, esta espada,
los bienes, la sangre daré
para serviros.
Pero vos, bella Donna Anna,
¿por qué lloráis así?
¿Quién fue el cruel
que osó la calma
turbar de vuestra vida?

Scena XII

(Donna Elvira e detti.)

DONNA ELVIRA

(A Don Giovanni.)

Ah, ti ritrovo ancor,
perfido mostro!

(A Donna Anna.)

Non ti fidar, o misera,
di quel ribaldo cor;
me già tradì quel barbaro,
te vuol tradir ancor.

DONNA ANNA, DON OTTAVIO

(Fra sé.)

Cieli, che aspetto nobile,
che dolce maestà!
Il suo pallor, le lagrime
m'empiono di pietà.

DON GIOVANNI

La povera ragazza
è pazza, amici miei;
lasciatemi con lei,
forse si calmerà.

ESCENA XII

(Donna Elvira y los mencionados.)

DONNA ELVIRA

(A Don Giovanni.)

¡Ah, de nuevo te encuentro,
pérfido monstruo!

(A Donna Anna.)

¡No te fíes, infeliz,
de ese mezquino corazón!
El bárbaro que me engañó
quiere ahora engañarte.

DONNA ANNA, DON OTTAVIO

(Para sí.)

¡Cielos! ¡Qué noble porte!
¡Qué dulce majestad!
¡Su palidez, sus lágrimas
me llenan de piedad!

DON GIOVANNI

La pobre muchacha
está ida, amigos míos;
dejadme con ella,
quizá se calme.

DONNA ELVIRA

Ah non credete al perfido!

DON GIOVANNI

È pazza, non badate.

DONNA ELVIRA

Restate ancor, restate!

DONNA ANNA, DON OTTAVIO

A chi si crederà?

DONNA ANNA, DON OTTAVIO, DON GIOVANNI

Certo moto d'ignoto tormento
dentro l'alma girare mi sento
che mi dice, per quell'infelice,
cento cose che intender non sa.

DONNA ELVIRA

Sdegno, rabbia, dispetto, spavento
dentro l'alma girare mi sento,
che mi dice, di quel traditore,
cento cose che intender non sa.

DONNA ELVIRA

¡Ah! ¡No creáis al pérfido!

DON GIOVANNI

Está ida; ¡no hagáis caso!

DONNA ELVIRA

¡Quedaos, por Dios, quedaos!

DONNA ANNA, DON OTTAVIO

¿A quién creer?

DONNA ANNA, DON OTTAVIO, DON GIOVANNI

Un impulso de ignoto tormento
siento agitarse en mi alma,
y me dice, de esa infeliz,
cien cosas que no acierto a entender.

DONNA ELVIRA

Ira, rabia, despecho, tormento
siento agitarse en mi alma,
y me dice, de este traidor,
cien cosas que no acierto a entender.

DON OTTAVIO

(A Donna Anna.)

Io di qua non vado via
se non so com'è l'affar.

DONNA ANNA

(A Ottavio.)

Non ha l'aria di pazzia
il suo tratto, il suo parlar.

DON GIOVANNI

(Fra sé.)

Se men vado, si potria
qualche cosa sospettar.

DONNA ELVIRA

(A Donna Anna e Ottavio.)

Da quel ceffo si dovria
la ner'alma giudicar.

DON OTTAVIO

(A Don Giovanni.)

Dunque quella…?

DON OTTAVIO

(A Donna Anna.)

Yo no me marcho de aquí
sin aclarar este asunto.

DONNA ANNA

(A Don Ottavio.)

No traslucen locura
su trato ni su lenguaje.

DON GIOVANNI

(Para sí.)

Si me fuera, se podría
sospechar algo.

DONNA ELVIRA

(A Donna Anna y Don Ottavio.)

Por su ceño, se podría
adivinar su negra alma.

DON OTTAVIO

(A Don Giovanni.)

Luego ella...

DON GIOVANNI

È pazarella.

DONNA ANNA

Dunque quegli...?

DONNA ELVIRA

È un traditore.

DON GIOVANNI

Infelice!

DONNA ELVIRA

Mentitore!

DONNA ANNA, DON OTTAVIO

Incomincio a dubitar.

(Passano dei contadini.)

DON GIOVANNI

Zitto, zitto, che la gente
si raduna a noi d'intorno;
siate un poco più prudente,
vi farete criticar.

DON GIOVANNI

Está ida.

DONNA ANNA

Luego él...

DONNA ELVIRA

Es un traidor.

DON GIOVANNI

¡Infeliz!

DONNA ELVIRA

¡Embustero!

DONNA ANNA, DON OTTAVIO

Empiezo a dudar.

(Pasan los campesinos.)

DON GIOVANNI

¡Callad, callad, que la gente
ya empieza a reunirse en torno!
Sed un poco más prudente,
haréis que os critiquen.

DONNA ELVIRA

(Forte, a Don Giovanni.)

Non sperarlo, oh scellerato,
ho perduta la prudenza;
le tue colpe ed il mio stato
voglio a tutti palesar.

DONNA ANNA, DON OTTAVIO

Quegli accenti si sommessi,
quel cangiarsi di colore,
son indizi troppo espressi
che mi fan determinar.

(Donna Elvira parte.)

DON GIOVANNI

Povera sventurata! I passi suoi
voglio seguir; non voglio
che faccia un precipizio.
Perdonate, bellissima Donna Anna;
se servirvi poss'io,
in mia casa v'aspetto.
Amici, addio!

Scena XIII

(Donna Anna e Don Ottavio.)

DONNA ELVIRA

(En voz alta a Don Giovanni.)

No lo esperes, miserable:
he perdido la prudencia.
Tus culpas y mi situación
quiero descubrir a todos.

DONNA ANNA, DON OTTAVIO

Esas palabras quedas,
ese mudar de color,
son indicios evidentes
que no permiten dudar.

(Sale Donna Elvira.)

DON GIOVANNI

¡Pobre desventurada! Seguiré
sus pasos; no quiero
que cometa una locura.
Perdonad, bellísima Donna Anna.
Si en algo puedo serviros,
en mi casa os aguardo.
¡Amigos, adiós!

Escena XIII

(Donna Anna y Don Ottavio.)

DONNA ANNA

Don Ottavio, son morta!

DON OTTAVIO

Cosa è stato?

DONNA ANNA

Per pietà… soccorretemi!

DON OTTAVIO

Mio bene, fate coraggio!

DONNA ANNA

Oh Dei! Quegli è il carnefice
del padre mio!

DON OTTAVIO

Che dite?

DONNA ANNA

Non dubitate più.
Gli ultimi accenti
che l'empio proferì, tutta la voce
richiamar nel cor mio
di quell'indegno
che nel mio appartamento…

DONNA ANNA

Don Ottavio, ¡me muero!

DON OTTAVIO

¿Qué ocurre?

DONNA ANNA

Por piedad, ¡socorredme!

DON OTTAVIO

Bien mío, ¡tened valor!

DONNA ANNA

¡Oh Dios! ¡Oh Dios!
¡Es el asesino de mi padre!

DON OTTAVIO

¡Qué decís!

DONNA ANNA

No lo dudéis.
Las últimas palabras
que el impío profirió, la voz toda,
recordaron a mi corazón
a aquel indigno ser
que en mis aposentos...

DON OTTAVIO

Oh ciel! Possibile
che sotto il sacro manto
d'amicizia...
Ma come fu? Narratemi
lo strano avvenimento.

DONNA ANNA

Era già alquanto avanzata la notte,
quando nelle mie stanze,
ove soletta mi trovai per sventura,
entrar io vidi,
in un mantello avvolto,
un uom che al primo istante
avea preso per voi.
Ma riconobbi poi
che un inganno era il mio.

DON OTTAVIO

(Con affanno.)

Stelle! Seguite!

DONNA ANNA

Tacito a me s'appressa
e mi vuole abbracciar,
sciogliermi cerco,
ei più mi stringe; io grido;

DON OTTAVIO

¡Oh cielos! ¿Es posible
que bajo el sagrado manto
de la amistad...?
Pero, ¿cómo ocurrió?
Narradme el extraño suceso.

DONNA ANNA

La noche estaba ya avanzada,
cuando en mis estancias,
donde sola por desgracia
me encontraba,
vi entrar, envuelto en una capa,
a un hombre a quien,
en principio,
tomé por vos;
¡mas al punto advertí mi error!

DON OTTAVIO

(Con afán.)

¡Cielos! Seguid.

DONNA ANNA

Callado se acerca a mí
y pretende abrazarme;
intento liberarme,
él me estrecha aún más; grito;

non viene alcun.
Con una mano cerca
d'impedire la voce,
e coll'altra m'afferra stretta così,
che già mi credo vinta.

DON OTTAVIO

Perfido...! Alfin?

DONNA ANNA

Alfine il duol, l'orrore
dell'infame attentato
accrebbe sì la lena mia,
che a forza di svincolarmi,
torcermi e piegarmi,
da lui mi sciolsi!

DON OTTAVIO

Ohimè! Respiro!

DONNA ANNA

Allora rinforzo i stridi miei,
chiamo soccorso;
fugge il fellon;
arditamente il seguo
fin nella strada per fermarlo,
e sono assalitrice d'assalita!
Il padre v'accorre,

nadie viene.
Con una mano trata de ahogar
mi voz, y con la otra
me aferra con tal fuerza,
que ya me creo vencida.

DON OTTAVIO

¡Pérfido! ¿Y más tarde?

DONNA ANNA

Finalmente mi dolor, mi horror
ante el infame atentado,
acreció de tal modo mi vigor,
que a fuerza de revolverme,
doblarme, forcejear,
conseguí escapar de él.

DON OTTAVIO

¡Ay! ¡Respiro!

DONNA ANNA

Entonces redoblo mis gritos,
pido socorro;
huye el felón;
con audacia le sigo
hasta la calle para detenerle,
convirtiéndome en asaltante.
Mi padre acude,

vuol conoscerlo e l'indegno,
che del povero vecchio
era più forte,
compie il misfatto
suo col dargli morte!
Or sai chi l'onore
rapire a me volse,
chi fu il traditore
che il padre mi tolse.
Vendetta ti chiedo,
la chiede il tuo cor.
Rammenta la piaga
del misero seno,
rimira di sangue
coperto il terreno.
Se l'ira in te langue
d'un giusto furor.

(Parte.)

SCENA XIV

(Ottavio solo.)

DON OTTAVIO

Come mai creder deggio,
di sì nero delitto,
capace un cavaliero!
Ah! Di scoprire il vero
ogni mezzo si cerchi.

quiere saber quién es, pero el malvado,
que era más fuerte
que el pobre anciano,
completó su fechoría
dándole muerte.
Ahora sabes quién
el honor quiso robarme,
quién fue el traidor
que me arrebató el padre.
Venganza te pido,
la pide tu corazón.
Recuerda la herida
en su pobre pecho;
evoca la sangre,
empapando la tierra,
si languidece en ti la ira
del justo furor.

(Sale.)

Escena XIV

(Don Ottavio solo.)

DON OTTAVIO

¡Jamás hubiera creído,
de tan negro delito,
capaz a un caballero!
Ah, busquemos la verdad
por todos los medios.

Io sento in petto
e di sposo e d'amico
il dover che mi parla:
disingannarla voglio, o vendicarla.
Dalla sua pace la mia dipende;
quel che a lei piace vita mi rende,
quel che le incresce morte mi dà.
S'ella sospira, sospiro anch'io;
è mia quell'ira, quel pianto è mio;
è non ho bene,
s'ella non l'ha.

(Parte.)

SCENA XV

(Leporello, poi Don Giovanni.)

LEPORELLO

Io deggio ad ogni patto
per sempre abbandonar
questo bel matto…
Eccolo qui: guardate
con qual indifferenza se ne viene!

DON GIOVANNI

Oh, Leporello mio! Va tutto bene?

Siento en mi pecho,
de esposo, de amigo,
la voz del deber:
¡desengañarla quiero, o vengarla!
De su paz depende la mía,
lo que le place me da vida,
lo que la hiere me da muerte.
Si ella suspira, suspiro también;
es mía su ira, su llanto es mío.
Y no tengo dicha
si ella no la tiene.

(Sale.)

Escena XV

(Leporello, luego Don Giovanni.)

LEPORELLO

De una vez por todas
debo abandonar para siempre
a ese loco...
Helo aquí; ¡mirad
con qué indiferencia se acerca!

DON GIOVANNI

Oh, Leporello mío, ¿va todo bien?

LEPORELLO

Don Giovannino mio! Va tutto male.

DON GIOVANNI

Come va tutto male?

LEPORELLO

Vado a casa,
come voi m'ordinaste,
con tutta quella gente.

DON GIOVANNI

Bravo!

LEPORELLO

A forza di chiacchiere,
di vezzi e di bugie,
ch'ho imparato si bene
a star con voi,
cerco d'intrattenerli…

DON GIOVANNI

Bravo!

LEPORELLO

Don Giovanni mío, todo va mal.

DON GIOVANNI

¿Cómo todo va mal?

LEPORELLO

Voy a casa,
como me ordenasteis,
con toda aquella gente.

DON GIOVANNI

¡Bravo!

LEPORELLO

A fuerza de cháchara,
zalamerías y mentiras,
que tan bien he aprendido
a vuestro lado,
intento entretenerlos.

DON GIOVANNI

¡Bravo!

LEPORELLO

Dico mille cose a Masetto
per placarlo,
per trargli dal pensier la gelosia.

DON GIOVANNI

Bravo, in coscienza mia!

LEPORELLO

Faccio che bevano
e gli uomini e le donne.
Son già mezzo ubbriachi.
Altri canta, altri scherza,
altri séguita a ber…
In sul più bello,
chi credete che capiti?

DON GIOVANNI

Zerlina.

LEPORELLO

Bravo! E con lei chi viene?

DON GIOVANNI

Donna Elvira!

LEPORELLO

Le digo a Masetto mil cosas
para calmarlo,
para apartar los celos de su mente.

DON GIOVANNI

¡Bravo, por mi vida!

LEPORELLO

Hago beber tanto a los hombres
como a las mujeres;
ya están medio borrachos:
uno canta, otro bromea,
otro continúa bebiendo...
Y en el mejor momento,
¿quién creéis que aparece?

DON GIOVANNI

¡Zerlina!

LEPORELLO

¡Bravo! ¿Y quién viene con ella?

DON GIOVANNI

Donna Elvira.

LEPORELLO

Bravo! E disse di voi?

DON GIOVANNI

Tutto quel mal che
in bocca le venia.

LEPORELLO

Bravo, in coscienza mia!

DON GIOVANNI

E tu, cosa facesti?

LEPORELLO

Tacqui.

DON GIOVANNI

Ed ella?

LEPORELLO

Seguì a gridar.

DON GIOVANNI

E tu?

LEPORELLO

¡Bravo! ¿Y dijo de vos...?

DON GIOVANNI

Todo lo malo
que le vino a la boca.

LEPORELLO

¡Bravo, bravo, por mi vida!

DON GIOVANNI

Y tú, ¿qué hiciste?

LEPORELLO

Callé.

DON GIOVANNI

¿Y ella?

LEPORELLO

Siguió gritando.

DON GIOVANNI

¿Y tú?

LEPORELLO

Quando mi parve
che già fosse sfogata, dolcemente
fuor dell'orto la trassi,
e con bell'arte
chiusa la porta a chiave
io di là mi cavai,
e sulla via soletta la lasciai.

DON GIOVANNI

Bravo, bravo, arcibravo!
L'affar non può andar meglio.
Incominciasti, io saprò terminar.
Troppo mi premono
queste contadinotte;
le voglio divertir
finchè vien notte.
Fin ch'han dal vino
calda la testa
una gran festa
fa preparar.
Se trovi in piazza
qualche ragazza,
teco ancor quella
cerca menar.
Senza alcun ordine
la danza sia;
chi 'l minuetto,
chi la follia,
chi l'alemanna

LEPORELLO

Cuando me pareció
que ya se había desahogado,
dulcemente la llevé fuera del jardín,
y con habilidad,
cerrando la puerta con llave,
me escabullí, dejándola solita
en la calle.

DON GIOVANNI

¡Bravo! ¡Bravo! ¡Archibravo!
El asunto no puede andar mejor;
tú empezaste, yo sabré terminar.
Demasiado me atraen
esas aldeanas;
quiero divertirlas
hasta el anochecer.
Ahora que del vino
caliente tienen la cabeza
una gran fiesta
haz preparar.
Si ves en la plaza
alguna muchacha,
intenta también
traértela contigo.
Sin ningún orden
sea la danza;
a unos el minueto,
a otros la folía,
a otros la alemanda

farai ballar.
Ed io frattanto
dall'altro canto
con questa e quella
vo' amoreggiar.
Ah! La mia lista
doman mattina
d'una decina
devi aumentar!

(Partono.)

Scena XVI

(Giardino con due porte chiuse schiave per di fuori. Due nicchie, Zerlina, Masetto e contadini.)

ZERLINA

Masetto… sentì un po'…
Masetto, dico.

MASETTO

Non mi toccar.

ZERLINA

Perchè?

harás bailar.
Y yo, mientras tanto
y por mi parte,
con unas y otras
galantearé.
¡Ah, mi lista
mañana temprano
en una decena
habrás de aumentar!

(Salen.)

Escena XVI

(Jardín con dos puertas abiertas, las llaves por la parte exterior. Zerlina, Masetto y campesinos.)

ZERLINA

¡Masetto, escúchame...!
Masetto, por favor...

MASETTO

¡No me toques!

ZERLINA

¿Por qué?

MASETTO

Perchè mi chiedi? Perfida!
Il tocco sopportar dovrei
d'una mano infedele?

ZERLINA

Ah no! Taci, crudele.
Io non merto da te tal trattamento.

MASETTO

Come!
Ed hai l'ardimento di scusarti?
Star solo con un uom!
Abbandonarmi il di delle mie nozze!
Porre in fronte
a un villano d'onore
questa marca d'infamia!
Ah, se non fosse,
se non fosse lo scandalo,
vorrei…

ZERLINA

Ma se colpa io non ho,
ma se da lui ingannata rimasi;
e poi, che temi?
Tranquillati, mia vita;
non mi toccò la punta della dita.
Non me lo credi? Ingrato!

MASETTO

¿Por qué, me preguntas? ¡Pérfida!
¿He de soportar acaso el tacto
de una mano infiel?

ZERLINA

¡Ah, no! ¡Cállate, cruel!
¡Yo no merezco este trato!

MASETTO

¿Cómo?
¿Y aún te atreves a excusarte?
¡Estar a solas con un hombre,
abandonarme el día de mi boda!
¡Poner en la frente
de un honrado aldeano
esta marca de infamia!
¡Ah!, si no fuese,
si no fuese por el escándalo,
quisiera...

ZERLINA

Pero si estoy libre de culpa,
si fui engañada por él;
entonces, ¿qué temes?
¡Tranquilízate, vida mía!
No me tocó la punta de los dedos.
¿No me crees? ¡Ingrato!

Vien qui, sfogati, ammazzami,
fa tutto di me quel che ti piace,
ma poi, Masetto mio,
ma poi fa pace.
Batti, batti, o bel Masetto,
la tua povera Zerlina;
starò qui come agnellina
le tue botte ad aspettar.
Lascerò straziarmi il crine,
lascerò cavarmi gli occhi,
e le care tue manine
lieta poi saprò baciar.
Ah, lo vedo, non hai core!
Pace, pace, o vita mia,
in contento ed allegria
notte e dì vogliam passar.

(Parte.)

SCENA XVII

(Masetto, poi Don Giovanni di dentro e di nuovo Zerlina.)

MASETTO

(Fra sé.)

Guarda un po' come seppe
questa strega sedurmi!
Siamo pure i deboli di testa!

Ven aquí; desahógate, mátame,
haz de mí lo que quieras;
pero después, Masetto mío, después,
hagamos las paces.
Pega, pega, bello Masetto,
a tu pobre Zerlina:
aquí estaré cual corderita
aguardando tus golpes.
Dejaré que me arranques el pelo,
dejaré que me saques los ojos,
y tus queridas manitas
contenta después sabré besar.
¡Ah!, ¡ya lo veo, no serías capaz!
Paz, paz, ¡oh, vida mía!
En la dicha y la alegría
pasaremos día y noche.

(Sale.)

Escena XVII

(Masetto, después sale Don Giovanni y luego Zerlina.)

MASETTO

(Para sí.)

¡Mira cómo ha sabido
seducirme esta hechicera!
¡Desde luego, somos unos benditos!

DON GIOVANNI

(Di dentro.)

Sia preparato tutto
a una gran festa.

ZERLINA

(Rientrando.)

Ah Masetto, Masetto,
odi la voce del monsù cavaliero!

MASETTO

Ebben, che c'è?

ZERLINA

Verrà…

MASETTO

Lascia che venga.

ZERLINA

Ah, se vi fosse
un buco da fuggir!

(Desde dentro.)

¡Que todo esté dispuesto
para una gran fiesta!

ZERLINA

(Regresando.)

¡Ah, Masetto, Masetto,
es la voz del señor caballero!

MASETTO

Y bien, ¿qué pasa?

ZERLINA

¡Que vendrá!

MASETTO

¡Que venga!

ZERLINA

¡Ah, si hubiera
algún escondite!

MASETTO

Di cosa temi?
Perché diventi pallida?
Ah, capisco, capisco, bricconcella!
Hai timor ch'io comprenda
com'è tra voi passata la faccenda.
Presto, presto, pria ch'ei venga,
por mi vo' da qualche lato;
c'è una nicchia qui celato,
cheto cheto mi vo' star.

ZERLINA

Senti, senti, dove vai?
Ah, non t'asconder, oh Masetto!
Se ti trova, poveretto,
tu non sai quel che può far.

MASETTO

Faccia, dica quel che vuole.

ZERLINA

(Sottovoce.)

Ah, non giovan le parole!

MASETTO

Parla forte, e qui t'arresta.

MASETTO

¿Qué temes? ¿Por qué palideces?
¡Ah, comprendo,
comprendo, bribonzuela!
¡Temes que descubra lo que
ha habido entre vosotros!
Pronto, pronto… antes de que venga,
me ocultaré en alguna parte;
ahí hay un nicho… aquí oculto,
quieto, quieto, estaré.

ZERLINA

Oye, oye, ¿adónde vas?
¡Ah, no te escondas, Masetto!
Si te pilla, pobrecillo,
no sabes lo que puede hacer.

MASETTO

Que haga y diga lo que quiera.

ZERLINA

(En voz baja.)

¡Ah, de nada sirven las palabras!

MASETTO

Habla fuerte y quédate ahí.

ZERLINA

Che capriccio hai
nella testa?

MASETTO

(Fra sé.)

Capirò se m'è fedele,
e in qual modo andò l'affar.

(Entra nella nicchia.)

ZERLINA

(Fra sé.)

Quell'ingrato, quel crudele
oggi vuol precipitar.

Scena XVIII

(Don Giovanni, contadini e servi, Zerlina e Masetto nascosto.)

DON GIOVANNI

Su! Svegliatevi da bravi!
Su! Coraggio, oh buona gente!
Vogliam star allegramente,
vogliam ridere e scherzar.

ZERLINA

¿Qué capricho se te ha metido
en la cabeza?

MASETTO

(Para sí.)

Sabré si me es fiel,
y hasta dónde llegó la cosa.

(Entra en el nicho.)

ZERLINA

(Para sí.)

Este ingrato, este hombre cruel
hoy busca su perdición.

Escena XVIII

(Don Giovanni, campesinos y criados, Zerlina y Masetto escondido.)

DON GIOVANNI

¡Arriba! ¡Despertaos, amigos!
¡Ánimo, buena gente!
Queremos pasarlo bien,
queremos reír y bromear.

(Ai servi.)

Alla stanza - della danza
conducete tutti quanti,
ed a tutti in abbondanza
gran rinfreschi fate dar.

CORO

Su! Svegliatevi da bravi!, ecc.

Scena XIX

(Don Giovanni, Zerlina e Masetto nascosto.)

ZERLINA

Tra quest'arbori celata,
si può dar che non mi veda.

DON GIOVANNI

Zerlinetta, mia garbata,
t'ho già visto, non scappar!

(La prende.)

ZERLINA

Ah lasciatemi andar via!

(A los criados.)

Al salón de baile
conducid a todos
y a todos haced que sirvan
refrescos en abundancia.

CORO

¡Arriba! ¡Despertaos, amigos!, etc.

ESCENA XIX

(Don Giovanni, Zerlina y Massetto escondido.)

ZERLINA

Oculta entre estos árboles
tal vez no me descubra.

DON GIOVANNI

Mi garbosa Zerlinetta,
ya te he visto, ¡no escapes!

(La coge.)

ZERLINA

¡Ah, dejadme marchar!

DON GIOVANNI

No, no, resta, gioia mia!

ZERLINA

Se pietade avete in core!

DON GIOVANNI

Sì, ben mio! Son tutto amore…
Vieni un poco,
in questo loco fortunata
io ti vo' far.

ZERLINA

(Fra sé.)

Ah, s'ei vede il sposo mio,
so ben io quel che può far.

(Don Giovanni nell'aprire la nicchia scopre Masetto.)

DON GIOVANNI

Masetto!

MASETTO

Sì, Masetto.

DON GIOVANNI

¡No, no, quédate, alegría mía!

ZERLINA

Si tenéis piedad en el corazón...

DON GIOVANNI

Sí, bien mío, soy todo amor...
Ven conmigo un momento,
a este lugar
que quiero hacerte feliz.

ZERLINA

(Para sí.)

¡Ah! ¡Si él ve a mi esposo,
sé bien de lo que es capaz!

(Al disponerse a salir, Don Giovanni descubre a Masetto.)

DON GIOVANNI

¿Masetto?

MASETTO

¡Sí! ¡Masetto!

DON GIOVANNI

(Un po' confuso.)

È chiuso là, perché?
La bella tua Zerlina
non può, la poverina,
più star senze di te.

MASETTO

(Ironico.)

Capisco, sì signore.

DON GIOVANNI

Adesso fate core.

(S'ode un 'orchestra in lontananza.)

I suonatori udite?
Venite ormai con me.

ZERLINA, MASETTO

Sì, sì, facciamo core,
ed a ballar cogli altri
andiamo tutti tre.

(Partono.)

DON GIOVANNI

(Un poco confuso.)

Ahí, encerrado, ¿por qué?
Tu bella Zerlina
no puede, la pobrecilla,
estar más sin ti.

MASETTO

(Irónico.)

Comprendo, sí, señor.

DON GIOVANNI

Ahora, ¡ánimo!

(Se oye, lejos, una orquesta.)

¡Escuchad a los músicos!
¡Venid conmigo!

ZERLINA, MASETTO

¡Sí! ¡Sí! ¡Animémonos
y a bailar con los demás
vayamos los tres!

(Salen.)

SCENA XX

(Si va facendo notte. Don Ottavio, Donna Anna e Donna Elvira in maschera; poi Leporello e Don Giovanni alla finestra.)

DONNA ELVIRA

Bisogna aver coraggio,
oh cari amici miei,
e i suoi misfatti rei
scoprir potremo allor.

DON OTTAVIO

L'amica dice bene,
coraggio aver conviene;

(A Donna Anna.)

discaccia, o vita mia,
l'affanno ed il timor.

DONNA ANNA

Il passo è periglioso,
può nascer qualche imbroglio.
Temo pel caro sposo,

(A Donna Elvira.)

e per voi temo ancor.

Escena XX

(Está anocheciendo. Don Ottavio, Donna Anna y Donna Elvira disfrazados; luego Leporello y Don Giovanni en la ventana.)

DONNA ELVIRA

Hemos de tener valor,
queridos amigos míos,
y así sus viles fechorías
podremos descubrir.

DON OTTAVIO

Dice bien nuestra amiga:
hay que tener valor;

(A Donna Anna.)

aleja, vida mía,
la angustia y el temor.

DONNA ANNA

La empresa es peligrosa:
pueden surgir complicaciones.
Temo por el querido esposo

(A Donna Elvira.)

y temo también por vos.

LEPORELLO

(Aprendo la finestra.)

Signor, guardate un poco,
che maschere galanti!

DON GIOVANNI

(Alla finestra.)

Falle passar avanti,
di' che ci fanno onor.

DONNA ANNA, DON OTTAVIO, DONNA ELVIRA

(Fra sé.)

Al volto ed alla voce
si scopre il traditore.

LEPORELLO

Zì, zì! Signore maschere!
Zì, zì…

DONNA ANNA, DONNA ELVIRA

(A Don Ottavio.)

Via, rispondete.

LEPORELLO

(Abriendo la ventana.)

Señor, observad:
¡qué elegantes máscaras!

DON GIOVANNI

(Desde la ventana.)

Hazlas pasar,
diles que nos honra su presencia.

DONNA ANNA, DONNA ELVIRA, DON OTTAVIO

(Para sí.)

Por su cara y por la voz
se delata el traidor.

LEPORELLO

¡Pst! ¡Pst! ¡Señoras máscaras!
¡Pst! ¡Pst!

DONNA ANNA, DONNA ELVIRA

(A Don Ottavio.)

¡Vamos, responded!

LEPORELLO

Zì, zì…

DON OTTAVIO

Cosa chiedete?

LEPORELLO

Al ballo, se vi piace,
v'invita il mio signor.

DON OTTAVIO

Grazie di tanto onore.
Andiam, compagne belle.

LEPORELLO

(Fra sé.)

L'amico anche su quelle
prova farà d'amor.

(Entra e chiude la finestra.)

DONNA ANNA, DON OTTAVIO

Protegga il giusto cielo
il zelo, del mio cor.

LEPORELLO

¡Pst! ¡Pst!

DON OTTAVIO

¿Qué deseáis?

LEPORELLO

Al baile, si os place,
os invita mi señor.

DON OTTAVIO

Gracias por tal honor.
Vamos, bellas compañeras.

LEPORELLO

(Para sí.)

También a ésas el amigo
intentará enamorarlas.

(Entra y cierra la ventana.)

DONNA ANNA, DON OCTAVIO

¡Que el justo cielo proteja
el celo de mi corazón!

DONNA ELVIRA

Vendichi il giusto cielo
il mio tradito amor!

(Entrano.)

Scena XXI

(Sala nella casa di Don Giovanni, illuminata e preparata per una gran festa da ballo. Don Giovanni, Leporello, Zerlina, Masetto, contadini e contadine, servitori con rinfreschi; poi Don Ottavio, Donna Anna e Donna Elvira in maschera. Don Giovanni fa seder le ragazze e Leporello i ragazzi che saranno in atto d'aver finito un ballo.)

DON GIOVANNI

Riposate, vezzose ragazze.

LEPORELLO

Rinfrescatevi, bel giovinotti.

DON GIOVANNI, LEPORELLO

Tornerete a far presto le pazze.
Tornerete a scherzar e ballar.

DON GIOVANNI

Ehi! Caffè!

DONNA ELVIRA

¡Que el justo cielo vengue
mi traicionado amor!

(Entran.)

Escena XXI

(Salón en la casa de Don Giovanni, iluminado y preparado para una gran fiesta. Don Giovanni, Leporello, Zerlina, Masetto, campesinos y campesinas, criados con refrescos; después Don Ottavio, Donna Anna y Donna Elvira disfrazados. Don Giovanni invita a sentarse a las muchachas y Leporello a los muchachos que han terminado de bailar.)

DON GIOVANNI

Reposad, encantadoras muchachas.

LEPORELLO

¡Refrescaos, apuestos muchachos!

DON GIOVANNI, LEPORELLO

¡Volveréis pronto a hacer locuras,
volveréis a divertiros y a bailar!

DON GIOVANNI

¡Eh! ¡El café!

LEPORELLO

Cioccolata!

DON GIOVANNI

Sorbetti!

MASETTO

(Piano a Zerlina.)

Ah, Zerlina, giudizio!

LEPORELLO

Confetti!

ZERLINA, MASETTO

(A parte.)

Troppo dolce comincia la scena;
in amaro potria terminar.

DON GIOVANNI

(Accarezzando Zerlina.)

Sei pur vaga, brillante Zerlina.

LEPORELLO

¡Chocolate!

DON GIOVANNI

¡Sorbetes!

MASETTO

(En voz baja a Zerlina.)

¡Ah, Zerlina, juicio!

LEPORELLO

¡Dulces!

ZERLINA, MASETTO

(Aparte.)

Demasiado dulce se inicia la escena;
amarga podría finalizar.

DON GIOVANNI

(Acariciando a Zerlina.)

¡Cuán bella eres, brillante Zerlina!

ZERLINA

Sua bontà.

MASETTO

La briccona fa festa!

LEPORELLO

(Imitando il padrone.)

Sei pur cara,
Giannotta, Sandrina.

MASETTO

(Guardando Don Giovanni.)

(Tocca pur, che ti cada la testa!)

ZERLINA

(Quel Masetto mi par stralunato,
Brutto, brutto si fa quest'affar.)

DON GIOVANNI, LEPORELLO

(A parte.)

Quel Masetto mi par stralunato,
qui bisogna cervello adoprar.

ZERLINA

Sois muy gentil.

MASETTO

¡La bribona la está gozando!

LEPORELLO

(Imitando a su patrón.)

¡Cuán adorables sois,
Gianotta, Sandrina!

MASETTO

(Mirando a Don Giovanni.)

(¡Tócala, que te parto la cabeza!)

ZERLINA

(Este Masetto parece enloquecido.
Feo, feo se pone este asunto.)

DON GIOVANNI, LEPORELLO

(Aparte.)

Este Masetto parece enloquecido.
Hará falta usar el cerebro.

MASETTO

Ah briccona!
Mi vuoi disperar!

Scena XXII

(Don Ottavio, Donna Anna, Donna Elvira e detti.)

LEPORELLO

Venite pur avanti,
vezzose mascherette!

DON GIOVANNI

È aperto a tutti quanti.
Viva la libertà!

DONNA ANNA, DON OTTAVIO,
DONNA ELVIRA

Siam grati a tanti segni
di generosità.

TUTTI

Viva la libertà!

DON GIOVANNI

Ricominciate il suono!

MASETTO

¡Ah, bribona!
¡Quieres desesperarme!

Escena XXII

(Don Ottavio, Donna Anna, Donna Elvira y los mencionados.)

LEPORELLO

Venid, adelante,
gentiles mascaritas.

DON GIOVANNI

A todos está abierto.
¡Viva la libertad!

DONNA ANNA, DON OTTAVIO,
DONNA ELVIRA

Agradecemos tantas pruebas
de generosidad.

TODOS

¡Viva la libertad!

DON GIOVANNI

¡Volved a tocar!

(A Leporello.)

Tu accoppia i ballerini.

(Don Ottavio balla il minuetto con Donna Anna.)

LEPORELLO

Da bravi, via ballate!

(Ballano.)

DONNA ELVIRA

(A Donna Anna.)

Quella è la contadina.

DONNA ANNA

(Ad Ottavio.)

Io moro!

DON OTTAVIO

(A Donna Anna.)

Simulate!

DON GIOVANNI, LEPORELLO

(Con ironia.)

(A Leporello.)

Tú forma las parejas.

(Don Ottavio baila el minueto con Donna Anna.)

LEPORELLO

¡Vamos, todos a bailar!

(Bailan.)

DONNA ELVIRA

(A Donna Anna.)

Aquélla es la campesina.

DONNA ANNA

(A Don Ottavio.)

¡Me muero!

DON OTTAVIO

(A Donna Anna.)

¡Disimulad!

DON GIOVANNI, LEPORELLO

(Con ironía.)

Va bene in verità!

MASETTO

Va bene in verità!

DON GIOVANNI

(A Leporello.)

A bada tien Masetto.

(A Zerlina.)

Il tuo compagno io sono.
Zerlina, vien pur qua…

(Si mette a ballare una contraddanza con Zerlina.)

LEPORELLO

Non balli, poveretto!
Vieti quà, Masetto caro,
facciam quel ch'altri fa.

(Fa ballare a forza Masetto.)

MASETTO

No, no, ballar non voglio.

¡En verdad, esto va bien!

MASETTO

¡Va bien, en verdad!

DON GIOVANNI

(A Leporello.)

Tú vigila a Masetto.

(A Zerlina.)

Yo soy tu pareja.
Zerlina, ven aquí...

(Baila con Zerlina una contradanza.)

LEPORELLO

¿No bailas, pobrecito?
Ven aquí, querido Masetto,
hagamos como los demás.

(Fuerza a Masetto a bailar con él.)

MASETTO

No, no, no quiero bailar.

LEPORELLO

Eh, balla, amico mio!

MASETTO

No!

LEPORELLO

Sì, caro Masetto!

DONNA ANNA

(A Ottavio.)

Resister non poss'io!

DONNA ELVIRA, DON OTTAVIO

(A Donna Anna.)

Fingete per pietà!

DON GIOVANNI

Vieni con me, vita mia!

(Ballando conduce via Zerlina.)

MASETTO

Lasciami! Ah no! Zerlina!

LEPORELLO

¡Vamos, baila, amigo mío!

MASETTO

¡No!

LEPORELLO

¡Sí, querido Masetto!

DONNA ANNA

(A Don Ottavio.)

¡No lo puedo resistir!

DONNA ELVIRA, DON OTTAVIO

(A Donna Anna.)

¡Seguid fingiendo, por piedad!

DON GIOVANNI

¡Ven conmigo, vida mía...!

(Bailando se lleva a Zerlina.)

MASETTO

¡Déjame! ¡Ah no! ¡Zerlina!

(Entra sciogliendosi da Leporello.)

ZERLINA

Oh numi! Son tradita...!

LEPORELLO

Qui nasce una ruina.

(Entra.)

DONNA ANNA, DON OTTAVIO,
DONNA ELVIRA

L'iniquo da se stesso
nel laccio se ne va!

ZERLINA

(Di dentro.)

Gente... aiuto...!
Aiuto...! Gente!

DONNA ANNA, DON OTTAVIO,
DONNA ELVIRA

Soccorriamo l'innocente!

(I suonatori partono.)

(Entra soltándose de Leporello.)

ZERLINA

¡Oh, dioses! ¡Estoy perdida!

LEPORELLO

¡Aquí se prepara una desgracia!

(Entra.)

DONNA ANNA, DON OTTAVIO,
DONNA ELVIRA

El malvado, por sí mismo,
va a caer en la trampa.

ZERLINA

(Fuera de escena.)

¡Aquí, socorro...!
¡Aquí, socorro!

DONNA ANNA, DON OTTAVIO,
DONNA ELVIRA

¡Socorramos a la inocente!

(Los músicos se marchan.)

MASETTO

Ah, Zerlina!

ZERLINA

(Di dentro.)

Scellerato!

DONNA ANNA, DON OTTAVIO,
DONNA ELVIRA

Ora grida de quel lato!
Ah gettiamo giù la porta!

ZERLINA

Soccorretemi! O son morta!

DONNA ANNA, DON OTTAVIO,
DONNA ELVIRA, MASETTO

Siam qui noi per tua difesa!

DON GIOVANNI

(Esce colla spada in mano, conducendo per un braccio Leporello, e finge di non poterla sguainare per ferirlo.)

Ecco il birbo che t'ha offesa!
Ma da me la pena avrà!
Mori, iniquo!

MASETTO

¡Ah, Zerlina!

ZERLINA

(Desde dentro.)

¡Miserable!

DONNA ANNA, DON OTTAVIO,
DONNA ELVIRA

¡Ahora grita por aquel lado!
¡Ah, derribemos la puerta!

ZERLINA

¡Socorredme o me muero!

DONNA ANNA, DON OTTAVIO,
DONNA ELVIRA, MASETTO

¡Aquí estamos para defenderte!

DON GIOVANNI

(Entra con la espada en la mano llevando a Leporello del brazo. Don Giovanni simulando furor.)

¡Aquí está el canalla que te ha ofendido!
Mas yo le he de castigar.
¡Muere, malvado!

LEPORELLO

Ah, cosa fate?

DON GIOVANNI

Mori, dico!

DON OTTAVIO

(Cavando una pistola.)

Nol sperate…

DONNA ANNA, DON OTTAVIO,
DONNA ELVIRA

(Fra sé.)

L'empio crede con tal frode
di nasconder l'empietà!

(Si cavano la maschera.)

DON GIOVANNI

Donna Elvira!

DONNA ELVIRA

Sì, malvagio!

LEPORELLO

Pero, ¿qué hacéis?

DON GIOVANNI

¡Muere, te digo!

DON OTTAVIO

(Pistola en mano.)

¡No lo intentéis!

DONNA ANNA, DON OTTAVIO,
DONNA ELVIRA

(Para sí.)

El impío cree, con este fraude,
esconder su iniquidad.

(Se quitan las máscaras.)

DON GIOVANNI

¡Donna Elvira!

DONNA ELVIRA

¡Sí, malvado!

DON GIOVANNI

Don Ottavio!

DON OTTAVIO

Sì, signore!

DON GIOVANNI

(A Donna Anna.)

Ah, credete...

TUTTI

(Fuorché Don Giovanni, Leporello.)

Traditore! Tutto già si sa!
Trema, trema, o scellerato!
Saprà tosto il mondo intero
il misfatto orrendo e nero
la tua fiera crudeltà!
Odi il tuon della vendetta,
che ti fischia intorno intorno;
sul tuo capo in questo giorno
il suo fulmine cadrà.

LEPORELLO

Non sa più quel ch'ei si faccia
è confusa la sua testa,

DON GIOVANNI

¡Don Ottavio!

DON OTTAVIO

¡Sí, señor!

DON GIOVANNI

(A Donna Anna.)

¿Ah, creéis...?

TODOS

(Menos Don Giovanni y Leporello.)

¡Traidor! ¡Ya se sabe todo!
¡Tiembla, tiembla, miserable!
¡Pronto el mundo entero conocerá
el horrible y negro crimen,
tu fiera crueldad!
Oye el trueno de la venganza
retumbando a tu alrededor;
¡sobre tu cabeza, hoy mismo,
su rayo caerá!

LEPORELLO

Su cabeza está confusa,
ya no sabe lo que se hace,

e un orribile tempesta
minacciando, oh Dio, lo va
ma non manca in lui coraggio,
non si perde o si confonde.
Se cadesse ancora il mondo,
nulla mai temer lo fa.

DON GIOVANNI

È confusa la mia testa,
non so più quel ch'io mi faccia,
e un orribile tempesta
minacciando, oh Dio, mi va
ma non manca in me coraggio,
non mi perdo o mi confondo,
se cadesse ancora il mondo,
nulla mai temer mi fa.

y una horrible tempestad
le está, oh Dios, amenazando.
Mas no le falta el valor,
no se pierde ni confunde.
Aunque se cayese el mundo,
nada le atemorizaría.

DON GIOVANNI

Mi cabeza está confusa,
ya no sé lo que me hago,
y una horrible tempestad
me está, oh Dios, amenazando.
Mas no me falta el valor,
no me pierdo ni confundo.
Aunque se cayese el mundo,
nada me atemorizaría.

ATTO SECONDO

SCENA I

(Strada. Don Giovanni con un mandolino in mano e Leporello.)

DON GIOVANNI

Eh via, buffone, non mi seccar!

LEPORELLO

No, no, padrone,
non vo' restar.

DON GIOVANNI

Sentimi, amico…

LEPORELLO

Vo' andar, vi dico!

DON GIOVANNI

Ma che ti ho fatto
che vuoi lasciarmi?

ACTO SEGUNDO

ESCENA I

(Una calle. Don Giovanni con una mandolina en la mano y Leporello.)

DON GIOVANNI

¡Basta ya, bufón! ¡No me fastidies!

LEPORELLO

¡No, no, patrón!
¡No quiero quedarme!

DON GIOVANNI

Escúchame, amigo...

LEPORELLO

Me voy, os digo...

DON GIOVANNI

Pero, ¿qué te he hecho yo
para que quieras abandonarme?

LEPORELLO

O niente affatto,
quasi ammazzarmi!

DON GIOVANNI

Va, che sei matto,
fu per burlar.

LEPORELLO

Ed io non burlo,
ma voglio andar.

DON GIOVANNI

Leporello!

LEPORELLO

Signore?

DON GIOVANNI

Vien qui, facciamo pace,
prendi!

LEPORELLO

Cosa?

LEPORELLO

¿Hacerme?
¡Nada: casi matarme!

DON GIOVANNI

¡Mira que eres necio!
Fue una broma.

LEPORELLO

¡Yo no bromeo!
Y me quiero ir.

DON GIOVANNI

¡Leporello!

LEPORELLO

¡Señor!

DON GIOVANNI

Ven aquí, hagamos las paces.
¡Toma!

LEPORELLO

¿Qué?

DON GIOVANNI

(Gli dà del denaro.)

Quattro doppie.

LEPORELLO

Oh, sentite:
per questa volta
la cerimonia accetto;
ma non vi ci avvezzate;
non credete di sedurre i miei pari,

(Prendendo la borsa.)

come le donne,
a forza di danari.

DON GIOVANNI

Non parliam più di ciò!
Ti basta l'animo
di far quel ch'io ti dico?

LEPORELLO

Purché lasciam le donne.

DON GIOVANNI

Lasciar le donne? Pazzo!
Sai ch'elle per me

DON GIOVANNI

(Dándole dinero.)

Cuatro doblones.

LEPORELLO

¡Oh, escuchadme! Por esta vez
acepto el cumplido;
pero no os acostumbréis,
no creáis que se puede seducir
a los hombres

(Cogiendo la bolsa.)

como a las mujeres,
a fuerza de dinero.

DON GIOVANNI

¡No hablemos más de ello!
¿Tienes valor para hacer
lo que te diga?

LEPORELLO

Mientras nos dejemos de mujeres...

DON GIOVANNI

¿Dejar a las mujeres? ¡Loco!
¡Dejar a las mujeres!

son necessarie più del pan
che mangio,
più dell'aria che spiro!

LEPORELLO

E avete coro d'ingannarle
poi tutte?

DON GIOVANNI

È tutto amore!
Chi a una sola è fedele,
verso l'altre è crudele:
io, che in me sento
sì esteso sentimento,
vo'bene a tutte quante.
Le donne, poichè calcolar non sanno,
il mio buon natural
chiamano inganno.

LEPORELLO

Non ho veduto mai
naturale più vasto, e più benigno.
Orsù, cosa vorreste?

DON GIOVANNI

Odi!
Vedesti tu la cameriera di
Donna Elvira?

Son para mí más necesarias
que el pan que como
y el aire que respiro.

LEPORELLO

¿Y aun así sois capaz
de engañarlas a todas?

DON GIOVANNI

Todo es amor...
El que es fiel a una sola
es cruel para con las otras;
yo, que siento en mí
tan vasto sentimiento,
las quiero a todas;
las mujeres,
como no saben reflexionar,
a mi buen natural llaman engaño.

LEPORELLO

Jamás he visto
natural tan vasto ni tan benigno.
Y bien, ¿qué queréis?

DON GIOVANNI

Escucha:
¿has visto a la camarera
de Donna Elvira?

LEPORELLO

Io? No!

DON GIOVANNI

Non hai veduto
qualche cosa di bello,
caro il mio Leporello;
ora io con lei
vo' tentar la mia sorte,
ed ho pensato,
giacché siam verso sera,
per aguzzarle meglio l'appetito
di presentarmi a lei
col tuo vestito.

LEPORELLO

E perchè non potreste
presentarvi col vostro?

DON GIOVANNI

Han poco credito
con genti di tal rango
gli abiti signorili.

(Si cava il mantello.)

Sbrigati, via!

LEPORELLO

Yo, no.

DON GIOVANNI

Entonces no has visto
algo verdaderamente bello,
mi querido Leporello.
Ahora, con ella
voy a probar mi suerte,
y he pensado,
ya que está anocheciendo
y para aguzarle mejor el apetito,
presentarme a ella
con tus ropas.

LEPORELLO

¿Y por qué no podéis presentaros
con las vuestras?

DON GIOVANNI

Tienen poco crédito
con gente de tal rango
las vestiduras señoriales.

(Quitándose la capa.)

¡Rápido!

LEPORELLO

Signor, per più ragioni…

DON GIOVANNI

(Non collera.)

Finiscila!
Non soffro opposizioni!

(Si scambiano l'abito.)

Scena II

(Don Giovanni, Leporello e Donna Elvira alla finestra della locanda. Si fa notte a poco a poco.)

DONNA ELVIRA

Ah taci, ingiusto core!
Non palpitarmi in seno!
È un empio e un traditore,
è colpa di aver pietà.

LEPORELLO

(Sottovoce.)

Zitto! Di Donna Elvira,
signor, la voce io sento!

LEPORELLO

Señor, por muchas razones...

DON GIOVANNI

(Colérico.)

¡Acaba ya!
¡No tolero oposiciones!

(Intercambian sus ropas.)

Escena II

(Don Giovanni, Leporello y Donna Elvira en la ventana de la posada. Va anocheciendo poco a poco.)

DONNA ELVIRA

¡Ah, calla, injusto corazón!
¡No palpites en mi pecho!
Es un impío y un traidor,
pecado es compadecerle.

LEPORELLO

(En voz baja.)

¡Silencio! Oigo, señor,
la voz de Donna Elvira.

DON GIOVANNI

Cogliere io vo' il momento,
tu fermati un po' là!

(Si mette dietro Leporello.)

Elvira, idolo mio...!

DONNA ELVIRA

Non è costui l'ingrato?

DON GIOVANNI

Si, vita mia, son io,
e chieggo carità.

DONNA ELVIRA

(Fra sé.)

Numi, che strano affetto,
mi si risveglia in petto!

LEPORELLO

(Fra sé.)

State a veder la pazza,
che ancor gli crederà!

DON GIOVANNI

Aprovecharé la ocasión;
tú permanece ahí...

(Se coloca detrás de Leporello.)

¡Elvira, ídolo mío!

DONNA ELVIRA

¿No es éste el ingrato?

DON GIOVANNI

Sí, vida mía,
y pido compasión.

DONNA ELVIRA

(Para sí.)

¡Dios mío, qué extraño sentimiento
se despierta en mi pecho!

LEPORELLO

(Para sí.)

¡Seguro que esa loca
le creerá otra vez!

DON GIOVANNI

Discendi, o gioia bella,
vedrai che tu sei quella
che adora l'alma mia
pentito io sono già.

DONNA ELVIRA

No, non ti credo, oh barbaro!

DON GIOVANNI

(Con trasporto e quasi piangendo.)

Ah credimi, o m'uccido!
Idolo mio, vien qua!

LEPORELLO

Se seguitate, io rido!

DONNA ELVIRA

(Fra sé.)

Dei, che cimento è questo!
Non so s'io vado o resto!
Ah proteggete voi
la mia credulità.

DON GIOVANNI

¡Desciende, alegría mía!
Verás que tú eres aquella
a quien adora el alma mía.
Ya estoy arrepentido.

DONNA ELVIRA

¡No, no te creo! ¡Bárbaro!

DON GIOVANNI

(Con sentimiento, casi llorando.)

¡Ah, créeme... o me suicido!
¡Ídolo mío, ven aquí!

LEPORELLO

Sí seguís de este modo, me río.

DONNA ELVIRA

(Para sí.)

¡Dioses, qué prueba ésta!
No sé si ir o quedarme.
¡Ah, proteged vosotros
mi credulidad!

DON GIOVANNI

(Fra sé.)

Spero che cada presto!
Che bel colpetto è questo!
Più fertile talento
del mio, no, non si dà.

LEPORELLO

(Fra sé.)

Già quel mendace labbro
torna a sedur costei,
Deh proteggete, oh dei!,
la sua credulità.

DON GIOVANNI

(Allegrissimo.)

Amore, che ti par?

LEPORELLO

Mi par che abbiate
un'anima di bronzo.

DON GIOVANNI

Va là, che sei il gran gonzo!
Ascolta bene:

DON GIOVANNI

(Para sí.)

¡Espero que caiga pronto!
¡Qué bello golpe éste!
No se da talento
más fértil que el mío.

LEPORELLO

(Para sí.)

Ya los labios mentirosos
la vuelven a seducir.
¡Proteged, dioses,
su credulidad!

DON GIOVANNI

(Muy contento.)

¿Qué te parece, amigo?

LEPORELLO

Me parece que tenéis
un alma de bronce.

DON GIOVANNI

¡En verdad, eres un gran mentecato!
Escucha bien:

quando costei qui viene,
tu corri ad abbracciarla,
falle quattro carezze,
fingi la voce mia:
poi con bell'arte
cerca teco condurla
in altra parte.

LEPORELLO

Ma, signor…

DON GIOVANNI

Non più repliche!

LEPORELLO

Ma se poi mi conosce?

DON GIOVANNI

Non ti conoscerà, se tu non vuoi.
Zitto: ell'apre,
ehi giudizio!

(Va in disparte.)

Scena III

(Donna Elvira e detti.)

cuando aparezca,
tú corres a abrazarla,
le haces cuatro caricias,
finges mi voz y,
más tarde, con maña,
intentas llevártela
a otro lugar.

LEPORELLO

Pero, señor...

DON GIOVANNI

¡Basta de réplicas!

LEPORELLO

Pero, ¿y si después me reconoce?

DON GIOVANNI

No te reconocerá si tú no quieres.
¡Silencio! Está abriendo...
¡Prudencia!

(Se esconde.)

ESCENA III

(Doña Elvira y los mencionados.)

DONNA ELVIRA

Eccomi a voi.

DON GIOVANNI

(Fra sé.)

Veggiamo che farà.

LEPORELLO

(Fra sé.)

Che bell'imbroglio!

DONNA ELVIRA

Dunque creder potrò
che i pianti miei
abbian vinto quel cor?
Dunque pentito,
l'amato Don Giovanni al suo dovere
e all'amor mio ritorna?

LEPORELLO

(Alterando sempre la voce.)

Sì, carina!

DONNA ELVIRA

Aquí me tenéis.

DON GIOVANNI

(Para sí.)

¡Veamos qué hace!

LEPORELLO

(Para sí.)

¡Qué embrollo!

DONNA ELVIRA

¿Podré creer, pues,
que mis llantos hayan
conquistado ese corazón?
¿Que mi querido Don Giovanni,
arrepentido, a su deber
y a mi amor regresa?

LEPORELLO

(Disimulando siempre la voz.)

¡Sí, querida!

DONNA ELVIRA

Crudele, se sapeste
quante lagrime e quanti
sospir voi mi costaste!

LEPORELLO

Io, vita mia?

DONNA ELVIRA

Voi.

LEPORELLO

Poverina! Quanto mi dispiace!

DONNA ELVIRA

Mi fuggirete più?

LEPORELLO

No, muso bello.

DONNA ELVIRA

Sarete sempre mio?

LEPORELLO

Sempre.

DONNA ELVIRA

¡Cruel! ¡Si supierais
cuántas lágrimas y cuántos
suspiros me habéis costado!

LEPORELLO

¿Yo, vida mía?

DONNA ELVIRA

¡Vos!

LEPORELLO

¡Pobrecilla, cuánto lo siento!

DONNA ELVIRA

¿Volveréis a huir de mí?

LEPORELLO

No, carita hermosa.

DONNA ELVIRA

¿Seréis siempre mío?

LEPORELLO

¡Siempre!

DONNA ELVIRA

Carissimo!

LEPORELLO

Carissima!

(Fra sé.)

La burla mi dà gusto.

DONNA ELVIRA

Mio tesoro!

LEPORELLO

Mia Venere!

DONNA ELVIRA

Son per voi tutta foco.

LEPORELLO

Io tutto cenere.

DON GIOVANNI

(Fra sé.)

Il birbo si riscalda.

DONNA ELVIRA

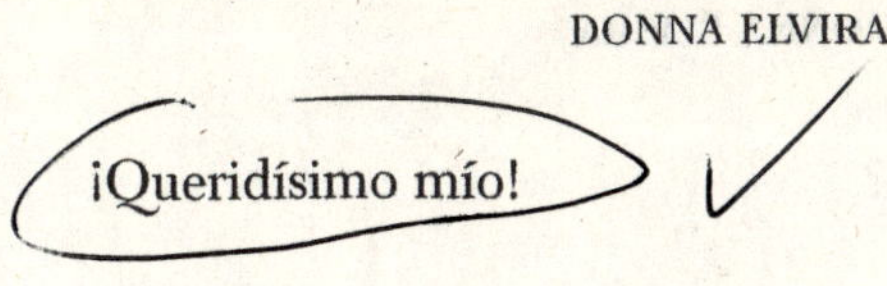

¡Queridísimo mío!

LEPORELLO

¡Queridísima mía!

(Para sí.)

La broma me va gustando.

DONNA ELVIRA

¡Mi tesoro!

LEPORELLO

¡Mi Venus!

DONNA ELVIRA

¡Por vos soy toda fuego!

LEPORELLO

¡Yo por vos todo ceniza!

DON GIOVANNI

(Para sí.)

¡El bribón ya se calienta!

DONNA ELVIRA

E non m'ingannerete?

LEPORELLO

No, sicuro.

DONNA ELVIRA

Giuratelo.

LEPORELLO

Lo giuro a questa mano,
che bacio con trasporto,
e a que' bei lumi…

DON GIOVANNI

(Fingendo di uccidere qualcheduno.)

Ah! Eh! Ah! Ih! Ah, sei morto…

DONNA ELVIRA, LEPORELLO

Oh numi!

(Fuggono.)

DONNA ELVIRA

¿Y no me engañaréis?

LEPORELLO

No, seguro.

DONNA ELVIRA

Jurádmelo.

LEPORELLO

Lo juro por esta mano
que beso con arrebato
y por esos dos bellos luceros…

DON GIOVANNI

(Gritando con gestos amenazadores.)

¡Eres hombre muerto!

DONNA ELVIRA, LEPORELLO

¡Oh dioses!

(Salen corriendo.)

DON GIOVANNI

Ha, ha, ha! Par che la sorte
mi secondi; veggiamo!
Le finestre son queste.
Ora cantiamo.

(Canta accompagnandosi col mandolino.)

Deh, vieni alla finestra,
oh mio tesoro,
Deh, vieni a consolar il pianto mio.
Se neghi a me di dar qualche ristoro,
davanti agli occhi
tuoi morir voglio!
Tu ch'hai la bocca dolce
più del miele,
tu che il zucchero porti
in mezzo al core!
Non esser, gioia mia,
con me crudele!
Lasciati almen veder,
mio bell'amore!

Scena IV

(Masetto, armato d'archibuso e pistola, contadini e detto.)

DON GIOVANNI

V'è gente alla finestra,
forse è densa!

DON GIOVANNI

¡Ah, ah, ah! Parece que la suerte
me secunda. Veamos,
ésas son las ventanas;
ahora cantemos.

(Canta acompañándose de la mandolina.)

¡Asómate a la ventana,
oh tesoro mío!
Ven a consolar mi llanto.
Si rehúsas darme
algún consuelo,
ante tus ojos quiero morir.
Tú que tienes la boca
más dulce que la miel,
tú que el azúcar llevas
en el corazón,
no seas, vida mía,
cruel conmigo.
Muéstrate al menos,
mi bello amor.

Escena IV

(Masetto, armado con arcabuz y pistola, campesinos y los mencionados.)

DON GIOVANNI

Hay alguien en la ventana:
tal vez es ella.

(Chiamando.)

Zi, zi!

MASETTO

(Ai contadini armati di fucili e bastoni.)

Non ci stanchiamo;
il cor mi dice che
trovarlo dobbiam.

DON GIOVANNI

(Fra sé.)

Qualcuno parla!

MASETTO

(Ai contadini.)

Fermatevi; mi pare
che alcuno qui si muova.

DON GIOVANNI

(Fra sé.)

Se non fallo, è Masetto!

(Llamando.)

¡Pst! ¡Pst!

MASETTO

(A los campesinos armados con fusiles y bastones.)

No desfallezcamos;
el corazón me dice
que hemos de encontrarle.

DON GIOVANNI

(Para sí.)

¡Alguien habla!

MASETTO

(A los campesinos.)

Deteneos; me parece
que alguien se mueve por ahí.

DON GIOVANNI

(Para sí.)

Si no me equivoco, es Masetto.

MASETTO

(Forte.)

Chi va là?

(A' suoi.)

Non risponde;
animo, schioppo al muso!

(Più forte.)

Chi va là?

DON GIOVANNI

(Fra sé.)

Non è solo;
ci vuol giudizio.

(Cerca di imitare la voce di Leporello.)

Amici…

(Fra sé.)

Non mi voglio scoprir.

(A voce piú alta.)

MASETTO

(Fuerte.)

¿Quién va?

(A los suyos.)

No responde;
ánimo, preparad las escopetas.

(Alzando la voz.)

¿Quién va?

DON GIOVANNI

(Para sí.)

No va solo;
habrá que ir con cuidado.

(En voz alta e imitando la voz de Leporello.)

¡Amigos!

(Para sí.)

No quiero que me descubran.

(En voz alta.)

Sei tu, Masetto?

MASETTO

(In collera.)

Appunto quello; e tu?

DON GIOVANNI

Non mi conosci? Il servo
son io di Don Giovanni.

MASETTO

Leporello!
Servo di quell'
indegno cavaliere!

DON GIOVANNI

Certo; di quel briccone!

MASETTO

Di quell'uom senza onore:
ah, dimmi un poco
dove possiam trovarlo?
Lo cerco con costor per trucidarlo!

DON GIOVANNI

(Fra sé.)

¿Eres tú, Masetto?

MASETTO

(Colérico.)

El mismo. ¿Y tú?

DON GIOVANNI

¿No me conoces?
Soy el criado de Don Giovanni.

MASETTO

¡Leporello!
¡El criado de aquel
indigno caballero!

DON GIOVANNI

Cierto, de aquel bribón.

MASETTO

¡De aquel hombre sin honor!
Ah, dime: ¿dónde
podemos hallarle?
Le estamos buscando para matarle.

DON GIOVANNI

(Para sí.)

Bagattelle!

(In alta voce.)

Bravissimo, Masetto!
Anch'io con voi m'unisco,
per fargliela
a quel birbo di padrone.
Ma udite un po'
qual è la mia intenzione.
Metà di voi qua vadano,
e gli altri vadan là!
E pian pianin lo cerchino,
lontan non fia di qua!
Se un uom e una ragazza
passeggian per la piazza,
se sotto a una finestra
fare all'amor sentite,
ferite pur, ferite,
il mio padron sarà.
In testa egli ha un cappello
con candidi pennacchi,
addosso un gran mantello,
e spada al fianco egli ha.

(Ai contadini.)

Andate, fate presto!

(A Masetto.)

Tu sol verrai con me.

¡Bagatelas!

(Alzando la voz.)

¡Bravísimo, Masetto!
También yo me uno a vosotros
para ajustar las cuentas
al bribón de mi amo.
Escucha ahora
cuál es mi intención.
La mitad de vosotros id por aquí,
y los otros por allá.
Buscadle con sigilo:
no debe andar
lejos de aquí.
Si un hombre y una muchacha
pasean por la plaza,
si bajo una ventana
oís galantear,
¡herid!, ¡herid!, ¡será mi amo!
En la cabeza lleva un sombrero
con blancos penachos,
le envuelve una gran capa
y al flanco ciñe espada.

(A los campesinos.)

Id, apresuraos.

(A Masetto.)

Sólo tú vendrás conmigo;

Noi far dobbiamo il resto,
e già vedrai cos'è.

(Partono i contadini.)

Scena V

(Don Giovanni, Masetto.)

DON GIOVANNI

Zitto, lascia ch'io senta!
Ottimamente.

(Essendosi assicurato che i contadini sono già lontani.)

Dunque dobbiam ucciderlo?

MASETTO

Sicuro!

DON GIOVANNI

E non ti basteria rompergli l'ossa,
fracassargli le spalle?

MASETTO

No, no, voglio ammazzarlo,
vo' farlo in cento brani.

nosotros haremos el resto,
ya verás de qué se trata.

(Parten los campesinos.)

Escena V

(Don Giovanni, Masetto.)

DON GIOVANNI

¡Silencio...! Déjame oír...
¡Magnífico!

(Habiéndose asegurado de que los campesinos están ya lejos.)

¿Conque debemos matarle?

MASETTO

¡Desde luego!

DON GIOVANNI

¿Y no te bastaría con romperle
los huesos y molerle las espaldas?

MASETTO

No, no, quiero matarle,
quiero despedazarle.

DON GIOVANNI

Hai buone armi?

MASETTO

Cospetto!
Ho pria questo moschetto,
e poi questa pistola.

(Dà moschetto e pistola a Don Giovanni.)

DON GIOVANNI

E poi?

MASETTO

Non basta?

DON GIOVANNI

Eh, basta certo. Or prendi…

(Batte Masetto col rovescio della spada.)

Questa per la pistola,
questa per il moschetto…

MASETTO

Ahi, ahi…! La testa mia!

DON GIOVANNI

¿Tienes buenas armas?

MASETTO

¡Claro!
De entrada, este mosquete;
y además, esta pistola.

(Da a Don Giovanni un mosquete y una pistola.)

DON GIOVANNI

¿Y qué más?

MASETTO

¿No basta?

DON GIOVANNI

¡Claro que basta! Ahora toma...

(Golpeando a Masetto con el puño de la espada.)

¡Esto por la pistola!
¡Esto por el mosquete!

MASETTO

¡Ay, ay! ¡Mi cabeza!

DON GIOVANNI

Taci, o t'uccido!
Questi per ammazzarlo,
questi per farlo in brani!
Villano, mascalzon!
Ceffo da cani!

(Masetto cade e Don Giovanni parte.)

SCENA VI

(Masetto, indi Zerlina con lanterna.)

MASETTO

Ahi! Ahi! La testa mia!
Ahi, Ahi! Le spalle e il petto!

ZERLINA

Di sentire mi parve
la voce di Masetto!

MASETTO

Oh Dio, Zerlina mia, soccorso!

ZERLINA

Cosa è stato?

¡Calla o te mato!
¡Esto por matarle!
¡Esto por despedazarle!
¡Villano! ¡Bellaco!
¡Cara de perro!

(Masetto cae y Don Giovanni sale de escena.)

Escena VI

(Masetto y Zerlina con linterna.)

MASETTO

¡Ay, ay! ¡Mi cabeza!
¡Ay, ay, la espalda y el pecho!

ZERLINA

Me pareció oír
la voz de Masetto.

MASETTO

¡Oh Dios, Zerlina mía, socorro!

ZERLINA

¿Qué ha sucedido?

MASETTO

L'iniquo, il scellerato
mi ruppe l'ossa e i nervi.

ZERLINA

Oh poveretta me! Chi?

MASETTO

Leporello!
O qualche diavol
che somiglia a lui!

ZERLINA

Crudel, non tel diss'io
che con questa tua pazza gelosia
ti ridurresti a qualche brutto passo?
Dove ti duole?

MASETTO

Qui.

ZERLINA

E poi?

MASETTO

Qui, e ancora qui!

MASETTO

El malvado, el bandido,
me ha roto huesos y nervios.

ZERLINA

¡Ay, pobre de mí! ¿Quién?

MASETTO

¡Leporello!
O algún diablo
que se le parece.

ZERLINA

¡Cruel! ¿No te dije ya
que con tus estúpidos celos
te verías en un mal paso?
¿Dónde te duele?

MASETTO

Aquí.

ZERLINA

¿Y dónde más?

MASETTO

Aquí, y también aquí.

ZERLINA

E poi non ti duol altro?

MASETTO

Duolmi un poco
questo pie', questo braccio,
e questa mano.

ZERLINA

Via, via, non è gran mal,
se il resto è sano.
Vientene meco a casa;
purché tu mi prometta
d'essere men geloso,
io, io ti guarirò,
caro il mio sposo.
Vedrai, carino,
se sei buonino,
che bel rimedio
ti voglio dar!
È naturale,
non dà disgusto,
e lo speziale
non lo sa far.
È un certo balsamo
ch'io porto addosso,
dare tel posso,
se il vuoi provar.
Saper vorresti

ZERLINA

¿Y no te duele nada más?

MASETTO

Me duele un poco
este pie, este brazo
y esta mano.

ZERLINA

Vamos, vamos, no es mucho,
si el resto está sano.
Ven conmigo a casa;
si me prometes
ser menos celoso,
yo te curaré,
querido esposo mío.
Verás, queridito,
si eres buenecito,
qué buen remedio
te voy a dar.
Es natural,
no es molesto,
y el boticario
no lo sabe preparar.
Es un cierto bálsamo
que llevo conmigo;
te lo puedo dar,
si lo quieres probar.
¿Quieres saber

dove mi sta?
Sentilo battere,
toccami qua!

(Gli fa toccare il cuore, poi partono.)

SCENA VII

(Atrio oscuro con tre porte in casa di Donna Anna. Donna Elvira e Leporello.)

LEPORELLO

(Fingendo la voce del padrone.)

Di molte faci il lume
s'avvicina, o mio ben:
stiamo qui un poco
finchè da noi si scosta.

DONNA ELVIRA

Ma che temi,
adorato mio sposo?

LEPORELLO

Nulla, nulla…
Certi riguardi,
io vo' veder se il lume
è già lontano.

dónde lo llevo?
¡Siéntelo latir!
¡Tócame aquí!

(Hace que le toque el corazón y salen.)

ESCENA VII

(Un oscuro patio delante de la casa de Donna Anna. Donna Elvira y Leporello.)

LEPORELLO

(Fingiendo la voz de su amo.)

Se acerca la luz
de muchas antorchas;
quedémonos escondidos aquí,
bien mío, hasta que se alejen.

DONNA ELVIRA

Pero, ¿qué temes,
adorado esposo mío?

LEPORELLO

Nada, nada...
Simples precauciones...
Quiero ver si las luces
se han alejado.

(Fra sé.)

Ah, come da costei liberarmi?

(In alta voce.)

Rimanti, anima bella!

DONNA ELVIRA

Ah! Non lasciarmi!
Sola, sola in buio loco
palpitar il cor mi sento,
e m'assale un tal spavento,
che mi sembra di morir.

LEPORELLO

(Andando a tentone, fra sé.)

(Più che cerco, men ritrovo
questa porta sciagurata.
Piano, piano, l'ho trovata!
Ecco il tempo di fuggir.)

(Sbaglia l'uscita.)

Scena VIII

(Donna Anna, Don Ottavio, vestiti a lutto. Servi con lumi, e detti. Donna Elvira al venire dei lumi si ritira in un angolo, Leporello in un altro.)

(Para sí.)

Ah, ¿cómo librarme de ella?

(En voz alta.)

Quédate ahí, alma mía.

DONNA ELVIRA

¡Ah, no me dejes!
Sola en este tenebroso lugar,
siento palpitar mi corazón,
y me asalta tal espanto,
que creo morir.

LEPORELLO

(A tientas, para sí.)

(Cuanto más busco menos encuentro
esa condenada puerta.
Poco a poco, ¡la encontré!
¡Es el momento de escapar!)

(Se equivoca de puerta.)

Escena VIII

(Donna Anna, Don Ottavio, vestidos de luto. Criados con luces y los mencionados. Donna Elvira al ver venir las luces se esconde en un rincón, Leporello en otro.)

DON OTTAVIO

Tergi il ciglio, oh vita mia,
e dà calma a tuo dolore!
L'ombra omai del genitore
pena avrà de' tuoi martir.

DONNA ANNA

Lascia almen alla mia pena
questo piccolo ristoro;
sol la morte, oh mio tesoro,
il mio pianto può finir.

DONNA ELVIRA

(Senza esser vista.)

Ah dov'è lo sposo mio?

LEPORELLO

(Dalla porta senza esser visto.)

(Se mi trova, son perduto!)

DONNA ELVIRA, LEPORELLO

Una porta là vegg'io,
cheto, cheto, vo' partir!

(Leporello, nell'uscire, s'incontra con Masetto e Zerlina.)

DON OTTAVIO

Seca tus lágrimas, oh vida mía,
da tregua a tu dolor.
La sombra de tu progenitor
se apenará con tu martirio.

DONNA ANNA

Deja al menos a mi pena
este pequeño alivio.
Sólo la muerte, oh tesoro mío,
puede poner fin a mi llanto.

DONNA ELVIRA

(Sin ser vista.)

¡Ah! ¿Dónde está mi esposo?

LEPORELLO

(Desde la puerta, sin ser visto.)

(¡Si me encuentra, estoy perdido!)

DONNA ELVIRA, LEPORELLO

Allí diviso una puerta.
En silencio partiré.

(Leporello va a salir y se topa con Masetto y Zerlina.)

Scena IX

(Masetto con bastone, Zerlina e detti.)

ZERLINA, MASETTO

Ferma, briccone, dove ten vai?

(Leporello s'asconde la faccia.)

DONNA ANNA, DON OTTAVIO

Ecco il fellone…
Com'era qua?

DONNA ANNA, ZERLINA,
DON OTTAVIO, MASETTO

Ah, mora il perfido
che m'ha tradito!

DONNA ELVIRA

È mio marito! Pietà!

DONNA ANNA, ZERLINA, DON OTTAVIO, MASETTO

È Donna Elvira?
Quella ch'io vedo?
Appena il credo!
No, no! Morrà!

Escena IX

(Masetto con bastón, Zerlina y los mencionados.)

ZERLINA, MASETTO

¡Deténte, bribón! ¿Adónde vas?

(Leporello se esconde la cara.)

DONNA ANNA, DON OCTAVIO

¡He aquí al felón!
¿Cómo es que está aquí?

DONNA ANNA, ZERLINA,
DON OTTAVIO, MASETTO

¡Ah, muera el pérfido
que me ha traicionado!

DONNA ELVIRA

¡Es mi marido! ¡Piedad!

DONNA ANNA, ZERLINA, DON OTTAVIO, MASETTO

¿Es Donna Elvira
aquella a quien veo?
¡Apenas puedo creerlo!
¡No, no! ¡Morirá!

(Mentre Don Ottavio sta per ucciderlo, Leporello si scopre e si mette in ginocchio.)

LEPORELLO

(Quasi piangendo.)

Perdon, perdono, signori miei!
Quello io non sono, sbaglia costei!
Viver lasciatemi per carità!

QUINTETTO

Dei! Leporello!
Che inganno è questo!
Stupido resto! Che mai sarà?

LEPORELLO

(Fra sé.)

Mille torbidi pensieri
mi s'aggiran per la testa.
Se mi salvo in tal tempesta,
è un prodigio in verità.

QUINTETTO

Mille torbidi pensieri
mi s'aggiran per la testa.
Che giornata, o stelle, è questa!
Che impensata novità!

(Cuando Don Ottavio hace amago de matarlo, Leporello cae de rodillas.)

LEPORELLO

(Casi llorando.)

¡Perdón! ¡Perdón! ¡Señores míos!
¡Yo no soy él! ¡Ella se equivoca!
¡Dejadme vivir, por caridad!

QUINTETO

¡Cielos! ¡Leporello!
¿Qué engaño es éste?
¡Estoy atónito! ¿Qué es esto?

LEPORELLO

(Para sí.)

Un millar de confusos pensamientos
dan vueltas en mi cabeza.
Si me salvo en tal tempestad
será, en verdad, un prodigio.

QUINTETO

Un millar de confusos pensamientos
dan vueltas en mi cabeza.
¡Qué jornada ésta, cielos!
¡Qué inesperada novedad!

(Donna Anna parte.)

ZERLINA

(A Leporello, con furia.)

Dunque quello sei tu,
che il mio Masetto
poco fa crudelmente maltrattasti!

DONNA ELVIRA

Dunque tu m'ingannasti,
oh scellerato, spacciandoti con me
per Don Giovanni!

DON OTTAVIO

Dunque tu in questi panni
venisti qui
per qualche tradimento!

DONNA ELVIRA

A me tocca punirlo.

ZERLINA

Anzi a me.

DON OTTAVIO

No, no, a me.

(Donna Anna se va.)

ZERLINA

(A Leporello, con furia.)

¿Luego tú eres quien hace poco
maltrató cruelmente
a mi Masetto?

DONNA ELVIRA

¿Luego tú, malvado,
me engañaste haciéndote pasar
por Don Giovanni?

DON OTTAVIO

¿Luego tú viniste aquí
con estas ropas
para cometer alguna traición?

DONNA ELVIRA

¡A mí me corresponde castigarle!

ZERLINA

¡No, a mí!

DON OTTAVIO

¡No, no, a mí!

MASETTO

Accoppatelo meco tutti e tre.

LEPORELLO

Ah, pietà, signori miei!
Dò ragione a voi, a lei,
ma il delitto mio non è.
Il padron con prepotenza,
l'innocenza mi rubò.

(Piano a Donna Elvira.)

Donna Elvira, compatite!
Voi capite come andò.

(A Zerlina.)

Di Masetto non so nulla,

(Accennando a Donna Elvira.)

vel dirà questa fanciulla.
È un oretta circumcirca,
che con lei girando vo.

(A Don Ottavio, con confusione.)

A voi, signore, non dico niente,
certo timore, certo accidente,
di fuori chiaro, di dentro scuro,

MASETTO

¡Golpeadle conmigo los tres!

LEPORELLO

¡Ah, piedad, señores míos!
Os doy la razón a vos y a ella,
pero no es mío el delito.
El amo, abusando de su poder,
la inocencia me arrebató.

(A Donna Elvira en voz baja.)

¡Donna Elvira, compadeceos,
ya os imagináis lo que sucedió!

(A Zerlina.)

De Masetto no sé nada,

(Señalando a Donna Elvira.)

os lo dirá esta muchacha;
hace una hora, aproximadamente,
que doy vueltas con ella.

(A Don Ottavio, confusamente.)

A vos, señor, no os digo nada.
Cierto temor, cierto accidente,
de fuera claro, de dentro oscuro,

non c'è riparo,
la porta, il muro.

(Additando la porta.)

Io me ne vado verso quel lato,
poi qui celato, l'affar si sa!
Ma s'io sapeva,
fuggi per qua!

(Fugge precipitosamente.)

Scena X

(Don Ottavio, Donna Elvira, Zerlina e Masetto.)

DONNA ELVIRA

Ferma, perfido, ferma!

MASETTO

Il birbo ha l'ali ai piedi!

ZERLINA

Con qual arte
si sottrasse l'iniquo.

no hay escondite,
la puerta, el muro.

(Acercándose a la puerta.)

Lo... el... la..., voy para allá,
luego, oculto aquí... ¡Se cubre todo!
Pero si llego a saberlo,
me escapo por aquí.

(Huye corriendo.)

Escena X

(Don Ottavio, Donna Elvira, Zerlina y Masetto.)

DONNA ELVIRA

¡Deténte, pérfido, deténte!

MASETTO

¡El bribón tiene alas en los pies!

ZERLINA

¡Con qué astucia
se ha escapado el inicuo!

DON OTTAVIO

Amici miei,
dopo eccessi sì enormi
dubitar non possiam
che Don Giovanni
non sia l'empio uccisore
del padre di Donna Anna;
in questa casa
per poche ore fermatevi,
un ricorso vo'far a chi si deve,
e in pochi istanti
vendicarvi prometto.
Così vuole dover, pietade, affetto!
Il mio tesoro intanto
andate a consolar,
e del bel ciglio il pianto
cercate di asciugar.
Ditele che i suoi torti
a vendicar io vado;
che sol di stragi e morti
nunzio vogl'io tornar.

(Partono.)

Scena XI

(Luogo chiuso in forma di sepolcreto, con diverse statue equestri, tra le quali quella del Commendatore. Don Giovanni, poi Leporello.)

DON OTTAVIO

Amigos míos,
después de tan enormes excesos,
ya no cabe duda de que Don Giovanni
es el impío asesino
del padre de Donna Anna.
Quedaos en esta casa unas horas;
una denuncia voy a presentar
a quien corresponde,
y en poco tiempo
prometo vengaros;
así lo exigen el deber,
la piedad y el afecto.
A mi tesoro, en tanto,
id a consolar,
y de sus bellos ojos el llanto
intentad enjugar.
Decidle que sus agravios
a vengar voy; y que sólo
con el anuncio de muerte
he de regresar.

(Se van todos.)

Escena XI

(Un lugar cerrado con forma de cementerio, con diversas estatuas ecuestres entre las cuales está la del Comendador. Don Giovanni, luego Leporello.)

DON GIOVANNI

(Ridendo entra pel muretto.)

Ah, ah, ah,
questa è buona,
or lasciala cercar.
Che bella notte!
È più chiara del giorno,
sembra fatta per gir
a zonzo a caccia di ragazze.
È tardi?
Oh, ancor non sono due della notte;
avrei voglia un po' di saper
come è finito l'affar
tra Leporello e Donna Elvira,
s'egli ha avuto giudizio!

LEPORELLO

(Si affaccia al muretto.)

Alfin vuole ch'io faccia un precipizio.

DON GIOVANNI

(Fra sé.)

È desso.

(In alta voce.)

(Salta el muro riendo.)

¡Ja, ja, ja!
¡Ésta sí que es buena!
Que me busquen ahora.
¡Qué bella noche!
Es más clara que el día,
parece hecha a propósito para
rondar a la caza de muchachas.
¿Es tarde? Oh, aún no son
las dos de la madrugada.
¡Quisiera saber cómo habrá ido
el asunto entre Leporello
y Donna Elvira,
y si él ha sido prudente!

LEPORELLO

(Trepa por el muro.)

¡Al final conseguirá mi perdición!

DON GIOVANNI

(Para sí.)

¡Es él!

(En voz alta.)

Oh, Leporello!

LEPORELLO

(Dal muretto.)

Chi mi chiama?

DON GIOVANNI

Non conosci il padron?

LEPORELLO

Così non conoscessi!

DON GIOVANNI

Come, birbo?

LEPORELLO

Ah, siete voi? Scusate.

DON GIOVANNI

Cosa è stato?

LEPORELLO

Per cagion vostra
io fui quasi accoppato.

¡Eh, Leporello!

LEPORELLO

(Desde el muro.)

¿Quién me llama?

DON GIOVANNI

¿No conoces al amo?

LEPORELLO

¡Ojalá no le conociera!

DON GIOVANNI

¿Qué dices, bribón?

LEPORELLO

Ah, ¿sois vos? Disculpadme.

DON GIOVANNI

¿Qué ha sucedido?

LEPORELLO

¡Casi me matan
por culpa vuestra!

DON GIOVANNI

Ebben, no era questo
un onore per te?

LEPORELLO

Signor, vel dono.

DON GIOVANNI

Via, via, vien qua,
che belle cose ti deggio dir.

LEPORELLO

Ma cosa fate qui?

DON GIOVANNI

Vien dentro e lo saprai:
diverse storielle
che accadute mi son da
che partisti,
ti dirò un'altra volta;
or la più bella
ti vo' solo narrar.

LEPORELLO

Donnesca al certo.

DON GIOVANNI

Y bien,
¿no era esto un honor para ti?

LEPORELLO

Señor, os lo regalo.

DON GIOVANNI

¡Vamos, vamos! Ven aquí,
tengo grandes noticias para ti.

LEPORELLO

Pero ¿qué hacéis aquí?

DON GIOVANNI

Ven aquí dentro y lo sabrás.
Las diversas aventuras
que me han acaecido
desde que te fuiste
te las contaré en otra ocasión;
ahora sólo te voy a narrar
la más interesante.

LEPORELLO

¡Con mujeres a buen seguro!

DON GIOVANNI

C'è dubbio?
Una fanciulla,
bella, giovin, galante,
per la strada incontrai;
le vado appresso,
la prendo per la man,
fuggir mi vuole;
dico poche parole,
ella mi piglia,
sai per chi?

LEPORELLO

Non lo so.

DON GIOVANNI

Per Leporello.

LEPORELLO

Per me?

DON GIOVANNI

Per te.

LEPORELLO

Va bene.

DON GIOVANNI

¿Acaso lo dudas?
Una muchacha,
bella, joven, galante,
encontré por la calle;
me acerco a ella,
la tomo por la mano,
intenta huir;
le digo unas palabras
y ella me toma...
¿sabes por quién?

LEPORELLO

No lo sé.

DON GIOVANNI

Por Leporello.

LEPORELLO

¿Por mí?

DON GIOVANNI

Por ti.

LEPORELLO

¡Qué bien!

DON GIOVANNI

Per la mano essa
allora mi prende.

LEPORELLO

Ancora meglio.

DON GIOVANNI

M'accarezza, mi abbraccia:
Caro il mio Leporello!
Leporello, mio caro!
Allor m'accorsi
ch'era qualche tua bella.

LEPORELLO

(Fra sé.)

Oh maledetto!

DON GIOVANNI

Dell'inganno approfitto;
non so come mi riconosce,
grida; sento gente,
a fuggire mi metto,
e pronto pronto per quel muretto
in questo loco io monto.

DON GIOVANNI

Entonces es ella
la que me toma por la mano.

LEPORELLO

¡Mejor aún!

DON GIOVANNI

Me acaricia, me abraza:
¡Querido Leporello mío!
¡Leporello, querido mío!
Entonces caí en la cuenta de que
era alguna de tus conquistas.

LEPORELLO

(Para sí.)

¡Ah, maldito!

DON GIOVANNI

Aprovecho el equívoco;
no sé cómo,
me reconoce, grita;
oigo gente, huyo,
y deprisa por ese
pequeño muro llego hasta aquí.

LEPORELLO

E mi dite la cosa
con tanta indifferenza?

DON GIOVANNI

Perchè no?

LEPORELLO

Ma se fosse costei stata
mia moglie?

DON GIOVANNI

(Ridendo forte.)

Meglio ancora!

LA STATUA

Di rider finirai prima dell'aurora!

DON GIOVANNI

Chi ha parlato?

LEPORELLO

Ah! Qualche anima sarà
dell'altro mondo,
che vi conosce a fondo.

LEPORELLO

¿Y me lo decís así,
con tanta indiferencia?

DON GIOVANNI

¿Por qué no?

LEPORELLO

Pero, ¿y si ella hubiese sido
mi mujer?

DON GIOVANNI

(Riendo a carcajadas.)

¡Mejor aún!

LA ESTATUA

¡Dejarás de reír antes del alba!

DON GIOVANNI

¿Quién ha hablado?

LEPORELLO

¡Ah, será alguna alma
del otro mundo
que os conoce a fondo!

DON GIOVANNI

Taci, sciocco!
Chi va là?

LA STATUA

Ribaldo, audace!
Lascia a' morti la pace!

LEPORELLO

(Tremando.)

Ve l'ho detto!

DON GIOVANNI

Sara qualcun di fuori
che si burla di noi!

(Con indifferenza e sprezzo.)

Ehi, del Commendatore
non è questa la statua?
Leggi un poco quella iscrizion.

LEPORELLO

Scusate…
non ho imparato a leggere
ai raggi della luna.

DON GIOVANNI

¡Calla, estúpido!
¿Quién anda ahí?

LA ESTATUA

¡Libertino, osado!
¡Deja en paz a los muertos!

LEPORELLO

(Temblando.)

¡Os lo dije!

DON GIOVANNI

Será alguien que desde
fuera se burla de nosotros.

(Con indiferencia y desprecio.)

¡Eh! ¿No es ésta
la estatua del Comendador?
Lee esa inscripción.

LEPORELLO

Disculpadme…
aún no he aprendido
a leer a la luz de la luna.

DON GIOVANNI

Leggi, dico!

LEPORELLO

(Leggendo.)

Dell'empio che mi trasse
al passo estremo
qui attendo la vendetta…
Udiste? Io tremo!

DON GIOVANNI

Oh vecchio buffonissimo!
Digli che questa sera
l'attendo a cena meco!

LEPORELLO

Che pazzia! Ma vi par…?
Oh Dei, mirate,
che terribili occhiate,
egli ci dà!
Par vivo! Par che senta…
e che voglia parlar!

DON GIOVANNI

Orsù, va là!
O qui t'ammazzo,
e poi ti seppellisco!

DON GIOVANNI

¡Que leas te digo!

LEPORELLO

(Leyendo.)

Del infame que me llevó
al trance final,
aquí aguardo la venganza.
¿Ha oído? ¡Tiemblo!

DON GIOVANNI

¡Ah, el viejo bufón!
Dile que esta noche le espero
a cenar en mi casa.

LEPORELLO

¡Qué locura! Mas me parece…
¡Oh Dios,
ved qué terribles miradas
nos lanza!
Parece vivo… Parece que oiga…
y que quiera hablar.

DON GIOVANNI

¡Vamos, ve para allá!
¡O aquí mismo te mato
y después te entierro!

LEPORELLO

Piano, piano, signore,
ora ubbidisco.
Oh statua gentilissima
del gran Commendatore...
Padron! Mi trema il core,
non posso terminar!

DON GIOVANNI

Finiscila, o nel petto
ti metto questo acciar!

LEPORELLO

Che impiccio, che capriccio!

DON GIOVANNI

Che gusto! Che spassetto!

LEPORELLO

Io sentomi gelar!

DON GIOVANNI

Lo voglio far tremar!

LEPORELLO

Calma, calma, señor:
ahora obedezco.
Oh, estatua gentilísima
del gran Comendador…
¡Amo, me tiembla el corazón,
no puedo terminar!

DON GIOVANNI

¡Acaba ya, o en el pecho
te hundo este acero!

LEPORELLO

¡Qué embarazo, qué capricho!

DON GIOVANNI

¡Qué gusto, qué diversión!

LEPORELLO

¡Se me hiela la sangre!

DON GIOVANNI

¡Quiero hacerle temblar!

LEPORELLO

Oh statua gentilissima,
benchè di marmo siate…
Ah padron mio! Mirate!
Che séguita a guardar!

DON GIOVANNI

Mori…

LEPORELLO

No, no… Attendete!

(Alla statua.)

Signor, il padron mio…
badate ben… non io…
vorria con voi cenar…
Ah che scena è questa!

(La statua china la testa.)

Oh ciel! Chinò la testa!

DON GIOVANNI

Va là, che sei un buffone!

LEPORELLO

Guardate ancor, padrone!

LEPORELLO

Oh, estatua gentilísima,
aunque seáis de mármol…
¡Oh, amo, amo mío! ¡Mirad!
¡Sigue mirando!

DON GIOVANNI

¡Muere! ¡Muere!

LEPORELLO

¡No! ¡Atended!

(A la estatua.)

Señor, mi amo…
fijaos bien… no yo…
quisiera con vos cenar.
¡Ah, qué escena ésta!

(La estatua inclina la cabeza.)

¡Cielos! ¡Inclinó la cabeza!

DON GIOVANNI

¡Qué payaso eres!

LEPORELLO

¡Mirad otra vez, amo!

DON GIOVANNI

E che degg'io guardar?

LEPORELLO

Colla marmorea testa,
ei fa così, così!

DON GIOVANNI

(Verso la statua.)

Parlate, se potete.
Verrete a cena?

LA STATUA

Sì!

DON GIOVANNI

Bizzarra è inver la scena,
verrà il buon vecchio a cena?
A prepararla andiamo,
partiamo, via di qua!

LEPORELLO

Mover mi posso appena…
Mi manca, oh Dei, la lena…
Per carità… partiamo,
andiamo via di qua!

DON GIOVANNI

¿Y qué debo mirar?

LEPORELLO

¡Con la marmórea testa,
hace así, así!

DON GIOVANNI

(A la estatua.)

Hablad si podéis:
¿vendréis a cenar?

LA ESTATUA

¡Sí!

DON GIOVANNI

Singular es en verdad la escena,
¿vendrá el buen viejo a cenar?
A prepararla vayamos,
¡salgamos ya de aquí!

LEPORELLO

Apenas puedo moverme…
Me falta, oh Dios, el aliento.
¡Por caridad, salgamos,
vayámonos ya de aquí!

SCENA XII

(Camera in casa di Donna Anna. Don Ottavio e Donna Anna.)

DON OTTAVIO

Calmatevi, idol mio!
Di quel ribaldo vedrem puniti
in breve i gravi eccessi,
vendicati sarem.

DONNA ANNA

Ma il padre, oh Dio!

DON OTTAVIO

Convien chinare il ciglio
al volere del ciel.
Respira, oh cara!
Di tua perdita amara
fia domar, se vuoi,
dolce compenso questo cor,
questa mano,
che il mio tenero amor…

DONNA ANNA

Oh dei, che dite
in sì tristi momenti?

ESCENA XII

(Una habitación en casa de Donna Ana. Don Ottavio y Donna Anna.)

DON OTTAVIO

Tranquilizaos, ídolo mío;
de ese infame veremos en breve
castigados los graves crímenes;
seremos vengados.

DONNA ANNA

¡Mas el padre, oh Dios!

DON OTTAVIO

Debemos acatar
los designios del cielo.
¡Respira, oh querida!
De tu amarga pérdida
sea mañana, si lo deseas,
dulce compensación
este corazón, esta mano,
que mi tierno amor...

DONNA ANNA

¡Oh, Dios! ¿Qué decís?
En tan tristes momentos...

DON OTTAVIO

E che?
Vorresti con indugi novelli
accrescer le mie pene?
Ah! Crudele!

DONNA ANNA

Crudele?
Ah no, giammai mio ben!
Troppo mi spiace
allontanarti un ben che lungamente
la nostr'alma desia...
Ma il mondo, oh Dio!
Non sedur la costanza
del sensibil mio core;
abbastanza per te mi parla amore.
Non mi dir, bell'idol mio,
che son io crudel con te.
Tu ben sai quant'io t'amai,
tu conosci la mia fe'.
Calma, calma il tuo tormento,
se di duol non vuoi ch'io mora.
Forse un giorno il cielo ancora
sentirà pietà di me.

(Parte.)

DON OTTAVIO

Ah si segua il suo passo;
io vo' con lei

DON OTTAVIO

¿Y qué?
¿Queréis acaso
con nuevas dilaciones
acrecentar mis penas? ¡Cruel!

DONNA ANNA

¿Cruel? ¡Oh, no, mi bien!
Demasiado me duele
tener que postergar un bien
que desde tan largo tiempo
desean nuestras almas.
Mas el mundo, oh Dios...
No seduzcas la constancia
de mi sensible corazón;
el amor me habla en tu favor.
No me digas, ídolo mío,
que yo soy cruel contigo:
tú sabes bien cuánto te he amado,
tú conoces mi fidelidad.
Calma, calma tu tormento,
si no quieres que muera de dolor.
Tal vez un día, el cielo
se apiadará de mí.

(Sale.)

DON OTTAVIO

Ah, seguiré sus pasos;
quiero compartir

dividere i martiri.
Saran meco men gravi
i suoi sospiri.

Scena XIII

(Sala in casa di Don Giovanni, con una mensa preparata. Don Giovanni e Leporello. Servi, alcuni suonatori.)

DON GIOVANNI

Già la mensa è preparata.
Voi suonate, amici cari!
Giacché spendo i miei danari,
Io mi voglio divertir.

(Siede a mensa.)

Leporello, presto in tavola.

LEPORELLO

Son prontissimo a servir.

(I suonatori cominciano.)

Bravi! Bravi! Cosa rara!

(Alludendo ad un pezzo di musica nell'opera «La cosa rara»)

con ella el martirio.
Conmigo serán
menos profundos sus suspiros.

Escena XIII

(Salón en casa de Don Giovanni; con una mesa preparada. Don Giovanni y Leporello. Criados y algunos músicos.)

DON GIOVANNI

Ya está preparada la mesa.
¡Tocad, amigos míos!
Ya que gasto mis dineros,
me quiero divertir.

(Se sienta a la mesa.)

Leporello, rápido, a la mesa.

LEPORELLO

Estoy dispuestísimo para servir.

(Los músicos comienzan.)

¡Bravo! ¡Cosa rara!

(Aludiendo a la música, que es de la ópera Una cosa rara.*)*

DON GIOVANNI

Che ti par del bel concerto?

LEPORELLO

È conforme al vostro merto.

DON GIOVANNI

(Mangiando.)

Ah che piatto saporito!

LEPORELLO

(A parte.)

A che barbaro appetito!
Che bocconi da gigante!
Mi par proprio di svenir.

DON GIOVANNI

(A parte.)

Nel veder i miei bocconi
gli par proprio di svenir.

(In alta voce.)

Piatto!

DON GIOVANNI

¿Te parece hermoso el concierto?

LEPORELLO

Es conforme a vuestro rango.

DON GIOVANNI

(Comiendo.)

¡Ah, qué sabroso plato!

LEPORELLO

(Aparte.)

¡Ah, qué bárbaro apetito!
¡Qué bocados de gigante!
¡Creo que voy a desmayarme!

DON GIOVANNI

(Aparte.)

Viendo mis bocados,
cree que va a desmayarse.

(En voz alta.)

¡Plato!

LEPORELLO

Servo.
Evvivano i litiganti!

(Alludendo ad altr'opera di questo titolo.)

DON GIOVANNI

Versa il vino!
Eccellente marzimino!

LEPORELLO

(Fra sé.)

Questo pezzo di fagiano,
piano piano vo' inghiottir.

DON GIOVANNI

(Fra sé.)

Sta mangiando, quel marrano!
Fingerò di non capir.

LEPORELLO

(Ai suonatori che di nuovo cangiano motivo.)

Questa poi la conosco pur troppo.

LEPORELLO

¡Sirvo!
¡Vivan los litigantes!

(Aludiendo a la música de otra ópera de este título, Los litigantes.*)*

DON GIOVANNI

¡Escancia el vino!
¡Excelente marzimino!

LEPORELLO

(Para sí.)

¡Este trozo de faisán
a escondidas me voy a zampar!

DON GIOVANNI

(Para sí.)

¡Está comiendo, qué marrano!
Fingiré no darme cuenta.

LEPORELLO

(A los músicos que de nuevo tocan.)

¡Ésta la conozco de sobra!

DON GIOVANNI

(Senza guardarlo.)

Leporello!

LEPORELLO

(Col boccon in gola.)

Padron mio!

DON GIOVANNI

Parla schietto, mascalzone.

LEPORELLO

Non mi lascia una flussione
le parole proferir.

DON GIOVANNI

Mentre io mangio fischia un poco.

LEPORELLO

Non so far.

DON GIOVANNI

Cos'è?

DON GIOVANNI

(Sin mirarlo.)

¡Leporello!

LEPORELLO

(Con la comida en la boca.)

¿Mi amo?

DON GIOVANNI

¡Habla claro, bribón!

LEPORELLO

Un catarro no me deja
pronunciar las palabras.

DON GIOVANNI

Mientras como, silba un poco.

LEPORELLO

No sé.

DON GIOVANNI

¿Qué sucede?

LEPORELLO

Scusate!
Sì eccellente
è il vostro cuoco,
che lo volli anch'io provar.

DON GIOVANNI

(Fra sé.)

Sì eccellente è il cuoco mio,
che lo volle anch'ei provar.

Scena XIV

(Donna Elvira e detti.)

DONNA ELVIRA

(Entrando disperata.)

L'ultima prova
dell'amor mio
ancor vogl'io fare con te.
Più non rammento
gl'inganni tuoi,
pietade io sento.

DON GIOVANNI, LEPORELLO

Cos'è?

LEPORELLO

¡Disculpadme!
Es tan excelente vuestro cocinero,
que yo también
lo he querido probar.

DON GIOVANNI

(Para sí.)

Es tan excelente mi cocinero
que él también lo ha querido probar.

Escena XIV

(Doña Elvira y los mencionados.)

DONNA ELVIRA

(Entrando desesperada.)

La última prueba
del amor mío
quiero darte aún.
Yo he olvidado
tus engaños;
siento piedad.

DON GIOVANNI, LEPORELLO

¿Qué sucede?

DONNA ELVIRA

(S'inginocchia.)

Da te non chiede
quest'alma oppressa
della sua fede
qualche merce'.

DON GIOVANNI

Mi meraviglio!
Cosa volete?
Se non sorgete
non resto in pie'.

DONNA ELVIRA

Ah non deridere gli affanni miei!

LEPORELLO

(Fra sé.)

Quasi da piangere mi fa costei.

DON GIOVANNI

(Alzandosi e facendo alzare Donna Elvira.)

Io te deridere!
Cielo, e perché?

DONNA ELVIRA

(Se arrodilla.)

De ti no pide
esta alma opresa
por su fidelidad
recompensa alguna.

DON GIOVANNI

¡Estoy maravillado!
¿Qué queréis?
¡Si no os alzáis,
no permaneceré de pie!

DONNA ELVIRA

¡Ah, no te burles de mis angustias!

LEPORELLO

(Para sí.)

¡Casi me hace llorar, esta mujer!

DON GIOVANNI

(Alzándose y levantando a Donna Elvira.)

¿Yo, burlarme de ti?
¡Cielos! ¿Por qué?

(Con affettata tenerezza.)

Che vuoi, mio bene!

DONNA ELVIRA

Che vita cangi!

DON GIOVANNI

(Beffandola.)

Brava!

DONNA ELVIRA

Cor perfido!

DON GIOVANNI

Lascia ch'io mangi,
e se ti piace,
mangia con me.

DONNA ELVIRA

Réstati, barbaro,
nel lezzo immondo!
Esempio orribile d'iniquità!

(Parte.)

(Con afectada ternura.)

¿Qué quieres, mi bien?

DONNA ELVIRA

¡Que cambies de vida!

DON GIOVANNI

(Burlándose.)

¡Brava!

DONNA ELVIRA

¡Corazón pérfido!

DON GIOVANNI

Déjame comer,
y si te place,
come conmigo.

DONNA ELVIRA

¡Quédate, bárbaro,
en este inmundo hedor!
¡Ejemplo horrible de iniquidad!

(Sale.)

LEPORELLO

(Fra sé.)

Se non si muove al suo dolore,
di sasso ha il core,
o cor non ha.

DON GIOVANNI

Vivan le femmine!
Viva il buon vino!
Sostegno e gloria
d'umanità!

DONNA ELVIRA

Ah!

(Di dentro. Poi rientra, traversa la scena fuggendo, esceda un'altra parte.)

DON GIOVANNI, LEPORELLO

Che grido è questo mai?

DON GIOVANNI

Va a veder che cosa è stato.

(Leporello esce.)

LEPORELLO

(Para sí.)

¡Si no le conmueve su dolor,
o tiene el corazón de piedra,
o no tiene corazón!

DON GIOVANNI

¡Vivan las mujeres!
¡Viva el buen vino!
¡Sostén y gloria
de la humanidad!

DONNA ELVIRA

¡Ah!

(Desde dentro. Luego entra, atraviesa la escena huyendo y sale por otra puerta.)

DON GIOVANNI, LEPORELLO

¿Qué ha sido ese grito?

DON GIOVANNI

Ve a ver qué ha ocurrido.

(Leporello sale.)

LEPORELLO

Ah!

DON GIOVANNI

Che grido indiavolato!
Leporello, che cos'è?

LEPORELLO

(Entra spaventato e chiude l'uscio.)

Ah, signor, per carità!
Non andate fuor di qua!
L'uom di sasso,
l'uomo bianco…
Ah padrone!
Io gelo, io manco.
Se vedeste che figura,
se sentiste come fa:
Ta! Ta! Ta! Ta!

(Imitando i passi del Commendatore.)

DON GIOVANNI

Non capisco niente affatto.
Tu sei matto in verità.

(Si batte alla porta.)

LEPORELLO

¡Ah!

DON GIOVANNI

¡Qué endiablado grito!
¡Leporello! ¿Qué ocurre?

LEPORELLO

(Entra asustado y cierra la puerta.)

¡Ah, señor, por caridad,
no salgáis de aquí!
El hombre de piedra,
el hombre blanco...
¡Ah, señor, se me hiela la sangre!
¡Me desmayo!
Si vierais qué rostro,
si oyerais con qué estrépito hace:
¡Ta! ¡Ta! ¡Ta! ¡Ta!

(Imitando los pasos del Comendador.)

DON GIOVANNI

¡No entiendo nada!
¡Estás loco, a fe mía!

(Se oyen golpes en la puerta.)

LEPORELLO

Ah sentite!

DON GIOVANNI

Qualcun batte!
Apri!

LEPORELLO

Io tremo!

DON GIOVANNI

Apri, dico!

LEPORELLO

Ah!

DON GIOVANNI

Per togliermi d'intrico
ad aprir io stesso andrò.

(Prende il lume e la spada guainata e va ad aprire.)

LEPORELLO

(Non vo' più veder l'amico.
Pian pianin m'asconderò.)

LEPORELLO

¡Ah, escuchad!

DON GIOVANNI

¡Alguien llama!
¡Abre!

LEPORELLO

¡Estoy temblando!

DON GIOVANNI

¡Que abras te digo!

LEPORELLO

¡Ah!

DON GIOVANNI

¡Loco! Para salir de este enredo
yo mismo iré a abrir.

(Enciende una luz y con la espada desenvainada va a abrir.)

LEPORELLO

(¡No quiero volver a ver al amigo!
¡Calladito me esconderé!)

(Si cela sotto la tavola.)

Scena XV

(Il Convitato di Pietra e detti.)

LA STATUA

Don Giovanni, a cenar teco
m'invitasti e son venuto!

DON GIOVANNI

Non l'avrei giammai creduto;
ma farò quel che potrò.
Leporello, un altra cena
fa che subito si porti!

LEPORELLO

(Facendo capolino di sotto alla tavola.)

Ah padron! Siam tutti morti.

DON GIOVANNI

Vanne dico!

LA STATUA

Ferma un po'!

(Se esconde debajo de la mesa.)

ESCENA XV

(El Convidado de Piedra y los mencionados.)

LA ESTATUA

Don Giovanni, a cenar contigo
me invitaste, y he venido.

DON GIOVANNI

Jamás lo hubiera creído,
pero haré lo que pueda.
¡Leporello! ¡Otra cena!
¡Que nos la sirvan en seguida!

LEPORELLO

(Con la cabeza medio fuera de debajo de la mesa.)

¡Ah, señor! ¡Muertos somos!

DON GIOVANNI

¡Que vayas te digo!

LA ESTATUA

¡Deténte!

Non si pasce di cibo mortale
chi si pasce di cibo celeste.
Altra cure più gravi di queste,
altra brama quaggiù mi guidò!

LEPORELLO

(Fra sé.)

La terzana d'avere mi sembra
e le membra fermar più non so.

DON GIOVANNI

Parla dunque!
Che chiedi! Che vuoi?

LA STATUA

Parlo; ascolta!
Più tempo non ho!

DON GIOVANNI

Parla, parla, ascoltandoti sto.

LA STATUA

Tu m'invitasti a cena,
il tuo dover or sai.
Rispondimi: verrai
tu a cenar meco?

¡No se nutre de alimento mortal
quien se nutre de alimento celestial!
Otros asuntos más graves que éste,
otros anhelos me han traído aquí.

LEPORELLO

(Para sí.)

¡Creo tener terciana y no puedo
tener quietos los miembros!

DON GIOVANNI

¡Habla, pues!
¿Qué pides, qué quieres?

LA ESTATUA

Hablo, escucha:
no tengo mucho tiempo.

DON GIOVANNI

Habla, habla, te escucho.

LA ESTATUA

Tú me invitaste a cenar,
sabes cuál es ahora tu deber.
Respóndeme:
¿vendrás tú a cenar conmigo?

LEPORELLO

Oibò;
tempo non ha, scusate.

DON GIOVANNI

A torto di viltate
tacciato mai sarò.

LA STATUA

Risolvi!

DON GIOVANNI

Ho già risolto!

LA STATUA

Verrai?

LEPORELLO

(A Don Giovanni.)

Dite di no!

DON GIOVANNI

Ho fermo il cuore in petto,
non ho timor: verrò!

LEPORELLO

¡Oh, oh!
No tiene tiempo, excusadle.

DON GIOVANNI

De cobardía
jamás seré acusado.

LA ESTATUA

¡Decide!

DON GIOVANNI

Ya he decidido.

LA ESTATUA

¿Vendrás?

LEPORELLO

(A Don Giovanni.)

¡Decid que no!

DON GIOVANNI

El corazón está firme en mi pecho,
no tengo miedo: ¡iré!

LA STATUA

Dammi la mano in pegno!

DON GIOVANNI

(Porgendogli la mano.)

Eccola! Ohimè!

LA STATUA

Cos'hai?

DON GIOVANNI

Che gelo è questo mai?

LA STATUA

Pentiti, cangia vita.
È l'ultimo momento!

DON GIOVANNI

(Vuoi scoigliersi, ma invano.)

No, no, ch'io non mi pento.
Vanne lontan da me!

LA STATUA

Pentiti, scellerato!

LA ESTATUA

¡Dame la mano en prenda!

DON GIOVANNI

(Cogiéndole la mano.)

¡Hela aquí! ¡Ay de mí!

LA ESTATUA

¿Qué te ocurre?

DON GIOVANNI

¿Qué gelidez es ésta?

LA ESTATUA

Arrepiéntete, cambia de vida.
¡Es el último momento!

DON GIOVANNI

(Quiere soltarse, pero no puede.)

No, no, no me arrepiento.
¡Vete lejos de mí!

LA ESTATUA

¡Arrepiéntete, desalmado!

DON GIOVANNI

No, vecchio infatuato!

LA STATUA

Pentiti!

DON GIOVANNI

No!

LA STATUA

Sì!

DON GIOVANNI

No!

LA STATUA

Ah! Tempo più non v'è!

(Fuoco da diverse parti, il Commendatore sparisce, e s'apre una voragine.)

DON GIOVANNI

Da qual tremore insolito
sento assalir gli spiriti!
Donde escono quei vortici
di foco pien d'orror?

DON GIOVANNI

¡No, viejo fatuo!

LA ESTATUA

¡Arrepiéntete!

DON GIOVANNI

¡No!

LA ESTATUA

¡Sí!

DON GIOVANNI

¡No!

LA ESTATUA

¡Ah! ¡Ya no te queda tiempo!

(Fuego por diversas partes, el Comendador desaparece y el fuego se adueña del escenario.)

DON GIOVANNI

¡Qué insólito pavor
se apodera de mis facultades!
¿De dónde surgen estos
torbellinos de horrendo fuego?

ORO DI DIAVOLI

poco!
l peggior!

DON GIOVANNI

l'anima mi lacera?
Chi m'agita le viscere?
Che strazio, ohimè, che smania!
Che inferno, che terror!

LEPORELLO

Che ceffo disperato!
Che gesti da dannato!
Che gridi, che lamenti!
Oe mi fa terror!

(Cresce il fuoco, compariscono diverse furie, s'impossessano di Don Giovanni e seco lui sprofondano.)

SCENA ULTIMA

(Leporello, Donna Elvira, Donna Anna, Zerlina, Don Ottavio, Masetto con ministri di giustizia.)

CORO INFERNAL

(Fuera de escena.)

¡Todo es poco para tus culpas!
¡Ven, hay un mal peor!

DON GIOVANNI

¿Quién me lacera el alma?
¿Quién agita mis entrañas?
¡Qué tortura, ay de mí, qué frenesí!
¡Qué infierno, qué terror!

LEPORELLO

¡Qué faz desesperada!
¡Qué expresión de condenado!
¡Qué gritos, qué lamentos!
¡Cuánto terror me infunde!

(Las llamas crecen, Don Giovanni se hunde en el abismo. La escena se calma y aparece el resto de los personajes.)

ESCENA ÚLTIMA

(Leporello, Donna Elvira, Donna Anna, Zerlina, Don Ottavio, Masetto, con agentes de la justicia.)

DONNA ELVIRA, ZERLINA, DON OTTAVIO, MASETTO

Ah, dov'è il perfido?
Dov'è l'indegno?
Tutto il mio sdegno
sfogar io vo'!

DONNA ANNA

Solo mirandolo
stretto in catene
alle mie pene
calma darò.

LEPORELLO

Più non sperate
di ritrovarlo,
più non cercate.
Lontano andò.

TUTTI

Cos'è? Favella!
Via presto, sbrigati!

LEPORELLO

Venne un colosso...
Ma se non posso ...
Tra fumo e fuoco…
badate un poco...

DONNA ELVIRA, ZERLINA, DON OTTAVIO, MASETTO

Ah, ¿dónde está el pérfido?
¿Dónde está el indigno?
¡Toda mi ira
quiero desahogar!

DONNA ANNA

Sólo viéndole
encadenado
daré calma
a mis penas.

LEPORELLO

No esperéis ya
encontrarle,
no busquéis más:
lejos se fue.

TODOS

¿Qué sucede?
¡Habla!

LEPORELLO

Vino un coloso...
Pero… ¡no puedo...!
Entre humo y fuego...
prestad atención…

l'uomo di sasso...
fermate il passo...
giusto là sotto...
diede il gran botto...
giusto là il diavolo,
sel' trangugiò.

TUTTI

Stelle, che sento!

LEPORELLO

Vero è l'evento!

DONNA ELVIRA

Ah, certo
è l'ombra
che m'incontrò.

DONNA ANNA, ZERLINA, DON OTTAVIO, MASETTO

Ah, certo
è l'ombra
che l'incontrò.

DON OTTAVIO

Or che tutti, oh mio tesoro,
vendicati siam dal cielo,
porgi, porgi a me un ristoro,
non mi far languire ancor.

el hombre de piedra...
no deis un paso…
justo ahí...
descargó el golpe fatal;
justo ahí, el diablo...
lo engulló.

TODOS

¡Cielos! ¿Qué oigo?

LEPORELLO

¡El suceso verdadero!

DONNA ELVIRA

¡Ah!, es cierto.
¡Sin duda es la sombra
que me salió al paso!

DONNA ANNA, ZERLINA, DON OTTAVIO, MASETTO

¡Ah!, es cierto.
¡Sin duda es la sombra
que le salió al paso!

DON OTTAVIO

Ahora que todos, oh tesoro mío,
hemos sido vengados por el cielo,
ofréceme, ofréceme un alivio,
no me hagas languidecer más.

DONNA ANNA

Lascia, oh caro,
un anno ancora
allo sfogo del mio cor.

DON OTTAVIO

Al desio di chi m'adora
ceder deve un fido amor.

DONNA ANNA

Al desio di chi t'adora
ceder deve un fido amor.

DONNA ELVIRA

Io men vado in un ritiro
a finir la vita mia!

ZERLINA

Noi, Masetto,
a casa andiamo!
A cenar in compagnia!

MASETTO

Noi, Zerlina,
a casa andiamo!
A cenar in compagnia!

DONNA ANNA

Deja pasar, oh querido,
un año más
para el desahogo de mi corazón.

DON OTTAVIO

Al deseo de quien me adora
ceder debe un fiel amor.

DONNA ANNA

Al deseo de quien te adora
ceder debe un fiel amor.

DONNA ELVIRA

Yo me retiro a un convento
para terminar en él mis días.

ZERLINA

Nosotros, Masetto,
nos vamos a casa,
a cenar en compañía.

MASETTO

Nosotros, Zerlina,
nos vamos a casa,
a cenar en compañía.

LEPORELLO

Ed io vado all'osteria
a trovar padron miglior.

ZERLINA, MASETTO, LEPORELLO

Resti dunque quel birbon
con Proserpina e Pluton.
E noi tutti,
oh buona gente,
ripetimi allegramente
l'antichissima canzon:

TUTTI

Questo è il fin di chi fa mal;
e de' perfidi la morte
alla vita è sempre ugual.

LEPORELLO

Y yo voy a la hostería
a buscar amo mejor.

ZERLINA, MASETTO, LEPORELLO

Que se quede ese bribón
con Proserpina y Plutón.
Y todos nosotros,
¡oh buena gente!,
repitamos alegremente
la antiquísima canción.

TODOS

Éste es el fin del que obra mal;
y, de los pérfidos, la muerte
siempre es igual a la vida.

EPÍLOGO

EL SEDUCTOR SERIAL

Cualquier lectura encadenada de las diversas versiones de *Don Juan* provoca la impresión de que el personaje permanece siempre, en cada página, idéntico a sí mismo, sin evolución posible. Como si su gesto transgresor con las mujeres fuera también un atentado a las leyes aristotélicas del progreso dramático. En su primera plasmación teatral, el Burlador protagoniza un drama sinuoso y extrañísimo, que podría no tener límite de escenas, pues las conquistas de Don Juan parecen acumularse eternamente. Contra todos los principios de progresión que regulan el arte del teatro, el burlador sevillano puede usar tantos disfraces como quiera para entrar en el corazón de las mujeres, pero es completamente refractario a transformarse, al final de la tragedia, en otro que no sea él. La irreductibilidad del seductor sólo puede ser limitada por la muerte impuesta desde un agente externo, ese Comendador de Piedra llegado como un *deus ex machina* para posibilitar el cierre de la historia. Pero no hay, ni tan sólo al final, un cambio verdaderamente destacable en el estado de ánimo del héroe, siempre fiel a sí mismo. Este principio de identidad insobornable corrobora la fortaleza serial del mito, su insólita fulguración de lo episódico.

El drama de *Don Juan* supone, pues, la invocación de un personaje mucho más que el desarrollo de una trama. La anomalía estructural que funda la obra de Tirso de Molina[1] ayuda a entender la facilidad con que muy diversos autores han decidido retomar, sin complejos, las aventuras del seductor sevillano. La percepción colectiva de que Don Juan es un personaje que no debe cuentas a ningún creador que haga exclusiva su paternidad (ni Tirso ni Molière ni Da Ponte tienen, pues, la patente) da una libertad tan enorme a sus creadores que es, a menudo, en las variantes que ofrece su comparativa, donde mejor se identifica la fortaleza de su perennidad. Algunas singularidades que han acabado conformando la esencia del mito pueden ser tratadas de manera muy diversa en su realización escénica. Por ejemplo, la muerte del Comendador a manos del héroe no pide peaje estructural alguno. La estatua del difunto –ese *revenant* de piedra que tanto nos recuerda la fascinación barroca del espectro de *Hamlet*– acaba siempre convertida en la figura vengadora que acabará con Don Juan, pero la muerte previa del Comendador no se somete a un único dogma dramatúrgico. Tirso la sitúa en el centro de la obra, Da Ponte al inicio, y Molière da por sentado que el Comendador ya ha muerto mucho tiempo antes de que la acción de su comedia se haya iniciado. ¿Qué significado cabe atribuir a tanta aleatoriedad estructural? Seguramente, que la muerte del Comendador es una *huella serial* cuya adscripción al mito no está supeditada a

1. Por motivos funcionales de redacción, nos referiremos a Tirso de Molina como el autor de *El burlador de Sevilla*, si bien la investigación filológica ha puesto en duda la paternidad de la obra.

una organización dramática estable. Y ahí reside justamente la fuerza transversal de *Don Juan*: la constancia atemporal de sus detalles episódicos.

En el mismo sentido cabe destacar la versatilidad que ofrecen las conquistas femeninas del gran seductor. A tenor de la lista infinita de sus triunfos amorosos (lista que da pie a la memorable cuantificación en forma de aria que ejecuta Leporello en el primer acto de la ópera de Mozart), cualquier recreador de *Don Juan* puede inventarse un episodio nuevo con la confianza de que el personaje lo admitirá siempre. El mito de Don Juan convoca una imagen de circularidad infinita, cuyo interés dramático se crece en los matices caprichosos de cada personaje femenino y de su entorno. En la tradición dramática del seductor, las mujeres no sólo cambian de nombres, sino de circunstancias: la doña Ana de Tirso no es la doña Elvira de Molière, la Tisbea de *El burlador* no es la Zerlina de *Don Giovanni*. Don Juan puede tratar a todas las mujeres con el mismo objetivo, pero la riqueza y diversidad de los caracteres anula toda idea de monotonía respecto al orden *actancial* del mito.

El seductor mimético

Maurice Molho, en un atento estudio,[2] se ha referido a las cuatro aventuras amorosas que se concatenan en *El burlador* como el resultado de un perverso mecanismo de iteración que viene a demostrar que el héroe trata con

2. Maurice Molho, *Mitologías. Don Juan. Segismundo*, Madrid, Siglo XXI, 1993.

la misma displicencia a todo tipo de mujeres: la duquesa napolitana Isabela, la pescadora tarraconense Tisbea, la noble sevillana doña Ana de Ulloa y la novia campesina Aminta. Que todos sus cuerpos sean utilizados de la misma forma permite concluir que a Don Juan no le importan las clases sociales ni las procedencias, pues todo se reduce al camino de sexos abiertos por el cual el héroe insaciable transita. Pero, como el poeta y dramaturgo Josep Palau i Fabre hizo observar en el lúcido prólogo a su *Teatro de Don Juan*, aunque el objetivo del seductor pueda ser el mismo, su verdadero encanto reside en saber tratar a cada mujer como si fuera única, y, por lo tanto, en transformarse siempre en el tipo de hombre que mejor puede satisfacer a cada una de ellas en particular.

De esa capacidad transformista se han beneficiado todos los Don Juan de la historia, desde que el burlador de Tirso iniciara sus andanzas escénicas haciéndose pasar por el duque Octavio, prometido de doña Isabela, para seducir a ésta en la primera escena de la obra, en Nápoles. Al ser descubierto por la dama, Don Juan se presenta ante ella misteriosamente como «un hombre sin nombre», lo que añade a esa escena un componente de fascinación a la que ya no escapará jamás un personaje decidido a actuar en el mundo de la simulación y de las máscaras. La teatralidad de este recurso fue bien recogida por los diferentes autores que lo hicieron suyo, hasta el paroxismo del disfraz que supone la escena de Da Ponte/Mozart en que Don Juan y su criado Leporello intercambian sus ropas, provocando una encapsulada «comedia de los errores».

Esta conciencia de impostura da un matiz de inquietante hermetismo al personaje desde sus inicios. ¿Cómo es posible que el gran seductor necesite de disfraces, de ocultaciones, de subterfugios, de simulación, para llegar a su objetivo? Pues porque justamente ese rostro propio vacío le permite convertirse en un espejo permeable hacia el que cada mujer proyecta su deseo. Tal es la facultad *mimética* de Don Juan, a la que aludía Palau i Fabre cuando descubría en el héroe una característica prototípicamente femenina. Si «la mujer es una u otra según va con éste o aquél», Don Juan adopta esa misma capacidad camaleónica para instigar el desarrollo de los deseos ajenos. Jamás el burlador sevillano se comporta como un violador; siempre, más bien, como un encantador de espíritus que anhelan lo que su tremenda capacidad de observación atisba en cada cuerpo de mujer.

De ese instinto mimético se desprende también la imparable tendencia de Don Juan a perseguir el deseo del otro. Sólo hace falta que el marqués de la Mota le describa la belleza de su amada doña Ana para que, aun antes de conocerla, el Don Juan de Tirso decida que ha de ser suya. La campesina Aminta, a punto de casarse con el labrador Batricio, o la Zerlina prometida a Masetto en la ópera de Mozart y Da Ponte, parecen suscitar en el héroe la misma urgencia por anticiparse a los ingenuos novios. Molière hace explícita tal dominante de Don Juan cuando el protagonista, al inicio de la comedia, confiesa a Sganarelle que se propone, por celos hacia una pareja de amantes, seducir a la mujer: «Jamás he visto dos personas tan felices una con la otra, y que dieran más muestras de amor. La visible ternura de sus ardores mutuos me impresionó, me llegó al corazón y mi amor comenzó en forma de envidia». Si un personaje de la Europa moderna se puede adecuar perfectamente a las teorías antropológicas de René Girard sobre el *deseo mimético*,[3] éste es Don Juan: chivo expiatorio para una comunidad sancionadora que no puede soportar que el seductor se lleve a todas las mujeres, su deseo mismo no deja, a su vez, de estar condicionado por las novias que necesita arrebatar a sus rivales.

Los atributos de Don Juan pasan de una obra a otra como si de los aciertos a imitar surgiera una perfecta enciclopedia de recursos seductores. Cuando, en pleno Siglo de las Luces, Giacomo Casanova decide convertirse en un verdadero Don Juan alternativo al de ficción, se constituye, a su vez, como un amante que imita a otro amante: sus memorias suponen, así, una autorreflexiva muestra de la propagación social del donjuanismo y una probada retroalimentación con la construcción del mito, ya que parece probado que Da Ponte y Mozart tuvieron en mente a Casanova para la escritura de su ópera.

El hacedor de mentiras

En el primer verso que pronuncia Don Juan en las tablas, en la obra de Tirso, jura en falso a la duquesa Isabela «de cumplir el doble sí». Se trata, en realidad, de un «doble no», pues a la mentira de casarse se añade la suplantación que Don Juan hace del duque Octavio, verdadero pretendiente de Isabela. Pero Don Juan no sólo es un impostor impasible, sino que sus mentiras tienen fulgor contaminante. Cuando es descubierto por Isabela, y sor-

3. René Girard, *Mentira romántica y verdad novelesca*, Barcelona, Anagrama, 1985.

prendido por el rey y por su tío Pedro, no sólo consigue convencer a éste para que le deje escapar, con un propósito de enmienda que el espectador disfruta como una nueva mentira, sino que provoca que también su tío, para protegerle, se invente una serie de falsedades ante el rey. Y, por si no fuera poco, hasta la mismísima Isabela preferirá incriminar al duque Octavio, el amante por el que Don Juan se ha hecho pasar, antes que decir la verdad.

«Plega a Dios que no mintáis», el estribillo que cierra las intervenciones de Tisbea, la segunda de las mujeres que aparecen en la obra, en su encuentro con Don Juan en la playa de Tarragona, es, por todo ello, una letanía irónica que el autor de la obra hace recitar, una y otra vez, a la nueva víctima del seductor. A la seducción súbita de la desprevenida pescadora no faltan tampoco falsos juramentos –«Juro, ojos bellos, / que mirando me matáis, / de ser vuestro esposo»–, porque la dinámica de la obra es la multiplicación expansiva de temeridades. Y jurar en falso será el *leit motiv* de la actividad del héroe, hasta su encuentro con la frágil campesina Aminta, en el último de los episodios amorosos: «Juro a esta mano, señora, / infierno de nieve fría, / de cumplirte la palabra».

Esta inaudita tendencia a la mentira será, naturalmente, retomada, en todas las versiones siguientes. En la recreación de Molière, Don Juan no sólo es mentiroso por sus falsas promesas, sino que justifica a posteriori sus engaños con la misma desfachatez. Así, cuando decide explicar a doña Elvira (a la que sedujo sacándola de los muros de un convento), por qué la ha abandonado, la engaña sin rubor, alegando que lo hizo «por un puro cargo de conciencia», pues dícese arrepentido de haberla arrancado de su verdadera vocación de monja. Y en todas las versiones posteriores, incluyendo la romántica de José Zorrilla (1844), la desvergüenza del héroe con la palabra dada será uno de los atributos seriales de su ser.

¿Cuándo acaban, sin embargo, las mentiras? Si atendemos al carácter fundador de *El burlador* de Tirso, será sólo cuando Don Juan, sorprendido en la entropía de su irredenta actividad en círculo, decide, de pronto, como si alguna cosa tuviera finalmente que cambiar en su vida, retar al Comendador de piedra. Al inicio de esa escena misteriosa en que Don Juan y su criado pasan por el cementerio ante la estatua de don Gonzalo, Catalinón está advirtiendo a su amo de cómo los escándalos están en boca de todos. Dada la expansión acumulativa de su actividad (esa energía fulgurante que debió de fascinar al público desde su mismo estreno), no parece que pueda ya disimularse la desvergüenza del burlador. Sus víctimas –y los representantes del poder patriarcal– se comunican, y conocen todos sus desmanes. ¿Escoge al azar Don Juan ese momento para desafiar al Comendador? El terreno parece cada vez más restringido para el vigilado seductor, y es significativo que sea en este momento cuando el personaje decide emprender, de una vez por todas, la ruta hacia un nuevo y más peligroso desafío. Y es poco después, en el momento en que el personaje promete a la estatua del Comendador que irá a cenar con él en la capilla, cuando el héroe se perfila, de pronto, como un caballero de palabra: «Mañana iré a la capilla / donde convidado soy, / porque se admire y espante / Sevilla de mi valor». Tan anómalo es, en Don Juan, el cumplimiento de una promesa, que hasta el *revenant* de piedra se extraña de que haya acudido a la cita prometida: «No entendí que me cumplieras / la palabra, según haces / de todos burla». Pero el héroe seductor se reconoce valiente en su insolencia, y algo de muy grande tiene esa enigmática aceptación de quien, habiendo huido tantas veces para no ser descubierto, se mide, encantado, contra las fuerzas superiores e invencibles de la inmortalidad. Es probable que gran parte de la atracción moderna por el personaje se deba a esta imprevisibilidad de su carácter. Es decir, actuar contra corriente en los momentos más difíciles de su trayectoria, combinando la expansión de la búsqueda del placer con la negación, en cierto momento, de su instinto de supervivencia. Reencontramos este aliento de autonomía insobornable en el conde de Valmont de *Las amistades peligrosas* (1782) de Choderlos de Laclos (un texto adaptado repetidamente al cine y al teatro), cuya apariencia de conquistador sin escrúpulos viene tamizada por una inesperada inversión dramática que lo lleva a un desafío final de aroma suicida.

Contra la hipocresía patriarcal

Una de las más interesantes aportaciones de Molière a la dimensión social del mito fue poner en evidencia que, aunque las mentiras seductoras del héroe proliferan como un *leit motiv*, éstas no son nada comparadas con las del mundo que le rodea. Cuando, en el último tercio de su obra, Don Juan decide abjurar ante su padre de sus actos (actos que, por supuesto, no piensa en verdad dejar de cometer) y confiesa a su criado que se erigirá «en censor de las acciones ajenas», está llevando a escena la denuncia de Molière contra la sociedad de su época. El héroe adivina, en efecto, que su error no ha sido seducir a mujeres, sino hacer ostentación de ello, por lo que se decide, in extremis, a convertir la perversión en algo íntimo, convencido de que ésa es la manera en que actúan, siempre puertas adentro, el resto de sus coetáneos.

En esa denuncia de la hipocresía, Molière pone en primer plano algo que la precedente obra de Tirso ya contenía implícitamente. Más allá del burlador, los otros personajes de Tirso se mueven más por apariencias que por verdaderas certitudes morales. Así, el duque Octavio, que en su primera aparición escénica ostenta ante su criado el amor por Isabela («No hay sosiego / que pueda apagar el fuego / que enciende en mi alma amor»), no parece después nada afectado por su separación cuando acepta, sin pensárselo dos veces, la propuesta que el rey de Castilla le hace de casarse con doña Ana de Ulloa, la hija del Comendador, para luego, al final de la obra, volver, como quien no quiere la cosa, con Isabela. Y así también el labrador Batricio prefiere, por honor, perder a Aminta, una vez ella es seducida por Don Juan, que intentar, amorosamente, recuperarla.[4] En realidad, el conjunto de acciones defensivas que los enemigos de Don Juan ponen en práctica para proteger el honor de sus víctimas es tan hipócrita como puedan serlo, aunque por motivos opuestos, las sistemáticas mentiras de Don Juan. Por eso don Diego Tenorio, el padre del héroe y consejero de justicia del mismísimo rey, puede conseguir que

4. En contraposición a este descarado mercadeo del honor, el pescador Anfisio no cesa en su empeño de casarse con Tisbea, a pesar de su pérdida de la virginidad a manos de Don Juan, constituyendo la única verdadera expresión de amor puro que se da en toda la obra.

su hijo sea perdonado una y otra vez, a partir del conjunto de bodas programadas y recontraprogramadas en defensa cerrada de intereses de honor y de apariencia que nada tienen que ver con la verdad sentimental de los involucrados.

En la obra se sigue la tradición barroca (obviamente inspirada en la realidad del tiempo) del constante teje y maneje entre los poderosos, que manipulan a sus anchas en materia de matrimonios y de protección de la virginidad. El rey decide primero casar a Don Juan con doña Ana, y después, a sabiendas de su pérdida de reputación, la casa con don Octavio sin que se llegue a considerar que doña Ana está en realidad enamorada del marqués de la Mota («Mi padre infiel / en secreto me ha casado / sin poderme resistir; / no sé si podré vivir / porque la muerte me ha dado»). Hay, pues, dos factores paradójicamente contrapuestos que se oponen a la felicidad de la mujer. El seductor que las burla, y el poder patriarcal que las oprime. Nada hay en la obra que se ponga a favor de unos padres que «dan muerte» al corazón de las mujeres al obligarlas a un matrimonio de conveniencia. Doña Ana es, al fin y al cabo, tan pronto víctima de Don Juan como de los fríos e interesados designios de su padre y del rey.

¿Destructor o benefactor?

Por todo ello, Don Juan nace, en el siglo de la Contrarreforma, como un completo transgresor. Podría ser considerado razonablemente el primer ejemplo escénico de un intruso destructor que, episodio tras episodio, destroza todo los valores de la comunidad que le impiden el paso: «... y el mayor / gusto que en mí puede haber / es burlar una mujer / y dejalla sin honor», afirma Don Juan, a punto de seducir a doña Ana, en el centro de la obra de Tirso. Se diría que no cabe aquí el menor paliativo. El drama muestra la construcción de un perverso impasible, que parece disfrutar con sus correrías destructivas para el corazón de las mujeres. Podemos imaginar el modelo argumental que suscita la imagen del burlador como un precedente no sólo de los filmes de terror de vampirismo (con su retahíla de víctimas femeninas abriendo las ventanas y ofreciendo sus cuellos subyugados al poder del señor de la noche), sino, de forma más radical, del subgénero contemporáneo del *slasher* –de la saga de *Halloween* de John Carpenter a la de *Scream* de Wes Craven–, centrado habitualmente en la figura de un *serial killer*, que persigue, aterroriza y mata a frágiles chicas adolescentes. La sustitución del lance erótico por el asesinato no impide un paralelismo estructural entre el seductor en serie y su oscuro doble criminal: lo episódico de cada encuentro devastador es correlato del poder contaminante y expansivo del visitante destructor.

Esta comparativa tiene, sin embargo, un límite. Don Juan nunca es visto, en ninguna de sus apariciones en escena, como un verdadero antagonista. En los casos que se aplica el principio donjuanesco a la feminidad destructora –pensemos en la Lulu de Wedekind y sus fatales herederas–, la seductora tiende a ser antagonista, porque el punto de vista de la dramaturgia suele centrarse en sus víctimas masculinas. Pero Don Juan, en la lógica dramática de las innumerables obras en que aparece, es siempre el héroe, no el enemigo, y esa cualidad lo convierte en una excepción muy significativa entre la mayoría de los intrusos destructores de la cultura universal. Su enfrentamiento final con el Comendador de piedra, se puede ver, a la manera de Maurice Molho, como una lucha entre el Monstruo antisocial y el Super-Héroe sancionador, pero también cabe invertir los papeles, dado el carácter verdaderamente terrorífico que adquiere siempre la estatua. El Comendador aparece como un nuncio del infierno, y no como un embajador de las potencias celestiales. Ese carácter infernal del convidado de piedra hace mucho más fácil la identificación del público con el seductor interpelado. Al contacto con la estatua, Don Juan reconoce que «Cuando me tomó la mano, / de suerte me la apretó / que un infierno parecía; / jamás vide tal calor». Y cuando el héroe muere abrasado en la escena final, como si el Comendador fuera el mismísimo guardián de las puertas del averno, la verdadera condición de intruso destructor –destructor de vida y libertad, al fin y al cabo– se apodera completamente de ese hierático *revenant* surgido de nuestras peores pesadillas.

Si bien es fácil la homología de Don Juan con Lucifer, y así se expresa en algunos textos, el héroe hereda de él no tanto la malignidad demoníaca sino la condición transgresora del ángel rebelde, que es la que lord Byron rescata en el poema que introdujo la mitología donjuanesca en la literatura anglosajona. Un texto dominado por ese fulgor aventurero que ya se intuía en Molière, y que configura un personaje con atributos positivos que impiden poder reducirlo a un simple burlador de la inocencia. Hay que ir un poco más allá de la utilización presunta del cuerpo de sus múltiples amantes para acabar intuyendo en él un radical libertador de esas mismas mujeres, capaz de promover una epidemia social que dinamite, del todo, viejos muros.[5] En su primera aparición en la obra de Molière, la justificación de su conducta ante el criado Sganarelle no remite sólo a la insolencia sin escrúpulos. De lo que se habla no es de engaño, sino de oportunidad –oportunidad de amar a todas las mujeres– y sobre todo (en el colmo del desafío retórico), de mero derecho femenino: «todas las beldades tienen derecho a fascinarnos y la ventaja de haber sido conocida la primera no debe privar a las demás de las justas pretensiones que tienen, todas ellas, para con nuestros corazones». El machismo aparente (y en todo caso anacrónico) del controvertido personaje no supone, vistas así las cosas, la razón de su perennidad. Más importa la inquietud que suscita su claro desafío a toda norma coercitiva.

El deseo de totalidad

El mito de Don Juan lleva implícita una particular ontología del deseo. Es el racionalismo de Molière el primero que sabe formularla cuando, con circunspecta precisión, el héroe explica a su criado lo que sucede después de haber obtenido el placer de posesión de una mujer. «... pero, una vez que la poseemos, ya nada queda por decir ni por desear; toda la belleza de la pasión se ha acabado y nos adormecemos con la tranquilidad de ese

5. Surge así la versión mesiánica y revolucionaria que el dramaturgo Salvador Távora se permitió ofrecer en su apologético espectáculo *Don Juan en los Ruedos* (2001), presentando al personaje como un alegre liberador de las mujeres.

amor, si no viene otro nuevo a despertar nuestros deseos y presentar a nuestro corazón los atrayentes encantos de una conquista por hacer.» Esta paradójica cadena de deseos colmados e insatisfacción perenne es el secreto de la movilidad del personaje, y de su tendencia al despilfarro natural de todo lo que dificulte su objetivo. La ontología del deseo no es, pues, una ontología del poder absoluto. El seductor se preocupa muy poco del poder económico excepto en cuanto a que sirve para las satisfacciones inmediatas; no teme a sus acreedores (en la obra de Molière, despacha con cinismo a don Dimanche, el mercader que le ha hecho préstamos) y la única economía a la que se rinde es a la del sexo.

El anhelo de totalidad prepara ya, en esta versión del personaje, la futura relación cultural que se establecerá con su casi coetáneo Fausto: «siento a mi corazón capaz de amar a toda la Tierra y, como Alejandro, me gustaría que existieran otros mundos para poder extender mis conquistas amorosas por ellos». Ahí reconocemos ya la pulsión universal que permite la vigencia irrebatible del mito. Las diferencias con Fausto son, desde luego, notables: al anhelo de conocimiento del taumaturgo alemán se opone la estricta búsqueda donjuanesca del placer carnal. A la necesidad de cientos de mujeres diferentes, Fausto opta por el conocimiento máximo de alguna (sea la Margarita de su tiempo o la Helena de Troya), y su etapa de satisfacción carnal sólo es un escalón en un trayecto evolutivo del que Don Juan no quiere saber nada. Sin embargo, estas dos figuras escindidas entre la herida de la insatisfacción nunca colmada y la actividad constante que lucha inútilmente por la totalidad de la experiencia viajan inevitablemente juntas por los caminos de la modernidad europea. En

1829, el romántico alemán Christian Dietrich Grabbe pone sobre las tablas el encuentro anhelado de ambos personajes en su tragedia *Don Juan y Fausto*, y corrobora el carácter serial, de franquicia capaz de suscitar auténticos *cross over*, de la creación de Tirso. En la obra, Don Juan y Fausto pugnan, por motivos diferentes, por la misma doña Ana, y ambos acaban condenados a un infierno que quiere doblegar sus simétricos anhelos de infinito. De esa primera recreación conjunta surge una tradición que los hermana pintorescamente a menudo, y, sobre todo, que ve en el infierno el espacio natural por el que se desenvuelven. Encontramos ecos de esta alianza fáustica y mefistofélica en la comedia de Ingmar Bergman *El ojo del diablo* (*Djävulens öga*, 1960), que se inicia en el infierno donde Don Juan purga sus andanzas recibiendo la visita de mujeres a las que no puede satisfacer, hasta que el diablo le propone volver a la tierra para seducir a una virtuosa irreductible. Y en el ya mencionado *Teatro de Don Juan* de Palau i Fabre, el encuentro entre Fausto y el gran seductor parece inevitable, si bien el poeta catalán se guarda mucho de hacerlos idénticos. Al contrario que el siempre reflexivo Fausto, a quien Palau convierte en eventual admirador de Don Juan a la llegada de éste al infierno, la falta de ambición intelectual del burlador le permite transitar el reino de los muertos con la misma indómita espontaneidad que en el primero de sus días en la tierra.

El amante del amor

Si Fausto es, desde Goethe, un héroe para la redención, también el romanticismo haría una metamorfosis radical en la dramaturgia de Don Juan, héroe sacrificado finalmente al altar del Amor. De ese Amor absoluto que trivializa el gesto maquinal de la promiscuidad conquistadora, pocas noticias nos son dadas en la tríada fundadora de Tirso, Molière, y Da Ponte/Mozart. A lo sumo, cabe entender que la vivencia del amor se realiza, en un ciclo de pocos días, cada vez que el seductor siente la nueva llamada del deseo.

Cuando el burlador de Tirso alude a Eneas para justificar lo que piensa hacer con Tisbea («lo mismo hizo Eneas / con la reina de Cartago»), no puede ignorar, en efecto, que el héroe troyano se enamoró verdaderamente de Dido. Resulta plausible que Don Juan engañe en todo excepto en la vivencia del enamoramiento, en la verdad que se cuece cada vez que ve a una mujer, y que justamente por ser una verdad perentoria y exultante, sólo se puede gozar en lo efímero. Desde esta perspectiva, Don Juan también podría ser visto como un contabilizador de conquistas que no cede nunca al olvido. Todas las mujeres caen en sus brazos, pero cada una de ellas suscita un recuerdo exclusivo. Las hipotéticas memorias de cualquier Don Juan genuino no deberían ser leídas hoy como una mera cuantificación, como era proverbial en el libertinaje sádico. Mejor sería entenderlas, al contrario, como el esfuerzo de un yo vitalista e indomesticable por imponer la memoria de su felicidad a la llamada perentoria del vacío.

El primer esbozo de una contabilización de conquistas de Don Juan en el teatro tiene lugar, en *El burlador*, en el centro del segundo acto, cuando Don Juan, recién retornado a Sevilla, se encuentra con su viejo colega de aventuras el marqués de la Mota (a quien luego traicionará sin el menor rubor) y le pregunta por las diversas mozas del placer de antaño, dando lugar a una jugosa retahíla de nombres propios.[6] Cuando Da Ponte y Mozart se reapropian de la idea, convierten al criado Leporello en el verdadero memorialista (suya es el aria que acaba con la mágica cifra *mille e tre*), por lo que es plausible la tesis de José Lasaga Medina[7] según la cual Don Juan es alguien exento de memoria, y es sólo su criado quien tiene necesidad de hacer el inventario. Pero lo que en la célebre ópera es evidente no lo es tanto en el *Don Juan Tenorio* de Zorrilla, cuyo primer acto está totalmente centrado en la apuesta disputada entre el héroe y don Luis Mejía en la festiva contabilización de cuantas conquistas ha hecho cada uno a lo largo de un año. Aquí, la acumulación de memoria, con la singularidad de cada caso, refuerza la idea de que Don Juan siempre se enamora de la misma forma pero su experiencia de cada amor tiene al fin y al cabo la singularidad que le otorga cada nuevo rostro femenino.

Las mujeres, por otro lado, no sólo se suceden en la dramaturgia de cada Don Juan, sino que tienden a acumularse en los tramos finales de las respectivas obras. Seducidas y abandonadas, estrechan lazos y acaban amigas en una desdicha que los dramaturgos les hacen compartir en escena. *El burlador* da el primer paso en esta dirección, en la escena tarraconense en que Isabela, viajando desde Nápoles hasta Sevilla para casarse con el Tenorio,

6. Lista encabezada significativamente por una tal Inés, que no tiene ningún papel en esta obra, pero cuyo nombre inspirará luego a Zorrilla para su Tenorio.

7. José Lasaga Medina, *Las metamorfosis del seductor. Ensayo sobre el mito de Don Juan*, Madrid, Síntesis, 2004, p. 38.

encuentra a Tisbea, que le explica la seducción a la que la sometió el tramposo caballero. Luego, en el acto final de la obra, cuando las cuatro mujeres aparecen en escena, la memoria de todo lo acontecido se revela al espectador, por más que Don Juan ya no pueda gozarla.

El cuarto acto del *Don Juan* de Molière, situado en los aposentos del seductor, y en el que las visitas se suceden haciendo un resumen completo de sus deudas,[8] pudo ser, en este sentido, un motivo de inspiración estructural para Da Ponte y Mozart, que convierten entonces a todas las mujeres víctimas en presencias que persiguen, juntas, al seductor. Este juego acumulativo –que el cineasta Losey, a partir de las máscaras que ostentan las mujeres, convertiría en una de las más logradas fantasmagorías de su *Don Giovanni* (1979)– comporta, a la vez, una especie de reclamo progresivo de redención que, si bien en la tríada fundadora el seductor hace caso omiso de éste, permite entender el trayecto evolutivo hacia su redención romántica, en el siguiente siglo.

La mujer intermediaria

¿Encubre toda la actividad serial e indiferente del seductor prolífico una absoluta nostalgia de la madre, como Fellini hacía intuir en su visión crítica de Casanova? En

8. La deuda económica que representa el mercader Dimanche; la deuda filial, que le exige su padre don Luis; la deuda amorosa que sostiene doña Elvira (aunque ella lo visita estrictamente para reformarlo), y la deuda de sangre que viene a cobrarse el Comendador, devolviéndole la invitación a cenar, esta vez en su sepulcro.

Tirso, tal madre no existe. Sí, implícitamente, en Molière, cuando don Luis, avivado por el manifiesto propósito de enmienda de su hijo, en el acto quinto, afirma que va a contar la buena nueva a la madre. Aun admitiendo la lógica estructural de toda lectura psicoanalítica, el redencionismo que sacude a Don Juan desde el período romántico invoca, más que a la madre sexualizada, a la añoranza de lo virginal. Fue la temprana (y no desarrollada) introducción, por parte de Molière, del personaje de la monja ultrajada y arrepentida, doña Elvira, la que abrió el mito serial de Don Juan a la posibilidad de esa modulación evolutiva. Al encuentro final con el Comendador, se sumaría, a partir del autor francés, la visita de la mujer piadosa que le ofrece, con voz menos severa que la estatua de piedra, la posibilidad de un arrepentimiento liberador. Y aunque en la obra de Molière el personaje no se enmiende, el final precipitado del héroe siembra, sin embargo, una idea que luego será recogida por Zorrilla: esa imagen femenina fantasmal que le dice que un segundo de arrepentimiento podría llevarlo al cielo, un momento antes de que, tras su negativa, el Comendador le dé la mano para llevarlo al infierno.

Aunque tardía, esa tentación de ver a Don Juan rendido al amor casto es coronada, en el siglo del romanticismo, por José Zorrilla, a partir de un clímax improbable en el que, como suscribe, emocionado, el propio seductor, «un punto de contrición / da a un alma la salvación / de toda una eternidad». En España, la popularidad de esta obra que Zorrilla escribió precipitadamente, vendió por muy poco dinero y consideró siempre pésima, la convirtió, muy a su pesar, en el gran éxito de su carrera (lo cual viene a indicar, nuevamente, que Don

Juan está siempre más allá de las intenciones o percepciones de cualquier autor que decida asumirlo). También ese éxito –mantenido desde entonces gracias a la periódica cita del público con la obra la noche de Difuntos–[9] ha prodigado en España esa visión redentora que traiciona en no poca medida el irreductible desafío de los modelos anteriores.

La evolución hollywoodiense –netamente romántica– del motivo del seductor donjuanesco ha privilegiado siempre tales horizontes redentores, por lo que la razón serial del arquetipo ha dado lugar a una infinita retahíla de versiones del seductor arrepentido, ese que va desde el Charles Boyer de *Si no amaneciera* (*Hold Back the Dawn*, 1941), entregado al reconocimiento de todos sus errores ante la conmovedora bondad de la engañada esposa de conveniencia que encarnó Olivia de Havilland, hasta el Louis Jourdan que, después de reconocer en el recuerdo fantasmal del personaje ya muerto que encarna Joan Fontaine (tal vez no casualmente hermana de Olivia en la vida real) a la ingenua única mujer que verdaderamente lo ha querido, acepta ir al encuentro de la muerte purificadora, al final de *Carta de una desconocida* (*Letter from a Unknown Woman*, 1948). Esta traición, por otro lado admirable, de la nihilista y descreída novelita de Stefan Zweig (1927), donde el personaje ni se arrepiente ni recuerda a su víctima, pone la distancia entre las necesidades consolatorias del modelo cinematográfico clásico y una literatura moderna mucho más escéptica a toda idea de salvación. Zweig adoraba ensalarse con esos personajes femeninos obstinados en salvar a quien ha decidido pre-

9. Tradición hoy, todo hay que decirlo, en franca recesión.

viamente no dejarse salvar nunca, y cuando en *Veinticuatro horas de la vida de una mujer* (1929) relata la imposible y fracasada misión de una mujer enamorada de redimir a un jugador empedernido, relata un periplo sentimental que, aunque referido a la ludopatía, podría trasladarse sin dificultad al seductor.

Ese fervor misionero que nace en doña Elvira y cristaliza en la Margarita de Goethe, llegando a su grado máximo de simplificación en la Inés de Zorrilla, es llevado hasta el extremo sarcástico en el personaje de Viridiana, en el filme homónimo (1961) de Luis Buñuel. Viridiana es la perfecta inversión de esta actitud abnegada: la mujer casta y sacrificada que quiere adecentar a los hombres que la rodean y que acaba cediendo e incorporándose al juego seductor y aceptando la regla del juego perverso. Otros cineastas como Manoel de Oliveira o João César Monteiro han desplegado parecidas imágenes críticas, exentas de toda melancolía culpable, entroncando con la tradición surrealista de Breton, de Bataille, de Apollinaire y de Pierre Loüys.

En el vacío

La liberación sexual del siglo XX hace aparecer a Don Juan en la apoteosis mediática de la cultura del *play boy*, ofreciendo la prueba más visible de que Don Juan ha sido siempre un hombre sin nombre, un rostro vacío sobre el que proyectar las máscaras del deseo de cada época. Este uso superficial del modelo fue demolido en su momento por Marco Ferreri en el filme *La grande bouffe* (1973), donde se constata que el único final posible de este donjuanismo saltarín y epidérmico es la autodestrucción. El filme de Ferreri opera como un certificado de defunción de la comedia italiana de las décadas anteriores, trufada de personajes donjuanescos protagonizados por Marcello Mastroianni, Alberto Sordi, Vittorio Gassmann o Ugo Tognazzi, que saltaban de una conquista femenina a otra, como una forma de picaresca contemporánea. *La grande bouffe* (donde también actuaban Mastroianni y Tognazzi) significa la asunción consciente de un acto final nihilista, una especie de última sesión, una gran fiesta basada en el exceso, de sexo, de comida, de insomnio, que culmina con la muerte, como expresión de un fin de ciclo y denuncia de una sociedad donde el deseo estaba definitivamente mercantilizado.

El infinito episódico

En clave cínica y epidérmica, James Bond y cuantos agentes secretos a su sombra triunfaron en los años del pop y de la psicodelia, representan también una cierta vigencia del modelo donjuanístico sin mayor sed de trascendencia. Más interesante resulta la comparativa en el marco de la serialidad televisiva, donde, desde los tiempos aparentemente morales de la edad de oro, no existió serie de grupo –de *Bonanza* (1959-1973) a *Ironside* (1967-1975)– que no hiciera de uno de sus protagonistas un invariable seductor: el que, al final del episodio, renunciaba al romance, solo por fidelidad al grupo, pero que incorporaba al moralismo central la tentativa centrífuga del cambio constante de *partenaire* femenina.

Este recurso fue llevado al grado máximo de ambigüedad en las series de médicos, desde la lejana *Centro médico* (*Medical Center*, 1969-1976): se trataba de series centradas en el espacio moral por excelencia, el hospital, donde parecía reinar la bondad. Bajo la fachada de una recreación del universo más beatífico que cabe imaginar –el de la profesión altruista de los salvadores de vidas–, el secreto anhelo de impunidad que reviste la actividad al fin y al cabo seductora de hombres de un atractivo inmaculado, abre una fisura por la que el donjuanismo es acogido en los hogares con una hábil coartada. La evolución de este tipo de series hacia una mayor contaminación de las tensiones significó también la mayor complejidad del personaje. El doctor que interpreta George Clooney en la serie *Urgencias* (*E.R.*, 1994-2009) representa aún la necesidad de dotar de carisma y aura al modelo; la eclosión de la serie *Nip/Tuck* (2003-...), centrada en los profesionales de la cirugía plástica, supone una caída total de la máscara, con la demoledora presentación sin tapujos de la implícita naturaleza donjuanesca de dicho modelo televisivo.

La mirada donjuanesca

¿Podemos encontrar en una obra de arte la mirada donjuanesca en vez de su argumento? Es una diferencia sutil, pero radical, que hallamos en algunas obras típicas del cine moderno, cuando el rodaje de la propia película se ofrece como objeto de seducción. El misterio amoroso de la mayoría de los filmes de Ingmar Bergman no son ajenos a esta atmósfera, filmes impregnados casi siempre de una fascinación amorosa entre el director y sus actrices, fascinación que quedaba impregnada en la pantalla y que puede variar de una película a otra, hasta el punto de establecerse diversos ciclos fílmicos en función de la actriz protagonista y el papel que jugaba en la vida del director. Una relación cíclica que impregna también algunas obras de la *nouvelle vague* o el *free cinema*, de Truffaut y Godard a Jean Eustache y Richard Lester, atravesadas por esta misma pulsión del deseo filmado, entendiendo el propio filme como un espacio de transgresión, capaz de definir una nueva moral. Algunas obras del *underground* americano han hecho bandera de esta relación entre el rodaje del filme y su argumento, y muy especialmente aquellos que han reivindicado la libertad sexual (y muy particularmente del cine gay y lésbico). Directores como John Cameron Mitchell (*Hedwick and the angry inch*, 2001) han planteado la transparencia de esta relación que tiene mucho de donjuanesca: el director ante su espectáculo, que él ha puesto en escena, como una prolongación de su propio deseo.

La relación entre esta mirada donjuanesca y la mirada del director no es superficial, sino que induce a una de las categorías fundamentales del cine. El de la creación de belleza a partir del deseo del que filma, que se plasma en una mirada atenta, capaz de intentar descubrir los secretos escondidos ante la búsqueda de un ideal femenino. En su película *En la ciudad de Sylvia* (2007), José Luis Guerin realiza un instructivo ejercicio sobre esta fascinación y sobre la fertilidad de la mirada donjuanesca. El film persigue un ideal de una mujer perdida, que el director, a través de su personaje principal, intenta reencontrar en los rostros fugaces de otras muchas mujeres que se suceden ante él. Con lo cual asistimos, a la manera hitchcockiana, a un ejercicio de suspense sobre diversos rostros, hasta que todos ellos desparecen ante la emergencia del cuerpo buscado, o de la sospecha de que es ella. Pero otras obras surgidas alrededor de este mismo proyecto fílmico, como el trabajo preparatorio *Unas fotos en la ciudad de Sylvia* (2007), y especialmente la instalación expositiva *Las mujeres que no conocemos* (2007), refuerzan el carácter más aleatorio de esta búsqueda, donde no hay un objetivo final que encontrar, sino sólo el placer de la observación furtiva, de la captación de cuerpos y rostros, en una traslación pertinente entre cine y seducción: capturar la imagen deseada es una forma de apropiación del cuerpo, a la manera de Don Juan, como el cine ha hecho desde sus inicios, siempre igual, siempre diferente.

JORDI BALLÓ
XAVIER PÉREZ